Die Erlebnisseiten

Auf den zwei Erlebnisseiten vertiefst du das Wissen, das du auf den Basisseiten gesammelt hast. Du findest hier weitere Aufgaben, Experimente oder Untersuchungen. Du erkennst die Erlebnisseiten an dem grünen Rahmen.

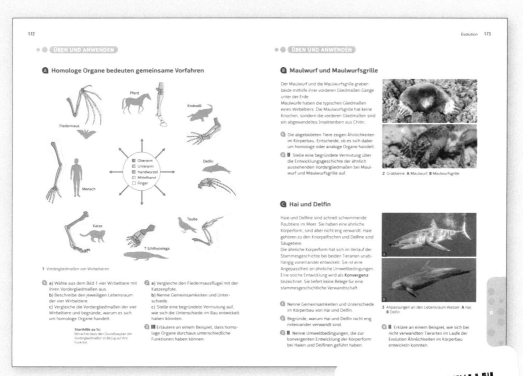

Auf einen Blick + Lerncheck

»Auf einen Blick« fasst das Wichtigste noch einmal übersichtlich zusammen. Mit dem »Lerncheck« am Ende des Kapitels kannst du dein Wissen testen.

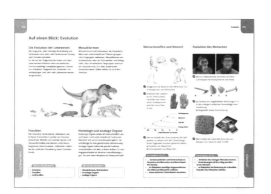

Di... ... ... Buch erkennst du an dem Symbol **Digital+**.

Gehe auf die Seite *www.westermann.de/ Erlebnis-126502* und gib den Online-Schlüssel ein:

Online-Schlüssel
VM7D-77X4-R49C

Du kannst auch den QR-Code scannen und dann den Online-Schlüssel eingeben. Dort findest du Filme und Animationen passend zum jeweiligen Thema.

westermann

ERLEBNIS
Biologie

9/10

ERLEBNIS
Biologie

Dieses Werk ist in Teilen eine Übernahme aus folgenden Titeln:
ISBN: 978-3-14-117180-8, ISBN: 978-3-14-151675-3,
ISBN: 978-3-14-188242-7, ISBN: 978-3-14-188243-8

Herausgegeben von:
Imme Freundner-Huneke
Ralph Möllers
Siegfried Schulz
Annely Zeeb

Autorinnen und Autoren:
Imme Freundner-Huneke, Andreas Krämer, Ralph Möllers, Andrea Reinelt,
Anke Roß, Siegfried Schulz, Matthias Volk, Annely Zeeb

Vorbereiten. Organisieren. Durchführen.
BiBox ist das umfassende Digitalpaket zu diesem Lehrwerk mit zahlreichen
Materialien und dem digitalen Schulbuch. Für Lehrkräfte und für
Schülerinnen und Schüler sind verschiedene Lizenzen verfügbar.
Nähere Informationen unter **www.bibox.schule**

westermann GRUPPE

© 2023 Westermann Bildungsmedien Verlag GmbH, Georg-Westermann-Allee 66, 38104 Braunschweig
www.westermann.de

Das Werk und seine Teile sind urheberrechtlich geschützt. Jede Nutzung in anderen als den gesetzlich
zugelassenen bzw. vertraglich zugestandenen Fällen bedarf der vorherigen schriftlichen Einwilligung
des Verlages. Nähere Informationen zur vertraglich gestatteten Anzahl von Kopien finden Sie auf www.
schulbuchkopie.de.
Für Verweise (Links) auf Internet-Adressen gilt folgender Haftungshinweis: Trotz sorgfältiger inhaltlicher
Kontrolle wird die Haftung für die Inhalte der externen Seiten ausgeschlossen. Für den Inhalt dieser externen Seiten sind ausschließlich deren Betreiber verantwortlich. Sollten Sie daher auf kostenpflichtige,
illegale oder anstößige Inhalte treffen, so bedauern wir dies ausdrücklich und bitten Sie, uns umgehend
per E-Mail davon in Kenntnis zu setzen, damit beim Nachdruck der Verweis gelöscht wird.

Druck A[1] / Jahr 2023
Alle Drucke der Serie A sind im Unterricht parallel verwendbar.

Redaktion: Stefanie Janßen
2 & 3d design Renate Diener, Wolfgang Gluszak, Wolfgang Herzig, Brigitte Karnath, Heike Keis, Liselotte
Lüddecke, Andrea Naumann, Ingrid Schobel, Werner Wildermuth
Grundlayout: Janssen Kahlert, Design & Kommunikation GmbH
Umschlaggestaltung: LIO Design GmbH
Druck und Bindung: Westermann Druck GmbH, Georg-Westermann-Allee 66, 38104 Braunschweig

ISBN 978-3-14-126502-6

Inhalt

Die Gesundheit des Menschen

Bau und Funktion des Nervensystems

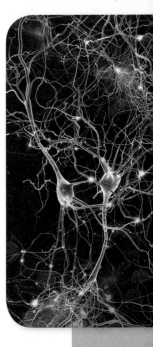

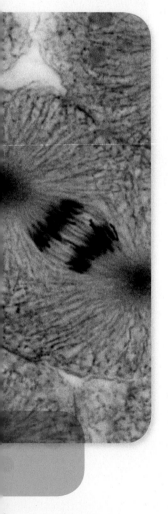

Gene und Vererbung

Evolution

Anhang

Die Gesundheit des Menschen

Gesund leben? Was ist das und wie geht das?

Was macht uns krank und wie können wir uns davor schützen?

Wie wehrt unser Körper Krankheitserreger ab?

1 Sport macht Spaß!

Gesundheit betrifft den ganzen Menschen

Gesund oder krank?

Markus hat Fieber und fühlt sich erschöpft. Zum Fußballspielen hat er gar keine Lust. Er hat kaum die Kraft aufzustehen. Nachdem ein Arzt ihn untersucht hat, steht fest: Markus ist krank, er hat eine Erkältung. Laura hat Liebeskummer, sie liegt traurig im Bett und fühlt sich elend. Zum Arzt geht sie wegen ihres Liebeskummers nicht. Ist Laura gesund oder auch krank?

Schwierige Grenzziehung

Das Beispiel von Markus und Laura zeigt, dass es nicht immer einfach ist, die Grenze festzulegen, wann ein Mensch krank ist. Hilfe bietet in diesen Fällen eine Definition der Weltgesundheitsorganisation zum Begriff „Gesundheit":

> **„Gesundheit** ist ein Zustand vollständigen körperlichen, geistigen und sozialen Wohlbefindens und nicht nur das Fehlen von Krankheit oder Gebrechen."

Körperliche Erkrankungen

Unter körperlichen Erkrankungen werden zum einen Erkrankungen wie Durchfall oder Grippe verstanden (→ Bild 2). Diese Erkrankungen können durch Krankheitserreger wie Bakterien oder Viren verursacht werden. Zum anderen können aber auch Verletzungen wie Knochenbrüche oder Krankheiten wie Krebs die körperliche Gesundheit beeinträchtigen.
Um körperlich gesund zu bleiben, können wir uns zum Beispiel gesund ernähren und Sport treiben (→ Bild 1).

2 Eine Grippe betrifft die körperliche Gesundheit.

Psychische Erkrankungen

Als geistige oder psychische Erkrankungen werden diejenigen Erkrankungen bezeichnet, die die Gefühlswelt der Betroffenen schädigen. Viele Menschen sind beispielsweise im Laufe ihres Lebens von einer Depression, Essstörung oder Sucht betroffen (→ Bild 3).

3 Psychische Erkrankung: Computerspielsucht

Beziehungen sind wichtig

Das soziale Miteinander hat eine große Bedeutung für unsere Gesundheit. Wir sind nur dann umfassend gesund, wenn wir Rückhalt in unserer Familie, in der Klasse und im Freundeskreis finden (→ Bild 4). Die soziale Gesundheit wird zum Beispiel durch soziale Ausgrenzung wie Mobbing geschädigt (→ Bild 5).

4 Beziehungen stärken die Gesundheit

Alle Aspekte sind wichtig

Oft wirken sich körperliche Erkrankungen auch auf die geistige und soziale Gesundheit aus und umgekehrt.
Bei körperlichen Erkrankungen ist der Gang zum Arzt meist eine Selbstverständlichkeit. Viele Menschen scheuen aus Angst vor Ausgrenzung bei geistigen oder sozialen Einschränkungen jedoch den Gang zum Psychotherapeuten. Dies ist auf Dauer ungesund, da alle drei Aspekte von Gesundheit wichtig sind.

5 Mobbing kann krank machen

1. Gib die Definition des Begriffs „Gesundheit" der Weltgesundheitsorganisation in eigenen Worten wieder.

2. **a)** Nenne je zwei Beispiele für körperliche und psychische Erkrankungen.
   b) Nenne je ein weiteres Beispiel, das nicht im Text genannt wurde.

3. Nenne Möglichkeiten, die körperliche Gesundheit zu stärken.

4. Begründe, warum alle Aspekte von Gesundheit wichtig sind.

5. ▮ Ist Liebeskummer eine Krankheit? Gib eine begründete Antwort auf diese Frage.

6. ▮▮ Beurteile, ob ein Streit unter Geschwistern die psychische Gesundheit schädigen kann.

7. ▮▮▮ Erläutere anhand eines Beispiels, wie sich eine körperliche Erkrankung auf die Gefühlswelt auswirken kann.

»

A Viele Faktoren wirken sich auf unsere Gesundheit aus

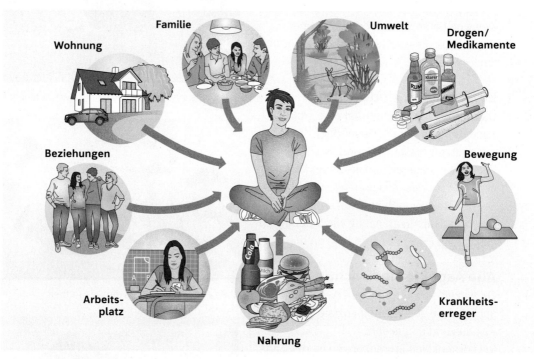

1 Viele Faktoren im Alltag beeinflussen unsere Gesundheit

1 a) Nenne die abgebildeten Faktoren und erkläre den jeweiligen Einfluss.
b) Beurteile, ob sich die in Bild 1 abgebildeten Faktoren in deinem Leben eher positiv oder eher negativ auf deine eigene Gesundheit auswirken.

2 Beschreibe Möglichkeiten, um deine Gesundheit im Alltag zu stärken.

3 ▌▌ Bewerte, welche Einflüsse von dir leicht und welche schwer zu verändern sind.

B Sind Menschen mit Behinderung krank?

2 Sarah ist querschnittsgelähmt.

Sarah ist bereits seit ihrer Geburt querschnittsgelähmt. Sie kann ihre Beine nicht bewegen. Sarah ist glücklich verheiratet und arbeitet als erfolgreiche Finanzberaterin. Am Wochenende trifft sie sich häufig mit Freunden zum Feiern.

1 Bewerte Sarahs Lebenssituation. Ist Sarah deiner Meinung nach krank oder gesund? Begründe deine Meinung.

IM ALLTAG

Gesunde Lebensführung

3 Sport fördert die Gesundheit.

4 Ausreichend Schlaf fördert die Gesundheit.

Sport

Sport und Bewegung an der frischen Luft sorgen dafür, dass die Durchblutung des Körpers verbessert wird. Eine gute Durchblutung erhöht die Leistungsfähigkeit des Immunsystems.

Schlaf

Im Schlaf werden schädliche Stoffe abgebaut. Zudem werden Zellen erneuert und Energiespeicher aufgefüllt. Daher ist es wichtig, auf genügend Schlaf zu achten.

5 Gesundes Essen

6 Eine Hängematte dient der Entspannung.

Gesunde Ernährung

Eine gesunde Ernährung liefert dem Körper alle notwendigen Nährstoffe, Mineralstoffe und Vitamine. Da nur geringe Mengen an ungesunden Fetten gegessen werden, wird die Wahrscheinlichkeit für Krankheiten des Herz-Kreislauf-Systems verringert.

Entspannung

Neben genügend Schlaf in der Nacht sind auch Pausen am Tag wichtig, um ausgeglichen und belastbar zu bleiben. Yoga oder autogenes Training können dabei helfen, sich in Ruhephasen gut zu erholen.

1. Beschreibe Verhaltensweisen, die dazu beitragen können, gesund zu leben.
2. Beschreibe, mit welchen weiteren Maßnahmen du deine Gesundheit zusätzlich unterstützen könntest.
3. „Eine Nacht ohne Schlaf ist schlecht für unsere Gesundheit." Beurteile diese Aussage.

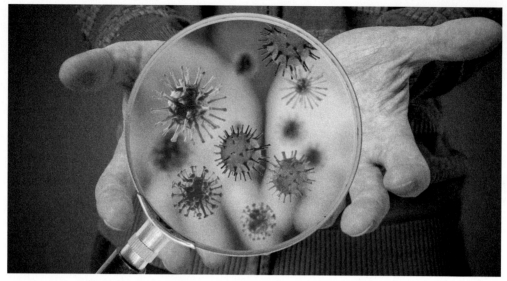

1 Auf unserer Haut leben viele Erreger.

Infektionskrankheiten

Winzige Krankheitserreger

Wir sind umgeben von unzähligen mikroskopisch kleinen Krankheitserregern. Dazu gehören **Viren, Bakterien** und **Pilzsporen.** Viele dieser Erreger sind für uns Menschen ungefährlich. Einige sind für uns sogar nützlich. So sorgen zum Beispiel Bakterien in unserem Darm für eine funktionierende Verdauung oder schützen unsere Haut vor schädlichen Krankheitserregern. Andere Arten sind jedoch gefährlich. Sie gelangen zum Beispiel über unsere Nahrung oder mit der Atemluft in unseren Körper.

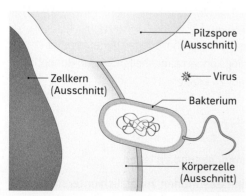

2 Größenvergleich von einer Körperzelle und verschiedenen Erregern

Die Infektion

Häufig werden **Infektionskrankheiten** wie eine Grippe von Mensch zu Mensch übertragen. Dies geschieht zum Beispiel durch das Ausniesen oder Aushusten kleiner Speicheltröpfchen, die Erreger enthalten.

> Das Eindringen von Erregern in unseren Körper nennen wir **Infektion** oder Ansteckung.

Die Inkubationszeit

Gelingt es den Schutzmechanismen des menschlichen Körpers nicht, die eingedrungenen Erreger abzuwehren, vermehren sich die Erreger im Körper. Dies dauert jedoch eine Weile. In dieser Zeit fühlen sich betroffene Personen noch gesund.
Die Zeit zwischen der Infektion und dem eigentlichen Ausbruch der Krankheit wird **Inkubationszeit** genannt. Je nach Krankheit kann die Inkubationszeit zwischen wenigen Stunden und mehreren Jahren betragen.

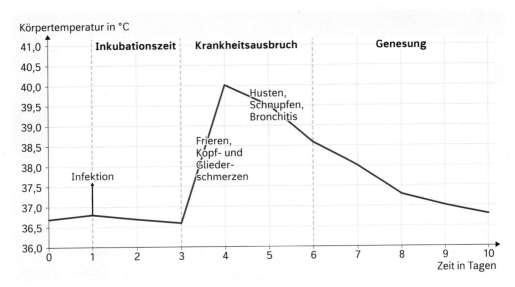

3 Typischer Verlauf einer Infektionskrankheit am Beispiel der Grippe

Der Krankheitsausbruch

Erst beim Krankheitsausbruch zeigen sich erste negative körperliche Veränderungen. Diese Veränderungen werden als **Symptome** bezeichnet. Typische Symptome vieler Infektionskrankheiten sind Fieber, Kopfschmerzen und Gliederschmerzen, ein fehlendes Hungergefühl und eine allgemeine Kraftlosigkeit.

Meist gelingt es dem **Immunsystem** des Körpers nach einer Weile, die Infektionskrankheit zu bekämpfen. Gelingt dies dem Immunsystem nicht, kann eine Infektionskrankheit auch tödlich verlaufen.

Die Genesung

Die Überwindung einer Krankheit wird auch **Genesung** genannt. Viel Trinken, Bettruhe und frische Luft unterstützen das Immunsystem und tragen zu einer schnelleren Genesung bei.

Nimmt die Infektionskrankheit jedoch einen schweren Verlauf, sollte ein Arzt aufgesucht werden. Dieser entscheidet dann, ob die erkrankte Person Medikamente einnehmen muss oder ob der Körper die Erkrankung ohne Unterstützung überwinden kann.

1. Nenne zwei Beispiele dafür, dass mikroskopisch kleine Lebewesen für Menschen nützlich sein können.

2. Beschreibe den typischen Verlauf einer Infektionskrankheit.

   Starthilfe zu 2:
   Nimm Bild 3 zu Hilfe.

3. Erkläre, wie es zu einer Infektion mit Erregern kommen kann.

4. Erkläre, warum sich Menschen mit einer Infektion während der Inkubationszeit noch gesund fühlen.

5. ▮▮ Nenne typische Symptome vieler Infektionskrankheiten.

6. ▮▮ Nenne Maßnahmen, die zu einer schnelleren Genesung beitragen.

7. ▮▮ Erkläre, warum Ärzte bei der Behandlung von Patienten meistens medizinische Masken tragen.

A Wege der Ansteckung

1 Mögliche Übertragungswege von Krankheitserregern?

1 **a)** Beschreibe, welche Situationen in Bild 1 jeweils dargestellt sind.
b) Erläutere, wie in diesen Situationen Krankheitserreger in den Körper von Menschen gelangen können.

2 Erläutere, wie du dich vor einer Infektion mit Krankheitserregern schützen kannst.

3 ❚❚ Bewerte die Einhaltung strenger Hygieneregeln wie das Tragen von Masken für die Verbreitung von Infektionskrankheiten.

B Hygienefalle Smartphone

2 Auf einem Smartphone leben viele Erreger.

Viele Menschen reinigen ihre Smartphones zu selten. Jedes sechste Smartphone weist Spuren von Fäkalien und gefährlichen Bakterien auf.

1 Nenne Gefahren, die von verschmutzten Smartphones ausgehen können.

2 Entscheide, welche der folgenden Maßnahmen zu einer besseren Hygiene von Smartphones beitragen. Begründe deine Auswahl.
• Smartphone an der Kleidung abwischen
• spezielles Hygienespray und Mikrofasertuch verwenden
• während des Essens telefonieren
• regelmäßig Hände waschen
• Smartphone nicht auf der Toilette benutzen

● ● ❨ ÜBEN UND ANWENDEN ❩

C Verlauf einer Infektionskrankheit

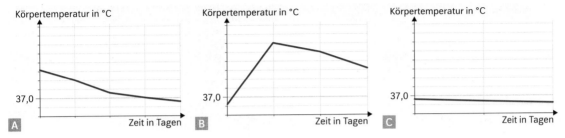

3 Veränderung der Körpertemperatur bei einer Grippeinfektion

Im Lauf einer Infektionskrankheit verändert sich die Körpertemperatur der Erkrankten. In Bild 3 siehst du drei Ausschnitte aus der Körpertemperaturkurve bei einer Grippeinfektion.

① **a)** Bringe die drei Ausschnitte A, B, und C aus Bild 3 in die richtige Reihenfolge.
b) Ordne die Begriffe Genesung, Inkubationszeit und Krankheitsausbruch jeweils einem Ausschnitt zu.

② **a)** Nenne die Phase der Infektionskrankheit, in der sich der Patient richtig krank fühlt.
b) Beschreibe die typischen Symptome einer Grippeinfektion.

③ Erläutere, durch welche Verhaltensweisen du dazu beitragen kannst, schneller wieder gesund zu werden.

D Moskitos übertragen Malaria

Malaria ist eine Infektionskrankheit, die von Einzellern ausgelöst wird (→ Bild 4 B). Sie gelangen durch den Stich einer tropischen Stechmücke in das Blut des Menschen. Um sich zu vermehren, dringen die Erreger in die Leber und in rote Blutkörperchen ein. Betroffene rote Blutkörperchen werden durch die Vermehrung der Erreger zerstört. Infizierte Menschen leiden an hohem Fieber und Sauerstoffarmut.

① Erkläre, warum eine unbehandelte Malariainfektion tödlich verlaufen kann.

② Entscheide, ob Fliegennetze eine gute Schutzmaßnahme vor Malaria darstellen.

③ ‖ An deutschen Flughäfen werden immer öfter tropische Stechmücken gefunden. Beurteile, ob von ihnen eine Gefahr ausgeht.

4 Malaria: **A** Tropische Stechmücke, **B** Erreger

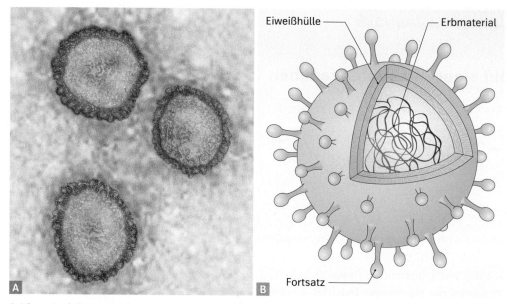

1 Viren: **A** elektronenmikroskopische Aufnahme, **B** schematischer Aufbau

Viren

Dem Auge verborgen

Viren sind extrem kleine Erreger. Sie sind so klein, dass sie selbst unter dem Lichtmikroskop nicht zu erkennen sind. Vermutet wurde die Existenz von Viren schon zu einer Zeit, als sie noch nicht sichtbar gemacht werden konnten. Doch erst die Entwicklung des Elektronenmikroskops brachte die Möglichkeit, Viren sichtbar zu machen (→ Bild 1A).

Der Aufbau von Viren

Verschiedene Viren haben eine sehr unterschiedliche äußere Gestalt. Der Aufbau ist jedoch grundsätzlich gleich. Alle Viren sind von einer Eiweißhülle umgeben. Sie schützt das Erbmaterial im Inneren. Auf der Eiweißhülle befinden sich viele starre Fortsätze (→ Bild 1B). Mit diesen Fortsätzen können sich die Viren an Wirtszellen anheften.

Verlauf einer Viruserkrankung

Theoretisch genügt bereits ein einziges Virus, um uns krank zu machen. Viren vermehren sich in unserem Körper sehr schnell. Daher sind rasche Krankheitsverläufe typisch für Viruserkrankungen. Der infizierte Körper wehrt sich unter anderem mit Fieber gegen die Viren. Viren können sich bei höheren Temperaturen schlechter vermehren. Sie können deshalb bei erhöhter Körpertemperatur leichter vom Immunsystem bekämpft werden.

2 Der Körper wehrt sich mit Fieber gegen Viren.

Vermehrung von Viren

> Viren haben keinen eigenen Stoffwechsel. Sie sind zur Vermehrung auf Körperzellen angewiesen.

Körperzellen dienen den Viren als Wirtszellen. Ein Virus heftet sich an eine Wirtszelle an und schleust sein Erbmaterial in diese Zelle ein. Die infizierte Wirtszelle produziert daraufhin so lange neue Viren, bis sie platzt. Diese Viren werden freigesetzt und befallen daraufhin weitere Wirtszellen (→ Bild 3).

Schutzmaßnahmen

Den besten Schutz vor Viren bietet eine gute Hygiene. Dazu gehört beispielsweise regelmäßiges Händewaschen.
Gegen viele gefährliche Viruserkrankungen gibt es zudem Impfstoffe, die uns immun gegen diese Krankheiten machen.

Epidemie und Pandemie

Sind in einem Land gleichzeitig viele Menschen von der selben Viruserkrankung betroffen, wird von einer **Epidemie** gesprochen. Dies ist in Deutschland beispielsweise der Fall, wenn 20 Prozent aller Einwohner an einer Grippe erkrankt sind.
Betrifft die Krankheit mehrere Länder oder ganze Kontinente, wird von einer **Pandemie** gesprochen. Die Covid-19-Erkrankung ist ein Beispiel dafür.

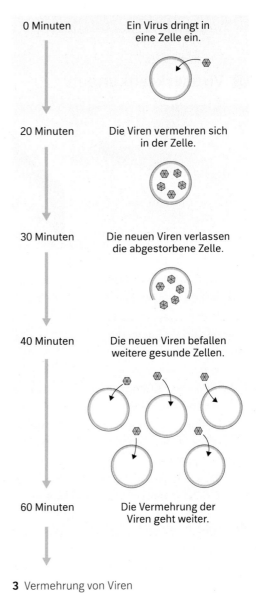

0 Minuten — Ein Virus dringt in eine Zelle ein.

20 Minuten — Die Viren vermehren sich in der Zelle.

30 Minuten — Die neuen Viren verlassen die abgestorbene Zelle.

40 Minuten — Die neuen Viren befallen weitere gesunde Zellen.

60 Minuten — Die Vermehrung der Viren geht weiter.

3 Vermehrung von Viren

1. Zeichne den typischen Aufbau eines Virus.

2. Erkläre, wie sich Viren vermehren.

    Starthilfe zu 2:
    Nutze dazu die einzelnen Schritte in Bild 3.

3. Nenne den Grund dafür, warum rasche Verläufe typisch für Viruserkrankungen sind.

4. Nenne Maßnahmen, die vor einer Infektion mit Viren schützen.

5. Erkläre den Unterschied zwischen einer Epidemie und einer Pandemie.

6. ▮▮ Eine Wirtszelle produziert etwa 500 neue Viren. Berechne von einem Virus ausgehend, wie viele Viren es nach drei Vermehrungszyklen etwa in einem infizierten Körper gibt.

7. ▮▮▮ Zu den Kennzeichen des Lebendigen gehören folgende Aspekte: aktive Bewegung, Stoffwechsel, Wachstum und Entwicklung, Fortpflanzung und Vermehrung sowie Reizbarkeit. Beurteile, ob es sich bei Viren um Lebewesen handelt.

A Viruserkrankungen

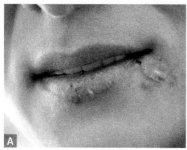

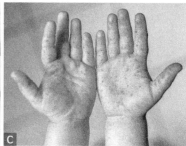

① Die **Hand-Fuß-Mund-Krankheit** ist eine meist harmlose, aber hochansteckende Erkrankung. Als Symptome sind schmerzhafte Bläschen an den Händen, den Füßen und im Bereich des Mundes erkennbar. Erwachsene erkranken nicht, können das Virus aber übertragen.

② **Lippenherpes** ist eine weit verbreitete Erkrankung. Einmal mit Herpesviren infiziert, bleibt das Virus ein Leben lang im Körper. Wenn das Immunsystem geschwächt ist, kann die Krankheit immer wieder ausbrechen und die typischen Herpes-Bläschen verursachen.

③ Die **Grippe** ist eine schwere Atemwegserkrankung, die durch Viren hervorgerufen wird. Als Symptome treten plötzlich einsetzendes Fieber mit Schüttelfrost, Gliederschmerzen, Reizhusten, Halsschmerzen und Kopfschmerzen auf.

1 A - C Unterschiedliche Viruserkrankungen

1 Ordne den Abbildungen A – C die jeweils passende Beschreibung ① – ③ zu.

2 Nenne Verhaltensweisen und Maßnahmen zum Schutz vor Viruserkrankungen.

B Infektionskrankheiten auf Weltreise

Bild 2 zeigt den weltweiten Flugreiseverkehr an einem Tag.
Jeden Tag finden alleine in Deutschland etwa 8 000 Flüge statt. Weltweit sind es etwa 80 000 Flüge pro Tag.

1 Erläutere, welcher Zusammenhang zwischen dem weltweiten Flugreiseverkehr und einer Viruspandemie besteht.

2 Nenne weitere weltweite Verbreitungsmöglichkeiten für Viren.

2 Flugverbindungen weltweit

IM ALLTAG

Schutzmaßnahmen vor Infektionskrankheiten wie Covid-19

3 Maskenpflicht in der Öffentlichkeit

4 Richtiges Händewaschen

A wie im Alltag Masken tragen

Das Covid-19-Virus wird beim Ausatmen durch winzige Speicheltröpfchen verbreitet. Medizinische Masken fangen die größeren Tröpfchen auf. Sie helfen dabei zu verhindern, dass sich andere Menschen mit Viren anstecken. Gerade wenn viele Menschen zusammenkommen, ist das Tragen einer solchen Maske sinnvoll.

H wie Hygiene

Einen wichtigen Bestandteil bei der Eingrenzung der Covid-19 Pandemie stellt die Hygiene dar. Richtiges Händewaschen, das Niesen und Husten in die Armbeuge und das Reinigen von Gebrauchsgegenständen, die von mehreren Personen verwendet werden, gehört dazu. Dadurch kann die Übertragung des Virus verringert werden.

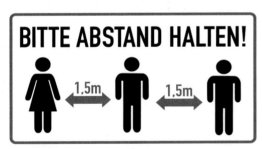

5 Hinweisschild zum Abstandhalten

A wie Abstand halten

Der Abstand von mindestens 1,5 m soll verhindern, dass die Viren von Mensch zu Mensch übertragen werden.
Auf diese Weise sollen Infektionsketten unterbrochen werden.

---

1 Auf den Zetteln oben sind die drei Elemente der AHA-Regel dargestellt.
   a) Bewerte diese Maßnahmen.
   b) Nenne Maßnahmen, deren Umsetzung du im Alltag für schwierig hältst.

2 Nenne weitere Maßnahmen, die dazu beitragen können, eine Pandemie wie Covid-19 einzudämmen.

3 ▌▌ Recherchiere, in welchen Punkten sich selbst genähte Masken von medizinischen Masken unterscheiden.

4 ▌▌▌ Erläutere, welche Punkte der AHA-Regel sich negativ auf unsere psychische Gesundheit auswirken können.

Digital+
Film

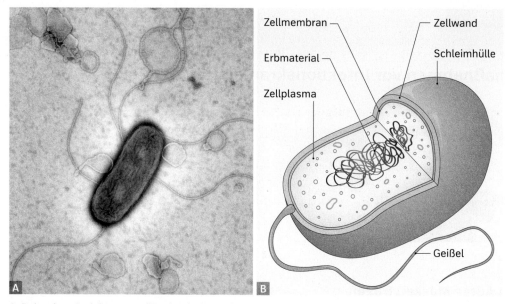

1 Bakterien: **A** elektronenmikroskopische Aufnahme, **B** schematischer Aufbau

Bakterien

Bakterien sind überall

Bakterien gibt es in jedem Lebensraum unseres Planeten. Sie existieren kilometertief im Boden, überleben in heißen Quellen und in den eisigen Polarregionen.
Bakterien sind überall um uns herum. Wir atmen sie mit der Luft ein und trinken sie mit dem Wasser. Auf jeder Oberfläche, die uns umgibt, und sogar auf und in unserem Körper leben Bakterien.
Einige Bakterienarten sind für Menschen schädlich. Es gibt aber auch Arten, die unschädlich oder sogar nützlich für den Menschen sind.

Aufbau eines Bakteriums

Bakterien sind Lebewesen, die aus einer einzelnen Zelle bestehen (→ Bild 1A).

Eine Bakterienzelle ist von einer festen Zellwand begrenzt. Diese kann bei einigen Arten noch von einer Schleimschicht oder einer harten Kapsel umgeben sein. Bakterien besitzen keinen Zellkern. Die Erbsubstanz liegt frei im Bakterium vor. Viele Bakterien besitzen Geißeln, mit denen sie sich fortbewegen können.
Der Grundbauplan der verschiedenen Bakterien ist immer gleich (→ Bild 1B).

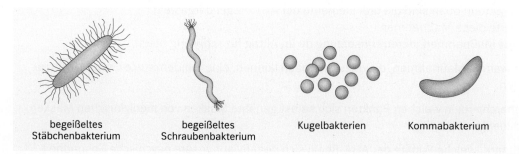

2 Unterschiedliche Formen von Bakterien

Die Vermehrung von Bakterien

Bakterien vermehren sich durch Zellteilung. Bei der Teilung schnüren sich die Bakterien in der Mitte ein. Es entstehen zwei neue, zunächst noch kleinere Bakterien. Sie müssen vor der nächsten Teilung wieder auf die ursprüngliche Größe heranwachsen. Bei geeigneten Umweltbedingungen teilen sich Bakterien alle 20 bis 30 Minuten (→ Bild 3).

Schädlinge und Nützlinge

Viele Bakterien sind Auslöser von Krankheiten wie der Lungenentzündung, dem Wundstarrkrampf oder der Blutvergiftung. Andere Bakterien leben als Nützlinge auf unserer Haut. Sie schützen uns dort vor anderen Krankheitserregern. Das Bakterium *E. coli* lebt in unserem Darm. Dort stellt es das wichtige Vitamin K her. Gelangen *E. coli*-Bakterien jedoch ins Blut, verursachen sie eine Blutvergiftung.

Einige Bakterien werden eingesetzt, um Joghurt oder Sauerkraut herzustellen.

Ein Medikament gegen Bakterien

Im Jahr 1928 entdeckte Alexander Fleming durch Zufall einen Wirkstoff gegen Bakterien. Dieser wird von einem Schimmelpilz produziert. Heute gibt es viele verschiedene Mittel, die Bakterien unschädlich machen. Sie werden mithilfe von Mikroorganismen hergestellt. Diese Stoffe werden **Antibiotika** genannt. Durch Antibiotika können viele Krankheiten geheilt werden.

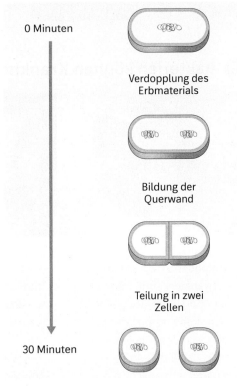

3 Vermehrung von Bakterien

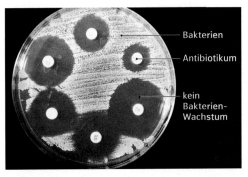

4 Antibiotika hemmen das Wachstum von Bakterien.

1 Zeichne und beschrifte den Aufbau eines Bakteriums.

Starthilfe zu 1:
Nutze dazu Bild 1B.

2 Erkläre, wie sich Bakterien vermehren.

3 Erläutere anhand eines Beispiels, warum manche Bakterien aus Sicht des Menschen zu den Nützlingen und andere zu den Schädlingen gezählt werden.

4 Nenne Lebensmittel, die mithilfe von Bakterien hergestellt werden.

5 Erkläre, um was es sich bei Antibiotika handelt.

6 ❚❚ Nenne die Funktion der Geißeln, die manche Bakterienarten besitzen.

7 ❚❚ Erkläre, warum Antibiotika als Medikamente wichtig sind.

A Bakterien können Krankheiten auslösen

A

B

C

① **Keuchhusten** ist eine hochansteckende Infektion der oberen Atemwege. Als Symptome treten krampfartige Hustenanfälle und ein keuchendes Atemgeräusch beim anschließenden Luftholen auf.

② **Tetanus** ist eine häufig tödlich verlaufende Infektionskrankheit. Dabei werden die Nervenzellen des Zentralnervensystems befallen, die die Muskeln steuern. Die Bakterien gelangen meist durch tiefe Wunden in den Körper.

③ **Scharlach** ist eine hochansteckende Krankheit. Die auslösenden Bakterien werden über Speicheltröpfchen übertragen. Sie können Hautausschlag, Halsschmerzen und Fieber verursachen. Typisch ist eine tiefrote Zunge.

1 A - C Unterschiedliche bakterielle Erkrankungen

1 Ordne den Abbildungen A – C die jeweils passende Beschreibung ① – ③ zu.

2 Nenne Verhaltensweisen und Maßnahmen zum Schutz vor bakteriellen Krankheiten.

B So wirken Antibiotika

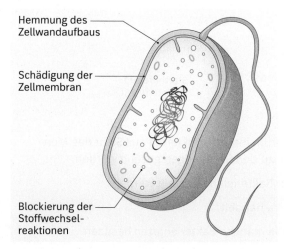

Hemmung des Zellwandaufbaus

Schädigung der Zellmembran

Blockierung der Stoffwechselreaktionen

2 Wirkungsweise von Antibiotika

Antibiotika wirken auf unterschiedliche Weise. Einige hindern die Bakterien daran, eine eigene Zellwand aufzubauen. Andere Antibiotika beeinflussen die Erbsubstanz und blockieren Vorgänge des Stoffwechsels. Eine weitere Gruppe schädigt die Zellmembran.

1 Nenne drei Wege, wie Antibiotika Bakterien bekämpfen.

2 Antibiotika greifen nach ihrer Einnahme auch die Darmbakterien an. Stelle Vermutungen an, welche Folgen dies für die betroffenen Personen haben kann.

C Resistente Keime

Antibiotika werden von Ärztinnen und Ärzten häufig verschrieben. Rund 450 t Antibiotika werden in Deutschland jährlich von Menschen eingenommen. Hinzu kommen noch Antibiotika, die zum Beispiel in der Hähnchenmast einge-setzt werden. So nehmen wir Antibiotika über unsere Nahrung auf.
Der intensive Einsatz von Antibiotika sorgt dafür, dass einzelne Bakterienarten heute nicht mehr auf Antibiotika reagieren. Sie sind resistent. Daher müssen immer wieder neue Antibiotika entwickelt werden.

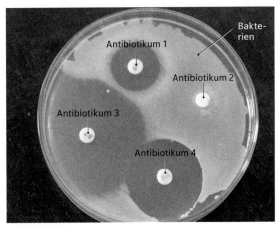

3 Vermehrung von Bakterien im Umfeld von Antibiotika

1 Die weißen Punkte in Bild 3 stellen ver-schiede Antibiotika dar. Beurteile, gegen welches Antibiotikum das Bakterium in der Petrischale resistent ist.

2 ‖ Beurteile die Gefahren, die von resisten-ten Bakterien ausgehen.

3 ‖ Beschreibe geeignete Maßnahmen, um zu verhindern, dass Bakterien resistent werden.

4 ‖‖ Recherchiere, welche Gefahren von resistenten Keimen in Krankenhäusern ausgehen.

D Wie kommen die Löcher in den Käse?

Die Löcher im Käse entstehen durch Gärungs-prozesse während der Reifung. Dazu werden der Milch Milchsäurebakterien zugesetzt. Sie sorgen zunächst dafür, dass die Milch eindickt. Dann heften sich die Milchsäurebakterien an die Fetttröpfchen der Milch und ernähren sich von ihnen.
Als Abfallprodukt ihrer Verdauung entsteht Kohlenstoffdioxid. Durch die harte Käserinde kann dieses Gas nicht aus dem Käse entweichen. Deshalb entstehen durch das Kohlenstoffdioxid Hohlräume – die Löcher im Käse.

1 Erkläre, wie die Löcher in den Käse kommen.

2 Recherchiere weitere Lebensmittel, bei deren Herstellung Bakterien eingesetzt werden.

4 Emmentaler Käse mit Löchern

Digital+
Film

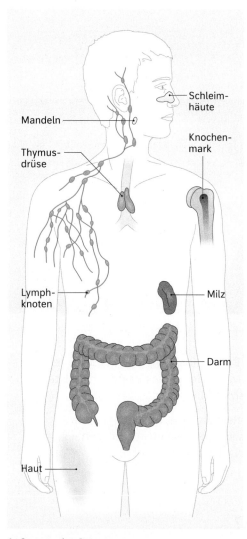

1 Organe des Immunsystems

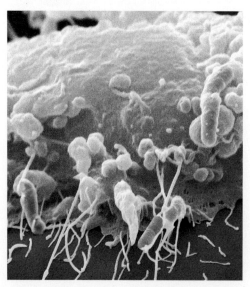

2 Fresszelle (gelb) umschließt Bakterien (rot).

Das Immunsystem

Unser Körper wehrt sich

Krankheitserreger gelangen über die Atemluft und die Nahrung in unseren Körper. Damit wir nicht ständig an Infektionskrankheiten erkranken, besitzt unser Körper ein starkes Abwehrsystem.

> Das innere Abwehrsystem des Körpers wird **Immunsystem** genannt.

Beim Immunsystem arbeiten viele Organe zusammen (→ Bild 1).

Die erste Verteidigungslinie

Unser Körper besitzt angeborene Schutzmechanismen, die Krankheitserreger bereits am Eintritt in unseren Körper hindern. Dazu gehören der Säureschutzmantel der Haut, die Tränenflüssigkeit, das Nasensekret, der Speichel und die Salzsäure im Magen. Im Darm sorgen nützliche Bakterien dafür, dass sich dort keine schädlichen Erreger ansiedeln können. Dennoch gelingt es Krankheitserregern immer wieder, diese Schutzeinrichtungen zu umgehen und in den Körper einzudringen.

Das Immunsystem

Das Immunsystem dient der Abwehr von Erregern, die ins Körperinnere gelangt sind. Es besteht vor allem aus verschiedenen **weißen Blutkörperchen.** Diese werden im Knochenmark gebildet und mithilfe des Blutes und der Lymphe im Körper verteilt. Es gibt verschiedene Arten von weißen Blutkörperchen: Fresszellen, Killerzellen, Plasmazellen, T-Helferzellen und Gedächtniszellen.

Unspezifische Immunabwehr

Treffen **Fresszellen** auf eingedrungene Erreger, umschließen sie diese und verdauen sie (→ Bild 2). Da sie alle fremden Stoffe ungezielt angreifen, wird diese Abwehr **unspezifische Immunabwehr** genannt.

Spezifische Immunabwehr

Können die Fresszellen die eingedrungenen Erreger nicht allein bekämpfen, wird die **spezifische Immunabwehr** aktiviert.
Die Fresszellen informieren dazu die **T-Helferzellen** mithilfe von kleinen Bruchstücken der Erreger über deren Beschaffenheit.
Die T-Helferzellen geben diese Informationen an die **Plasmazellen** und **Killerzellen** weiter. Daraufhin produzieren die Plasmazellen passgenaue **Antikörper.** Sie lassen die Erreger mit den Antikörpern verklumpen. Dadurch werden sie unschädlich und können von Fresszellen verdaut werden.
Die alarmierten Killerzellen suchen von den Erregern befallene Körperzellen und töten diese. Die abgetöteten Körperzellen werden ebenfalls von Fresszellen verdaut.

Die Immunisierung

Um auf eine erneute Infektion mit den gleichen Erregern schneller reagieren zu können, werden **Gedächtniszellen** gebildet. Diese speichern die Struktur des Erregers und stellen bei erneutem Kontakt sofort große Mengen Antikörper her.
Die Gedächtniszellen sorgen dadurch dafür, dass bestimmte Krankheiten nicht erneut ausbrechen können. Gegen diese Krankheiten sind wir meist ein Leben lang immun.

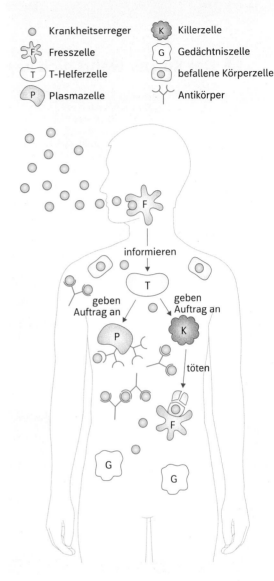

3 Arbeitsweise des Immunsystems

1. Nenne die Bestandteile der ersten Verteidigungslinie des Immunsystems.

2. Nenne die Aufgaben der genannten Arten der weißen Blutkörperchen.

Starthilfe zu 2:

Art des weißen Blutkörperchens	Aufgabe
Fresszelle	...

3. Erkläre, was die Fresszellen mit Bruchstücken der Erreger tun.

4. Erkläre die Funktion der Gedächtniszellen bei der Immunisierung.

5. Erkläre, warum das Immunsystem ein Beispiel für das des Basiskonzept „System" ist.

6. ❙ Begründe, warum sich Fresszellen aktiv zwischen Körperzellen bewegen können müssen.

7. ❙❙ Begründe, warum es wichtig ist, dass Gedächtniszellen extrem langlebig sind.

A Der Körper wehrt sich gegen Krankheiten

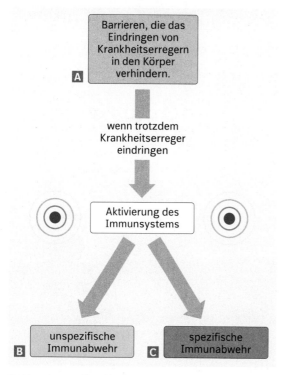

A Barrieren, die das Eindringen von Krankheitserregern in den Körper verhindern.

wenn trotzdem Krankheitserreger eindringen

Aktivierung des Immunsystems

B unspezifische Immunabwehr

C spezifische Immunabwehr

1 Abwehr von Krankheiten

Bild 1 zeigt die Bestandteile des Abwehrsystems des Körpers gegen Krankheiten.

① wehrt alle fremden Stoffe ab, die in den Körper eingedrungen sind

② wehrt Erreger ab, mit denen die Fresszellen nicht allein fertig werden

③ Fresszellen, T-Helferzellen, Plasmazellen, Killerzellen

④ bildet keine Gedächtniszellen

⑤ bildet Gedächtniszellen

⑥ Darmbakterien

⑦ Salzsäure im Magen

⑧ Haut

⑨ Speichel

⑩ Fresszellen

1 Ordne die oben stehenden Kärtchen jeweils der richtigen Station A, B oder C in Bild 1 zu.

B Führt Kälte zur Erkältung?

2 Im Winter erhöht sich die Zahl der Erkältungen.

Nein, Kälte verursacht keine Erkältung. Allerdings erschwert Kälte die Arbeit des Immunsystems. In Herbst und Winter werden die Schleimhäute in Mund und Nase schlechter durchblutet. So können sich die Abwehrzellen schlechter bewegen und Erreger schlechter abwehren. Auch die im Winter oft trockene Raumluft stört die Funktion der Schleimhäute. Zudem lüften viele Menschen im Winter weniger. Dadurch erhöht sich die Zahl der Erreger im Haus.

1 Nenne Probleme, welche die kalte Jahreszeit für unser Immunsystem mit sich bringt.

2 Formuliere für jedes der genannten Probleme eine geeignete Lösung.

Präsentieren mit Modellen

Bei der Abwehr von Krankheitserregern laufen in unserem Körper viele Prozesse nacheinander und nebeneinander ab. Um sie besser verständlich zu machen, können dir Modelle helfen.

Schritt 1: Über den Inhalt informieren

Lies die Inhalte der Basisseite „Das Immunsystem" mehrfach durch. Überlege, ob du alle Abläufe des Immunsystems verstanden hast. Frage bei Unsicherheiten deine Mitschülerinnen und Mitschüler oder deine Lehrkraft.

Schritt 2: Ein Modell erstellen

Folgende Fragen solltest du vor dem Erstellen des Modells klären:

Was soll mit dem Modell gezeigt werden?
- die Bestandteile des Immunsystems
- die Arbeit des Immunsystems

Welche Materialien sind geeignet?
- Papier, Pappe, Schaumstoff, Holz oder andere Bastelmaterialien

Welcher Modelltyp wird gewählt?
- Anschauungsmodelle sind unbeweglich
- Funktionsmodelle sind beweglich, Abläufe können dargestellt werden

Welche Form der Präsentation ist passend?
- Tafel, Computer, Dokumentenkamera, Handyvideo, Stop-Motion-Film

Nutze deine Vorüberlegungen, um das Modell anzufertigen. Achte dabei darauf, dass die Größe des Modells der gewählten Form der Präsentation entspricht. Ein Modell für die Präsentation mithilfe einer Dokumentenkamera kann kleiner sein, als ein Modell, das mithilfe der Tafel präsentiert wird.

Schritt 3: Das Modell präsentieren

- Achte darauf, dass alle Zuschauer dich und das Modell gut sehen können.
- Sprich so, dass deine Mitschüler dir folgen können.
- Achte darauf, dass du keine Formulierungen aus dem Infotext übernimmst, sondern mit eigenen Worten formulierst.
- Zeige die Inhalte und die Vorgänge am Modell, während du sie vorstellst. Gehe dabei auch auf die Grenzen des Modells ein.
- Kläre am Ende aufkommende Fragen deiner Zuhörer.

3 Mögliche Bestandteile eines Modells zur Funktion des Immunsystems

① Erkläre mithilfe eines selbstgebauten Modells die Arbeitsweise des Immunsystems.
Tipp: Dieses Modell eignet sich gut für die Herstellung von Erklärvideos mithilfe eines Smartphones.

② Beschreibe die Grenzen eines solchen Modells.

Digital+
Film

1 Ein Impfstoff wird gespritzt.

Impfen kann Leben retten

Impfen unterstützt das Immunsystem

Nach einer Infektion bekämpft das Immunsystem die eingedrungenen Krankheitserreger. Die eingesetzten Antikörper müssen allerdings zu dem jeweiligen Erreger passen. Es kann daher eine Weile dauern, bis der Körper genügend dieser speziellen Antikörper gebildet hat.
Dauert diese Zeit zu lange, droht ein schwerer Krankheitsverlauf. Davor schützt eine Impfung.
Es wird zwischen zwei Arten der Impfung unterschieden. Diese beiden Arten sind die **Heilimpfung** und die **Schutzimpfung.**

Die Heilimpfung

Bei einer Heilimpfung werden dem Patienten nach einer Infektion Antikörper gegen einen Erreger verabreicht. Die Antikörper werden meist aus dem Blut von Tieren wie Pferden gewonnen. Diese Form der Impfung wird auch **passive Immunisierung** genannt. Das Immunsystem der geimpften Person tritt dabei nicht in Aktion.
Eine Heilimpfung wird angewendet, wenn die Zeit für eine Schutzimpfung nicht mehr ausreicht. Das ist zum Beispiel der Fall, wenn sich bereits ein schwerer Krankheitsverlauf abzeichnet. Die Schutzwirkung hält etwa drei bis vier Wochen, dann werden die verabreichten Antikörper abgebaut.

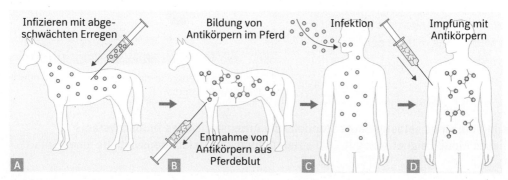

2 Ablauf einer Heilimpfung

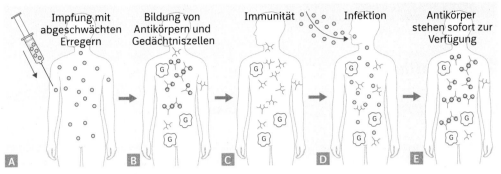

3 Ablauf einer Schutzimpfung

Die Schutzimpfung

Bei der Schutzimpfung wird der Impfstoff gespritzt, bevor der Patient erkrankt. Die Impfstoffe bestehen aus abgeschwächten oder toten Erregern. Neuere Impfstoffe enthalten den genetischen Bauplan für bestimmte Teile von Erregern.

Vom Impfstoff geht für den Patienten keine Gefahr aus. Das Immunsystem wird jedoch wie bei einem echten Erreger aktiv. Es bildet Antikörper und schließlich Gedächtniszellen. Die Schutzimpfung wird daher auch **aktive Immunisierung** genannt. Sie sorgt für einen lang anhaltenden Schutz, da der Körper Gedächtniszellen bildet.

Bereits Kleinkinder werden gegen Krankheiten wie Tetanus geimpft. Bei bestimmten Krankheiten kann sich der Impfschutz mit der Zeit abschwächen. Daher muss er nach einigen Monaten oder Jahren wieder aufgefrischt werden.

Impfen lebt vom Mitmachen

Aufgrund von Vorerkrankungen können sich einige Menschen nicht impfen lassen. Umso wichtiger ist es, dass sich möglichst viele gesunde Menschen impfen lassen. Dadurch wird eine sogenannte **Herdenimmunität** erreicht. Die Viren finden dann zu wenige Wirte, um sich auszubreiten. Die Reaktionen des Körpers auf die Impfung können durchaus an die Symptome der Krankheit erinnern. Sie sind jedoch weniger schlimm als die eigentliche Krankheit.

Wie ein Schlüssel ins Schloss

Egal ob Heilimpfung oder Schutzimpfung, jede Impfung wirkt nur gegen genau eine Art von Erregern. Antikörper werden passgenau für diese Erreger produziert und können nur an diese andocken, um sie zu verklumpen. Dies wird auch das **Schlüssel-Schloss-Prinzip** genannt.

1. Nenne die Fähigkeit des Immunsystems, die bei einer Schutzimpfung genutzt wird.

2. Vergleiche eine Heilimpfung und eine Schutzimpfung.

3. Begründe, warum eine Schutzimpfung auch als aktive Immunisierung bezeichnet wird.

4. Erkläre den Begriff Herdenimmunität.

5. Erläutere das Schlüssel-Schloss-Prinzip am Beispiel der Reaktion der Antikörper mit einem Erreger.

6. ▌▌ Vergleiche die Bedeutung der Gedächtniszellen für die Heilimpfung und für die Schutzimpfung.

7. ▌▌▌ „Menschen, die sich nicht impfen lassen wollen, sind verantwortlich dafür, dass einige Krankheiten nicht ausgerottet werden können." Beurteile diese Aussage.

30

● ● ⬤ ÜBEN UND ANWENDEN

Ⓐ Impfplicht

Masern

Masern sind eine hochansteckende Infektionskrankheit. Der Erreger ist ein Virus. Symptome sind rote Hautflecken, Fieber und körperliche Schwäche. Manchmal kommt es zu lebensbedrohlichen Verläufen mit Lungenentzündung oder Hirnhautentzündung. Dies kann besonders für Ungeborene und Neugeborene lebensgefährlich sein - vor allem, wenn die Mutter ungeimpft ist.

1 Masern können lebensbedrohlich sein.

Seit 2020 gibt es in Deutschland die Impfpflicht gegen Masern: Eltern, deren Kind in eine Kindertagesstätte oder in die Schule geht, müssen ihr Kind gegen Masern impfen lassen. Einige Eltern möchten ihr Kind aber nicht impfen lassen.

❶ Bewerte die Impfpflicht gegen die Masern.

❷ Erkläre, warum es wichtig ist, dass sich viele Menschen gegen Masern impfen lassen.

Ⓑ Die Entdeckung des Impfens

2 Labor um das Jahr 1800

EDWARD JENNER forschte am Ende des 18. Jahrhunderts an Menschenpocken. Er beobachtete, dass Menschen, die an den eng verwandten Kuhpocken erkrankten, nach einer solchen Krankheit gegen die tödlichen Menschenpocken immun waren.

Daraus schloss er, dass der infizierte Körper Abwehrstoffe gegen die Krankheit bilden kann. Er überprüfte seine Theorie, indem er einen achtjährigen Jungen zunächst mit Kuhpocken und anschließend mit Menschenpocken infizierte. Er stellte fest, dass der Junge immun gegen die Menschenpocken war.

❶ Begründe, warum Jenners Versuch heute nicht mehr durchgeführt werden würde.

❷ **II** Bewerte Jenners Versuch in Hinblick auf die Erforschung von Krankheiten.

❸ **III a)** Beschreibe Unterschiede zwischen den damaligen und den heutigen Forschungsmethoden.
III b) Recherchiere dazu im Internet.

C Neu entwickelter Impfstoff gegen das Covid-19-Virus

Eine Infektion mit dem Covid-19-Erreger bedroht alle Menschen der Welt. Mehrere Millionen Menschen sind bereits an dieser Viruserkrankung gestorben.
Zum Schutz gegen die Krankheit haben Forscher eine neue Art von Impfstoff entwickelt.

① Zur Herstellung der neuen Impfstoffe wird die Erbinformation (RNA) des Virus abgelesen.
② Ein Teil der Erbinformation wird im Labor vervielfältigt und als Impfstoff verwendet.
③ Einige menschliche Körperzellen produzieren dann nach der Impfung entsprechend des Bauplans selbst Teile des Virus.
④ Die neu gebildeten Virusteile aktivieren das Immunsystem, das nun Antikörper gegen diese Virusteile bildet.
⑤ Bei einem späteren Kontakt mit dem Covid-19-Virus erkennt das Immunsystem die Virusteile. Es kann dann das Virus mit Antikörpern gezielt und schneller bekämpfen. Die Krankheit hat nun meistens einen milderen Verlauf.

Solche neuartigen Impfstoffe werden RNA-Impfstoffe genannt. Für die RNA-Impfstoffe werden keine Krankheitserreger benötigt, die erst in großen Mengen gezüchtet werden müssen. So können solche Impfstoffe sehr schnell entwickelt und in großen Mengen hergestellt werden.

① Ein Abschnitt der Erbinformation des Covid-19-Virus ist der Bauplan für das Protein der Virushülle.

② Kopien des Bauplans werden in Form von mRNA als Impfstoff verabreicht.

③ Zellen produzieren das Virushüllen-Protein.

④ Das Immunsystem produziert Antikörper gegen das Virus.

⑤ Bei einer Infektion verbinden sich die Antikörper mit den Virus-Hüllenproteinen.

3 Ablauf einer Impfung mit einem RNA-Impfstoff gegen das Corona-Virus

❶ Beschreibe den Ablauf einer Immunisierung durch einen RNA-Impfstoff.

❷ ❚❚ Beschreibe die Unterschiede zwischen einer Impfung mit einem RNA-Impfstoff und einem Impfstoff mit abgeschwächten Erregern.

> **Starthilfe zu 2:**
> Denke dabei daran, wie die beiden Impfstoffe hergestellt werden.

❸ ❚❚ Nenne Vorteile der RNA-Impfstoffe bei der Bekämpfung einer Pandemie.

❹ ❚❚ Der RNA-Impfstoff wird in den menschlichen Zellen nach einiger Zeit wieder abgebaut. Erkläre, warum ein Impfschutz dennoch darüber hinaus vorhanden ist.

❺ ❚❚❚ Erkläre, warum durch den RNA-Impfstoff die Krankheit Covid-19 nicht ausgelöst werden kann.

Digital+
Film

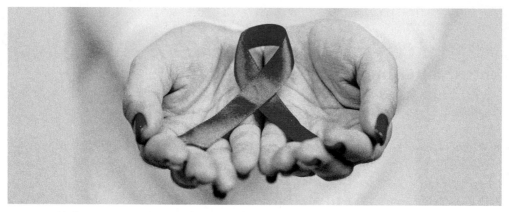

1 Rote Schleife als Symbol der Solidarität mit HIV-Infizierten

AIDS ist eine tödliche Infektionskrankheit

Das HI-Virus und AIDS

Bei **AIDS** handelt es sich um eine sexuell übertragbare Krankheit, die das Immunsystem des betroffenen Menschen schwächt. Sie wird durch das **HI-Virus** hervorgerufen. Durch HI-Viren wird das Immunsystem letztlich so stark geschwächt, dass es sich nicht mehr gegen andere Krankheitserreger zur Wehr setzen kann. Die Symptome einer HIV-Infektion setzen sich daher aus den Symptomen vieler Begleiterkrankungen zusammen. Betroffene magern häufig stark ab, sind insgesamt schwach und leiden oft an einer Lungenentzündung.

Der Beginn der Krankheit

Das HI-Virus befällt die T-Helferzellen und schleust seine Erbinformation in diese ein. Diese produzieren daraufhin neue HI-Viren bis sie aufplatzen (→ Bild 2).
Mit der Zeit werden immer mehr T-Helferzellen befallen. Sie können daher die Plasmazellen nicht über das HI-Virus informieren. Dadurch wird das Immunsystem nicht aktiviert. Zudem verändern sich HI-Viren sehr schnell. Haben sich die Viren stark verbreitet, kommt es zum Ausbruch der Krankheit.

Der Verlauf der Krankheit AIDS

Im **Vorstadium** der Krankheit AIDS treten zunächst Fieber, Durchfall und Gewichtsverlust auf. Im **Hauptstadium** bricht das Immunsystem völlig zusammen. Der Körper kann auch Erreger nicht mehr abwehren, die im Normalfall harmlos wären. Es kommt zu Lungenentzündungen, Pilzbefall der Organe und Hirnerkrankungen. Unbehandelt enden HIV-Infektionen immer tödlich. Allerdings gibt es Medikamente, die die Vermehrung der Viren stark hemmen. Betroffene müssen ihr Leben lang Medikamente mit starken Nebenwirkungen einnehmen.

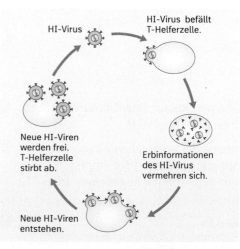

2 Entwicklungszyklus des HI-Virus

3 Kondome schützen vor einer Ansteckung mit dem HI-Virus.

Die HIV-Infektion

Im Alltag ist das HI-Virus nur schwer übertragbar. Entscheidend für eine Infektion ist die Menge an Viren, die ins Blut übertragen wird. Häufige Übertragungswege sind ungeschützter Sex, die gemeinsame Verwendung von Spritzen beim Drogenkonsum und die Infektion eines Kindes bei der Geburt. Beim Küssen, Anhusten oder Benutzen derselben Toilette besteht hingegen keine Ansteckungsgefahr. Die dabei beteiligten Körperflüssigkeiten enthalten nur wenige Viren.

Bei einer Infektion mit dem HI-Virus bildet der Körper Antikörper. Allerdings sind diese langfristig wirkungslos gegen das HI-Virus. Mithilfe eines HIV-Tests lassen sich die Antikörper nachweisen.

Der Schutz vor Ansteckung

Ein Hauptübertragungsweg des HI-Virus ist ungeschützter Geschlechtsverkehr. Hier können Kondome die Gefahr einer Ansteckung verringern (→ Bild 3). Einweghandschuhe bieten Schutz bei eventuellen Erste-Hilfe-Maßnahmen.

Die öffentliche Wahrnehmung

Menschen, die von einer HIV-Infektion betroffen sind, erleben häufig, dass ihre Freunde Abstand von ihnen nehmen. Meist spielen die Unsicherheit und die Unwissenheit in Hinblick auf die Infektion eine Rolle hierbei. Für die geistige Gesundheit von HIV-infizierten Menschen ist es wichtig, dass sie durch ihr Umfeld Solidarität und einen normalen sozialen Umgang erfahren.

1. Erkläre die Bedeutung der Begriffe HI-Virus (HIV) und AIDS.

2. Erkläre, wie das HI-Virus das Immunsystem schädigt.

Starthilfe zu 2:
Denke dabei an die Funktion der T-Helferzellen in der Immunabwehr.

3. Beschreibe, was nach dem Ausbruch von AIDS im Vorstadium und was im Hauptstadium der Krankheit geschieht.

4. a) Nenne Infektionswege, über die HI-Viren in den Körper gelangen können.
b) Nenne Möglichkeiten, wie du dich vor einer HIV-Infektion schützen kannst.

5. Erkläre, warum es für Menschen mit einer HIV-Infektion wichtig ist, von ihrem Umfeld akzeptiert zu werden.

6. ▐ Beschreibe, wie eine Infektion mit dem HI-Virus nachgewiesen wird.

7. ▐▐ Nach einem Unfall muss eine Person operiert werden. Sie ist nicht ansprechbar. Erläutere die Bedeutung von HIV-Schnelltests an diesem Beispiel.

A Übertragungswege von HIV

1 Mögliche und unmögliche Übertragungswege

Das Risiko, sich mit dem HI-Virus anzustecken, ist nicht in allen Lebenssituationen gleich groß.

① **a)** Entscheide, ob es sich bei den abgebildeten Situationen um mögliche oder unmögliche Übertragungswege mit dem HI-Virus handelt.
b) Begründe deine Auswahl.

B Mein Leben ist mehr als nur AIDS

2 Gaby hat AIDS und bleibt lieber unerkannt.

Gaby ist 51 Jahre alt und hat AIDS. Im Alter von 30 Jahren infizierte sie sich beim ungeschützten Geschlechtsverkehr mit dem HI-Virus. Als die Krankheit ausbrach, ging es ihr so schlecht, dass sie lange im Rollstuhl saß. Sie musste täglich bis zu 37 Tabletten einnehmen. Ihre Freunde wendeten sich von ihr ab. Gaby bekam Depressionen und konnte nicht mehr arbeiten gehen.
Heute geht es Gaby etwas besser. Sie hat gelernt mit der Krankheit umzugehen. „Mein Leben ist mehr als nur AIDS" ist ihr neues Motto. Dennoch hat sie noch immer Angst vor Ausgrenzung und möchte lieber unerkannt bleiben.

① Beschreibe, wie AIDS Gabys Leben veränderte.

② Nenne einen Grund dafür, dass Gaby lieber unerkannt bleiben will.

③ **III** Neue AIDS-Medikamente können den Verlauf der Krankheit verlangsamen. Beurteile, ob diese Entwicklung auch negative Auswirkungen auf den Umgang mit AIDS haben kann.

● ● (IM ALLTAG)

Sexuell übertragbare Krankheiten

3 Durch Gespräche und Untersuchungen können STI festgestellt werden.

Ungeschützter Sex kann krank machen

Für viele Menschen gehört Sex zu einem erfüllten Leben dazu. Etwas Vorsicht ist aber geboten, denn manche Krankheiten werden vor allem beim ungeschützten Geschlechtsverkehr übertragen. Sie werden mit STI abgekürzt, das steht für „sexually transmitted infection". Jeden Tag stecken sich etwa 1 Million Menschen auf der Welt mit einer STI an.

Schmerzen oder Jucken im Genitalbereich und auch ungewöhnlicher Ausfluss können auf eine STI hindeuten. Solche Symptome sollten ärztlich untersucht werden. Dabei sind Offenheit und Ehrlichkeit besonders wichtig. Unbehandelt können STI sehr schwerwiegende Folgen haben.

Bakterien und Viren

Eine Chlamydien-Infektion gehört zu den am häufigsten auftretenden STI. Chlamydien sind Bakterien, die vor allem beim ungeschützten Geschlechtsverkehr über die Schleimhäute übertragen werden. Oft bleibt die Infektion lange unbemerkt und wird in dieser Zeit weitergegeben. Unbehandelt kann die Infektion schwere Folgen haben. Ebenfalls zu den weit verbreiteten STI gehört die Infektion mit den „Humane Papillomviren" (HPV). Diese Viren können beim ungeschützten Sex sehr leicht übertragen werden. Eine Infektion verursacht meist kaum Beschwerden, sie kann jedoch Krebs auslösen. Gegen HPV gibt es eine Impfung, die das Krebsrisiko stark verringert.

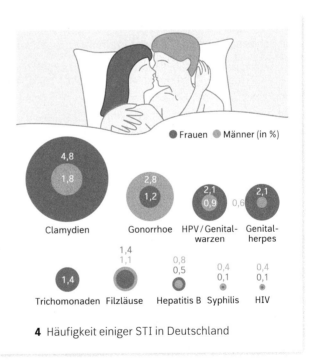

4 Häufigkeit einiger STI in Deutschland

1 a) Erkläre die Abkürzung STI und nenne zwei typische Symptome.

b) Erkläre, warum solche Symptome ärztlich untersucht werden müssen und welche Rolle dabei Ehrlichkeit gegenüber dem Arzt oder der Ärztin, aber auch gegenüber dem Partner oder der Partnerin spielt.

2 Nenne mithilfe von Bild 4 die jeweils häufigste STI bei Frauen und Männern, eine STI die von Parasiten (Tieren) ausgelöst wird und eine STI, die es nur bei Frauen gibt.

3 ‖ Recherchiere mögliche gesundheitliche Folgen verschiedener STI.

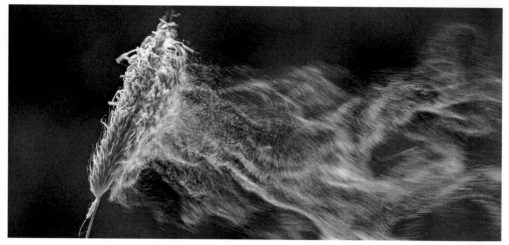

1 Fliegende Graspollen

Allergien

Anzeichen einer Allergie

Der Frühling ist für die meisten Menschen eine schöne Jahreszeit. Die ersten Pflanzen blühen und es wird langsam wieder wärmer. Einige Menschen können sich aber nicht richtig über den Frühling freuen. Sie haben Heuschnupfen. Das bedeutet, sie leiden unter einer **Pollenallergie.** Vom Frühling bis zum Spätsommer fliegen unzählige winzige Pollenkörner vor allem von Bäumen und Gräsern durch die Luft (→ Bild 1). Bei allergischen Personen zeigen sich zum Teil starke Reaktionen auf die Pollenkörner. Vielen läuft ständig die Nase und sie müssen oft niesen. Zudem jucken und tränen ihre Augen.

Was ist eine Allergie?

Bei Allergikern kommt es zu einer Überreaktion des Immunsystems. Wie bei einem gesunden Menschen werden körperfremde Stoffe wie die Pollen im Körper erkannt. Das Immunsystem bildet daraufhin Antikörper.

Der Unterschied zwischen gesunden und allergischen Menschen besteht darin, dass das Immunsystem eines Allergikers auch auf harmlose körperfremde Stoffe reagiert. Gelangen zum Beispiel Blütenpollen in die Nasenschleimhäute, lösen sie eine starke Abwehrreaktion aus.

Allergieauslösende Stoffe werden als **Allergene** bezeichnet (→ Bild 2).

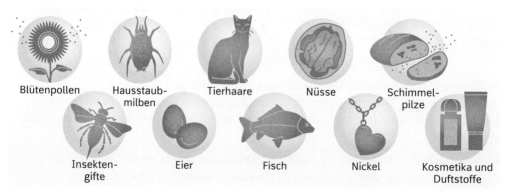

2 Wichtige Allergene

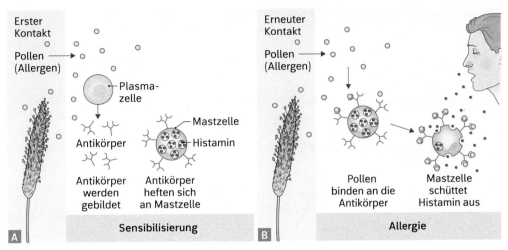

3 Entwicklung einer Allergie

Entwicklung einer Allergie

Eine Allergie entwickelt sich in zwei Schritten (→ Bild 3). Kommt das Immunsystem eines Allergikers zum ersten Mal mit Allergenen in Kontakt, werden die **Plasmazellen** aktiviert. Diese bilden **Antikörper,** weil sie die Allergene für schädlich halten und zu bekämpfen versuchen.

Die gebildeten Antikörper binden sich an weiße Blutkörperchen, sogenannte **Mastzellen.** Mastzellen sind an der Heilung von Entzündungen beteiligt. Der erste Kontakt mit einem Allergen wird **„Sensibilisierung"** genannt.

Kommt es zum zweiten Kontakt mit dem Allergen, schütten die Mastzellen das Hormon Histamin aus. Das Histamin löst dann allergische Reaktionen wie Niesen, Husten oder eine Hautausschlag aus.

Ursachen einer Allergie

Etwa jeder dritte Mensch in Deutschland hat eine Allergie. Häufige Allergene sind Blütenpollen, Hausstaubmilben, Tierhaare, Nüsse und Insektengifte (→ Bild 2). Die Anfälligkeit für eine Allergie ist zu einem gewissen Teil vererbbar. Auch die Art der Lebensführung kann die Entwicklung einer Allergie beeinflussen.

Behandlung einer Allergie

Allergien sind meistens nicht heilbar. Es ist wichtig, dass Betroffene die Stoffe meiden, auf die sie allergisch reagieren. Zudem können sie Medikamente einnehmen, die die Ausschüttung von Histamin verhindern. In einigen Fällen kann der Körper durch eine **Hyposensibilisierung** an die Allergene gewöhnt werden. Dabei werden Betroffenen über Jahre immer wieder geringe Mengen des Allergens verabreicht.

1 Nenne Symptome einer Pollenallergie.

2 Beschreibe, wie sich das Immunsystem bei einer Allergie verändert.

3 Erkläre, wie sich eine Allergie entwickelt.

4 Nenne zwei mögliche Ursachen einer Allergie.

5 Erkläre, wie eine Allergie behandelt werden kann.

6 ❙❙❙ Beschreibe, wie eine Hyposensibilisierung abläuft.

Starthilfe zu 3:
Du kannst dazu ein Flussdiagramm erstellen:

Erster Kontakt mit Allergenen

↓

»

A Der Pricktest

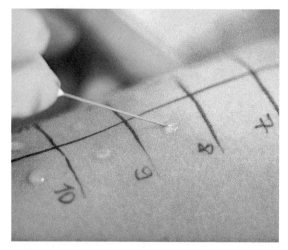

1 Durchführung eines Pricktests

Der Pricktest ist ein Allergietest-Verfahren. Dabei tropft der Arzt allergenhaltige Lösungen auf die Haut und sticht oder ritzt die Haut leicht an (→ Bild 1). Die Flüssigkeit gelangt in die Haut und löst im Fall einer Allergie eine Hautreaktion aus.

① Bei einem Allergentropfen haben sich rote Punkte gebildet. Beschreibe, was das für den untersuchten Menschen bedeutet.

② Begründe, warum nur sehr geringe Mengen eines Allergens auf die Haut aufgetragen werden.

③ ‖ Stelle eine begründete Vermutung dazu auf, warum eine der Testflüssigkeiten nur reines Wasser enthält.

B Erste Hilfe im Notfall

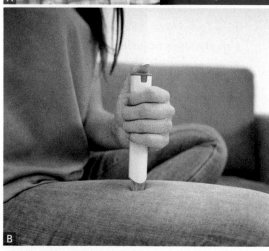

2 Erste Hilfe: **A** Notfallset eines Allergikers, **B** Einsatz eines Autoinjektors

Bei starken Allergien kann es zu einem allergischen Schock kommen. Dabei reagiert der gesamte Kreislauf des Allergikers auf einen Kontakt mit einem Allergen. Dieser Schock kann, wenn er nicht behandelt wird, lebensbedrohlich sein.
Starke Allergiker haben daher oft ein Notfallset mit Medikamenten bei sich. Darin befinden sich Histaminblocker und eine Spritze mit Adrenalin. Das Adrenalin soll den Kreislauf stabilisieren. In jedem Fall muss ein Notarzt alarmiert werden.

① Erkläre, warum im Notfallset Histaminblocker und Adrenalin enthalten sind.

② Begründe, warum starke Allergiker ihr Notfallset immer bei sich tragen sollten.

③ ‖ Stelle Vermutungen dazu auf, warum bei jedem Einsatz des Notfallsets ein Notarzt gerufen werden muss.

Allergene in unserem Umfeld

3 Stich einer Wespe

geröstet 87%, Rohrohrzucker*,
Glukosesirup*, **Butter***, Honig*,
Vollmilchpulver*), Dinkelwaf-
feln* 10% **(Dinkelmehl***¹ 76%,
Rohrohrzucker*, Rapsöl*, **Hüh-
nereigelbpulver***, Meersalz)
*aus biologischer Landwirtschaft
¹Dinkel ist eine **Urweizenart**
**Kann Spuren von Soja, Nüssen
und Sesam enthalten.**

4 Angabe möglicher Allergene

Allergien gegen Insektengifte

Insektenstiche sind nicht nur schmerzhaft.
Für Allergiker können sie sehr gefährlich
werden. Da Insekten wie Bienen und Wes-
pen ihr Gift direkt in den Körper einer Person
pumpen, laufen allergische Reaktionen sehr
schnell ab. Dadurch steigt die Gefahr eines
allergischen Schocks. Unbehandelt kann ein
solcher Zustand zum Tod des Betroffenen
führen.

Allergene in Lebensmitteln

In Betrieben, die Lebensmittel verarbeiten,
werden oft in den gleichen Werkhallen oder mit
den gleichen Maschinen unterschiedliche
Lebensmittel verarbeitet.
Es besteht die Möglichkeit, dass geringe
Mengen einer Zutat des einen Produkts in ein
anderes Produkt gelangen. Dies muss auf den
Produkten angegeben werden.

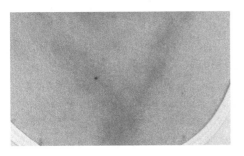

5 Hautausschlag durch eine Halskette

Allergie gegen Nickel

Die Nickelallergie ist eine Kontaktallergie. Bei Betroffenen ruft der Kontakt mit Nickel einen Ausschlag
hervor.
Durch das Meiden von nickelhaltigen Gegenständen
heilt der Hautausschlag wieder ab.
Nickel ist manchmal in Ohrringen, Halsketten oder
Hosenknöpfen enthalten.

1 Erkläre, warum Allergien gegen Insektengifte sehr gefährlich sind.

2 Nenne Möglichkeiten, wie du dich vor einem Insektenstich schützen kannst.

3 Erkläre, wie Zutaten in Lebensmittel gelangen können, die eigentlich nicht hineingehören.

4 Erläutere, warum die Angaben möglicher Allergene auf Lebensmitteln für Allergiker wichtig
sind.

5 Beschreibe, worauf Menschen mit einer Nickelallergie im Alltag achten sollten.

Auf einen Blick: Die Gesundheit des Menschen

Der Gesundheitsbegriff

Die Gesundheit des Menschen bedeutet nicht nur die Abwesenheit von Krankheiten. Neben der körperlichen Gesundheit ist für uns auch die psychische Gesundheit und ein gutes soziales Umfeld wichtig. Durch eine verantwortliche Lebensführung können wir zu unserer Gesundheit beitragen.

Infektionskrankheiten

Krankheitserreger wie Viren und Bakterien können Infektionskrankheiten auslösen. Bei der Infektion gelangen die Erreger in den Körper. Während der Inkubationszeit vermehren sich die Erreger im Körper. Erste Symptome sind ein Zeichen für den Ausbruch der Krankheit. Während der Genesung gelingt es dem Immunsystem, die Infektionskrankheit zu bekämpfen.

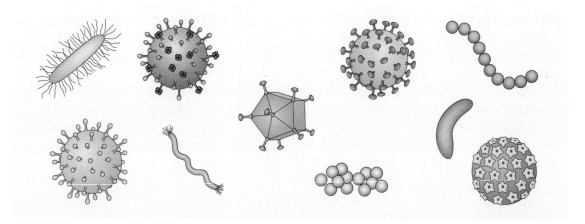

Viren

Viren sind extrem kleine Erreger. Sie können Viruserkrankungen auslösen. Viren besitzen keinen Stoffwechsel und sind für ihre Vermehrung auf Wirtszellen angewiesen. Eine gute Hygiene ist für den Schutz vor Viruserkrankungen wichtig. Antivirale Medikamente helfen oft nicht bei Infektionskrankheiten, die durch Viren ausgelöst werden.

Bakterien

Bakterien sind einzellige Lebewesen. Sie kommen in fast allen Lebensräumen, sogar auf unserer Haut und in unserem Darm. Einige Arten werden vom Menschen zur Lebensmittelproduktion genutzt. Wenige Bakterienarten können gefährliche Infektionskrankheiten auslösen. Antibiotika sind Medikamente, die gegen Bakterien eingesetzt werden.

WICHTIGE BEGRIFFE

- Körperliche Gesundheit, geistige Gesundheit
- soziales Umfeld
- Viren

WICHTIGE BEGRIFFE

- Krankheitserreger
- Infektion, Inkubation, Symptome, Genesung
- Bakterien, Antibiotika

Das Immunsystem

Das Immunsystem dient der Abwehr von Erregern, die ins Innere des Körpers gelangen. Dabei arbeiten unterschiedliche Arten von weißen Blutkörperchen zusammen, um die Erreger abzutöten. Auf der Oberfläche der Krankheitserreger befinden sich Antigene. Diese werden von den weißen Blutkörperchen erkannt. Einige weiße Blutkörperchen bilden y-förmige Antikörper. Die Antikörper setzen sich auf die Antigene und helfen bei der Beseitigung der Erreger.

Impfen

Bei der Schutzimpfung wird dem Patienten ein Impfstoff gespritzt. Das Immunsystem reagiert auf den Impfstoff mit der Immunreaktion. Es werden Gedächtniszellen gebildet. Auf diese Weise wird der Körper gegen diese Erreger immun. Bei der Heilimpfung werden dem Patienten Antikörper gegen eine Art von Erregern gespritzt. Diese sorgen für einen sofortigen Schutz gegen diese Erreger. Dieser Schutz hält jedoch nur drei bis vier Wochen.

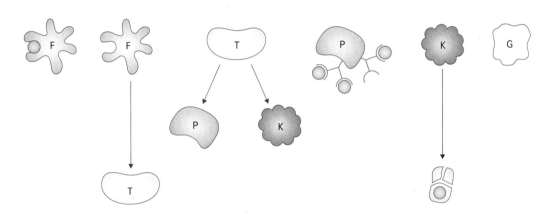

HIV und AIDS

Das humane Immundefizienz-Virus (HIV) kann durch ungeschützten Sex oder durch Blutkontakte übertragen werden. Über längere Zeit löst es eine Immunschwäche aus, AIDS genannt. Das Immunsystem kann dann andere Infektionskrankheiten immer schlechter abwehren. Unbehandelt ist AIDS tödlich. Inzwischen gibt es verschiedene antivirale Medikamente.

Allergien

Bei einer Allergie kommt es zu einer Überreaktion des Immunsystems auf einen für den Körper harmlosen Stoff. Dieser Stoff wird als Allergen bezeichnet. Am Ende der Reaktion des Immunsystems wird das Hormon Histamin ausgeschüttet. Histamin löst dann die allergischen Reaktionen wie das Niesen aus.

WICHTIGE BEGRIFFE

- Immunsystem
- weiße Blutkörperchen
- Antigene, Antikörper
- Schutzimpfung, Heilimpfung

WICHTIGE BEGRIFFE

- HIV und AIDS
- Allergien
- Histamin

Auf einen Blick

Lerncheck: Die Gesundheit des Menschen

Infektionskrankheiten

1 **a)** Nenne die drei Aspekte, die für die Gesundheit eine wichtige Rolle spielen.
b) Ordne die folgenden Krankheiten einem der drei Aspekte zu:
- Durchfall   • Depression   • Erkältung
- fehlende Freundschaften

2 **a)** Nenne die vier Abschnitte im Verlauf einer typischen Infektionskrankheit.
b) Beschreibe, was im jeweiligen Abschnitt geschieht.

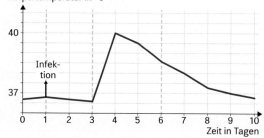

3 **a)** Beschreibe die Veränderung der Körpertemperatur während einer Grippeinfektion mithilfe der Abbildung.
b) Stelle begründete Vermutungen auf, warum sich während des Verlaufs einer Infektionskrankheit die Körpertemperatur verändert.

4 Entscheide, bei welchen der folgenden Begriffe es sich um Krankheitserreger handelt:
- Hausstaub   • Bakterien   • Viren •
- Pilzsporen   • Pollenkörner

Viren und Bakterien

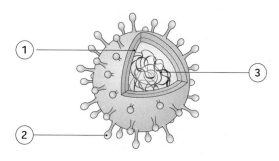

5 **a)** Nenne die Bestandteile 1 – 3 eines Virus.
b) Beschreibe die Funktion der Bestandteile.

6 Erkläre, warum Viren Wirtszellen benötigen.

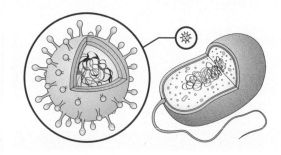

7 **a)** Nenne Unterschiede im Aufbau von Viren und Bakterien.
b) Vergleiche die Vermehrung von Viren und Bakterien.

8 Gib an, gegen welche Krankheitserreger Antibiotika eingesetzt werden können und gegen welche sie nicht helfen.

9 Erkläre, was eine Resistenz bedeutet.

DU KANNST JETZT ...

- ... mögliche Infektionswege nennen.
- ... die vier Phasen einer Infektionskrankheit nennen und beschreiben.
- ... die Veränderung der Körpertemperatur während einer Grippeinfektion beschreiben.

DU KANNST JETZT ...

- ... den Aufbau von Viren beschreiben.
- ... die Fortpflanzung von Viren beschreiben.
- ... Bakterien und Viren hinsichtlich ihres Baus und ihrer Vermehrung unterscheiden.
- ... Antibiotika als Medikamente gegen bakterielle Erkrankungen nennen.

Das Immunsystem

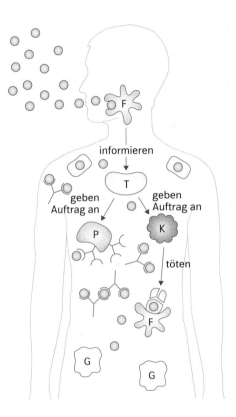

Allergien und AIDS

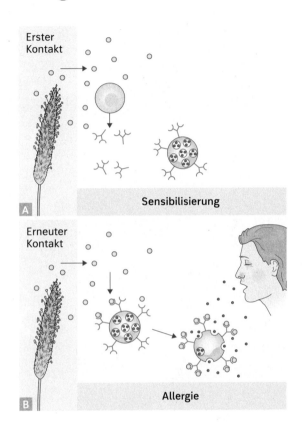

10 Beschreibe mithilfe der Abbildung die Arbeitsweise des Immunsystems.

11 Begründe, warum es wichtig ist, dass sich viele Menschen gegen eine Krankheit wie Covid-19 impfen lassen.

12 **a)** Erkläre, worum es sich bei einer Schutzimpfung und bei einer Heilimpfung handelt.
b) Nenne Situationen, in denen eine Schutzimpfung bzw. eine Heilimpfung sinnvoll ist.

13 Erläutere mithilfe der Abbildung, wie eine Allergie zum Beispiel gegen Birkenpollen entsteht.

14 **a)** Erläutere den Unterschied zwischen HIV und AIDS.
b) Nenne geeignete Maßnahmen zur Vorbeugung gegen HIV.

15 Nenne weitere Infektionskrankheiten, die du kennst.

DU KANNST JETZT ...

- ... die Arbeitsweise des Immunsystems beschreiben.
- ... die Bedeutung des Impfens erklären.
- ... den Ablauf und die Bedeutung von Schutzimpfungen und von Heilimpfungen beschreiben.

DU KANNST JETZT ...

- ... die Entstehung einer Allergie erklären.
- ... den Verlauf der Krankheit AIDS beschreiben.
- ... zwischen HIV und AIDS unterscheiden und Maßnahmen zur Vermeidung einer HIV-Infektion nennen.

Lerncheck

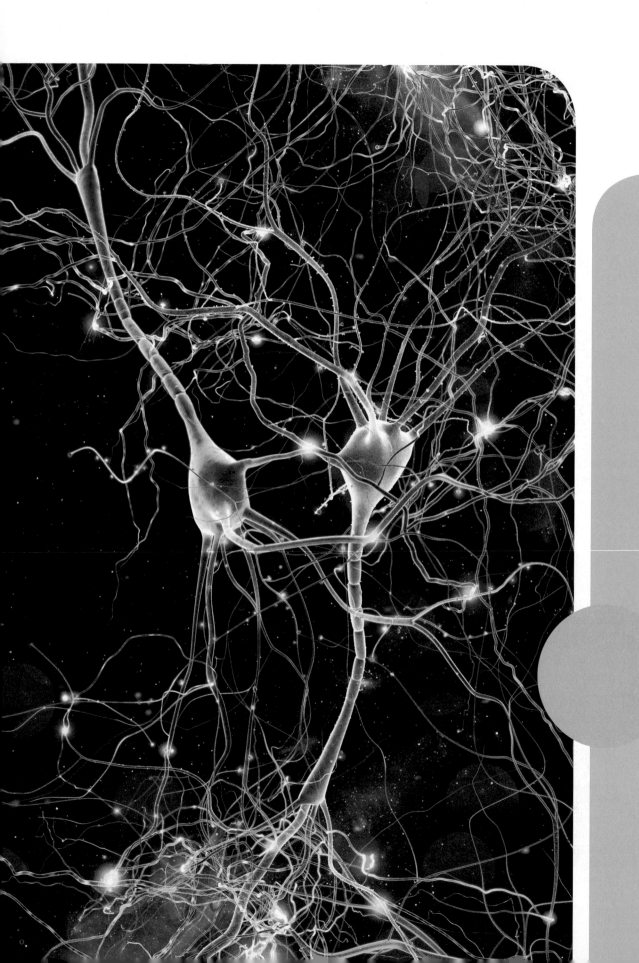

Bau und Funktion des Nervensystems

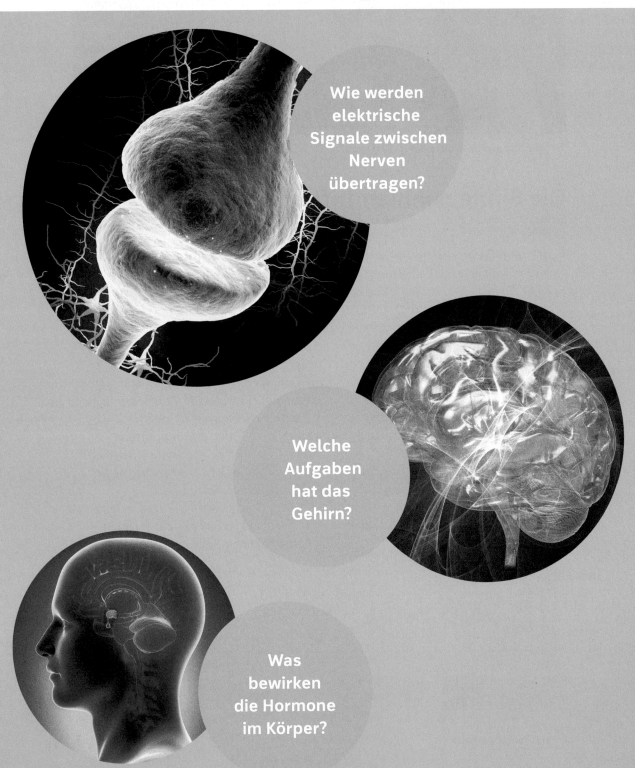

Wie werden elektrische Signale zwischen Nerven übertragen?

Welche Aufgaben hat das Gehirn?

Was bewirken die Hormone im Körper?

Digital+
Film

1 Jugendliche auf der Achterbahn

Die Sinne nehmen Informationen auf

Auge und Gehirn sind verbunden

Eine Fahrt auf der Achterbahn verursacht Nervenkitzel. Während der Fahrt werden verschiedene Sinne angesprochen. Die Eindrücke werden durch die Augen, die Haut, die Ohren und das Gleichgewichtsorgan aufgenommen. Besonders der Sehsinn erhält während einer solchen Fahrt eine Mengen Informationen.

Das Auge nimmt die steil abfallende Strecke der Achterbahn frühzeitig wahr. Dieser Reiz wird vom Auge über den Sehnerv zum Gehirn weitergeleitet. Im Gehirn werden die ankommenden Eindrücke bewertet. Deshalb kann durch die steile Strecke auf der Achterbahn ein Gefühl der Angst ausgelöst werden.

Die Reiz-Reaktions-Kette

Ständig treffen viele Reize aus der Umwelt auf die Sinnesorgane. So nimmt beispielsweise das Auge den Reiz der steil abfallenden Achterbahn-Strecke auf.

Im Auge wird der Reiz in ein elektrisches Signal umgewandelt. Über die **sensorischen Nerven** wird das Signal vom Auge zum Gehirn geleitet. Im Gehirn verarbeiten wiederum Nerven das ankommende elektrische Signal. Über **motorische Nerven** steuert das Gehirn zum Beispiel die Muskeln im Gesicht. Die Reaktion ist ein angstverzerrtes Gesicht.

Dieser Ablauf folgt bei allen Sinnesreizen immer dem gleichen Muster und heißt **Reiz-Reaktions-Kette** (→ Bild 2).

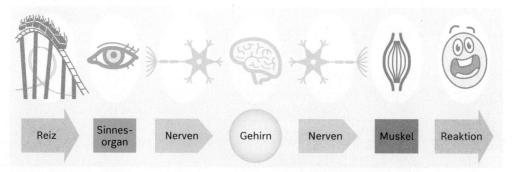

2 Reiz-Reaktions-Kette

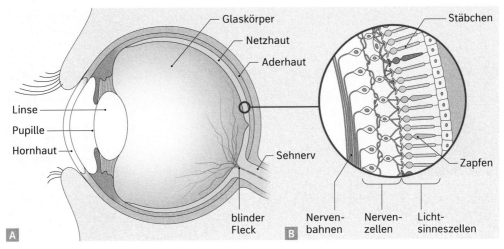

3 Auge: **A** Querschnitt, **B** Netzhaut im Querschnitt

Der Sehvorgang im Auge

Das Bild der Achterbahnstrecke gelangt als Lichtreiz ins Auge. Der Lichtreiz durchquert die Hornhaut, die Pupille, die Linse und den durchsichtigen Glaskörper (→ Bild 3).
Im Inneren des Auges trifft der Reiz auf die Netzhaut. Dort entsteht ein verkleinertes Bild. Es ist seitenverkehrt und steht auf dem Kopf.
In der Netzhaut werden zwei unterschiedliche Typen von **Lichtsinneszellen** gereizt.

> Die **Stäbchen** sind für die Unterscheidung von hell und dunkel zuständig. Die **Zapfen** ermöglichen das Farbensehen.

Die Zapfen sprechen entweder auf rotes, grünes oder blaues Licht an. Durch die Reizung mehrerer unterschiedlicher Zapfentypen können viele Mischungen von Farben wahrgenommen werden.

Gereizte Sinneszellen

Der Mensch nimmt mit den Augen Lichtreize auf. Nur die Stäbchen und Zapfen in der Netzhaut können diese Reize verarbeiten. Dort werden die Lichtreize in elektrische Signale umgewandelt.
Lichtsinneszellen enthalten einen Sehfarbstoff. Wenn eine Lichtsinneszelle durch Licht gereizt wird, verändert sich dieser Sehfarbstoff. Diese Veränderung bewirkt über mehrere Zwischenschritte, dass ein elektrisches Signal entsteht (→ Bild 4)

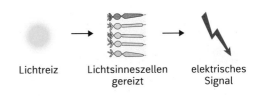

Lichtreiz   Lichtsinneszellen gereizt   elektrisches Signal

4 Ein elektrisches Signal entsteht.

1. Beschreibe den Weg des Lichtreizes durch das Auge bis zum Sehnerv.

2. Beschreibe die Reiz-Reaktions-Kette im menschlichen Körper am Beispiel der Achterbahn-Strecke. Nimm Bild 2 zu Hilfe.

3. Beschreibe die Funktionen von sensorischen und motorischen Nerven.

4. Benenne, für welche Art des Sehens jeweils Stäbchen und Zapfen zuständig sind.

5. ▌ Erkläre, was unter einem Reiz verstanden wird. Nutze dazu das Beispiel der Achterbahnfahrt.

Starthilfe zu 1:
Nutze folgende Begriffe: Glaskörper, Pupille, Linse, Netzhaut, Hornhaut, Stäbchen und Zapfen

A Was passiert, wenn der Sehfarbstoff benutzt worden ist?

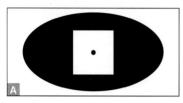 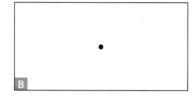 

1 A-C Nachbilder

Trifft ein Lichtstrahl auf eine Lichtsinneszelle, verändert sich der in ihr enthaltene Sehfarbstoff. Dabei entsteht ein elektrisches Signal. Dann dauert es ein wenig, bis der Sehfarbstoff wieder in seine ursprüngliche Form zurückgeführt wird. Erst danach kann die Lichtsinneszelle wieder neu gereizt werden.
Fällt Licht von einer weißen Fläche ins Auge, werden alle Lichtsinneszellen in der Netzhaut gereizt. Du kennst dieses Phänomen, wenn du aus Versehen in eine grelle Lampe blickst.

Durchführung:

Schritt 1: Schließe ein Auge.

Schritt 2: Schaue den Punkt in Bild 1 A für 30 Sekunden mit starrem Blick an.

Schritt 3: Schaue nun auf den Punkt in Bild 1 B.

① Beschreibe deine Beobachtung.

② Führe den gleichen Versuch mit Bild 1 C durch. Beschreibe, was du nach wenigen Sekunden im leeren Kästchen siehst.

③ ▌▌▌ Erkläre deine Wahrnehmung.

B Wie kannst du den blinden Fleck wahrnehmen?

2 Versuch zum Nachweis des Blinden Flecks

Der blinde Fleck ist die Stelle auf der Netzhaut, an der alle Nervenbahnen des Auges zu einem Sehnerv gebündelt sind. Dort gibt es keine Stäbchen oder Zapfen.

Durchführung:

Schritt 1: Halte das Biologiebuch mit ausgestreckten Armen vor dich. Bild 2 soll auf Augenhöhe gehalten werden.

Schritt 2: Schließe das rechte Auge.

Schritt 3: Sieh mit dem linken Auge auf den Kreis und bewege das Buch langsam auf dein Auge zu (→ Bild 3).

① a) Beschreibe, was mit dem X passiert.
b) Erkläre deine Wahrnehmung.

② ▌▌ Erkläre, wie mit diesem Versuch bewiesen wird, dass es den blinden Fleck gibt.

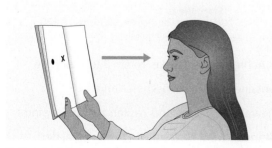

3 Das Buch langsam heranholen

ÜBEN UND ANWENDEN

Ⓐ Rot-Grün-Schwäche

Der Mensch hat in der Netzhaut drei verschiedene Zapfentypen. Es kommt vor, dass manche Zapfen weniger gut funktionieren. Dies wirkt sich auf das Sehen von Farben aus.
Die Rot-Grün-Schwäche kommt häufig vor. Dabei werden die Farben Rot und Grün matter und farbloser wahrgenommen. Das macht die Unterscheidung der beiden Farben schwierig. Funktionieren die Zapfen für eine Farbe gar nicht, dann sieht die Person stattdessen Grau.

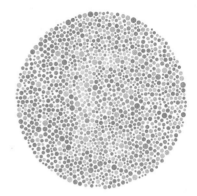

4 Test für Rot-Grün-Schwäche

① Nenne den Buchstaben, der in Bild 4 abgebildet ist.

② Erkläre, welche Schwäche jemand hat, der den Buchstaben nicht erkennt.

③ ‖ Erkläre, welche Probleme Menschen mit stark ausgeprägter Rot-Grün-Schwäche im Alltag haben können. Beziehe Bild 5 in deine Erklärung mit ein.

5 Buntstifte

Ⓑ Gut sehen im Straßenverkehr

Im Straßenverkehr ist das Auge ein sehr wichtigstes Sinnesorgan. Wenn eine Verkehrsteilnehmerin oder ein Verkehrsteilnehmer schlecht sieht, ist das Risiko für einen Unfall erhöht.
Für das Fahren schneller Fahrzeuge, wie Motorrad und Auto, ist ein Sehtest nötig. Hierbei wird beispielsweise die Sehschärfe getestet. Nur mit guter Sehleistung wird der Führerschein ausgestellt.

① Nenne Situationen im Straßenverkehr, in denen du deine Augen benötigst.

② Erläutere, wieso alle Verkehrsteilnehmer gut sehen können sollten.

③ ‖ Beschreibe, wie der Sehtest aus Bild 6 ablaufen könnte und was mit ihm geprüft wird.

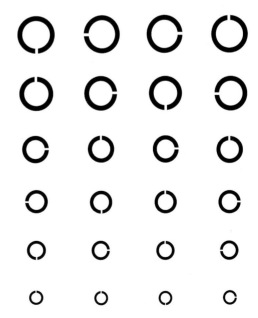

6 Sehtest für den Führerschein

1 Die Augen sind auf Nahsicht eingestellt.

Mit den Augen sehen

Wie wir sehen

Von jedem Punkt eines Gegenstandes breitet sich Licht in alle Richtungen geradlinig aus. Das Licht kann in einer Modellvorstellung daher als Lichtstrahl dargestellt werden. Die Lichtstrahlen fallen durch die Hornhaut und die Pupille auf die Linse des Auges. Die Linse lenkt die Lichtstrahlen auf die Netzhaut. Dabei ändern die Lichtstrahlen ihre Richtung. Auf der Netzhaut entsteht ein verkleinertes Bild des Gegenstandes. Es ist seitenverkehrt und steht auf dem Kopf. Das Gehirn verarbeitet die Impulse der Lichtsinneszellen und wir sehen ein Bild.

Anpassung an die Entfernung

Betrachtest du einen Gegenstand aus der Nähe, zieht sich der Ringmuskel zusammen. Dadurch lockern sich die Linsenbänder und die elastische Linse wird runder (→ Bild 2 A).

Schaust du dir einen entfernten Gegenstand an, entspannt sich der Ringmuskel, die Linsenbänder spannen sich und die Linse wird flacher (→ Bild 2 B).

> Die Einstellung des Auges auf unterschiedlich entfernte Gegenstände wird als **Akkommodation** bezeichnet.

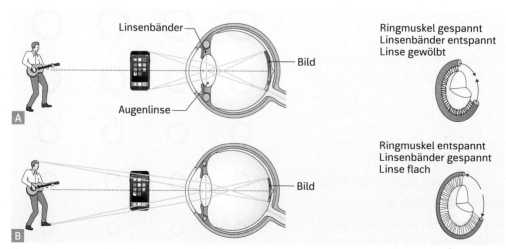

2 Anpassung der Augen: **A** Nahsicht, **B** Fernsicht

Das räumliche Sehen

Wenn du einen Bleistift 5 cm bis 10 cm über ein Lineal hältst und abwechselnd das linke und das rechte Auge schließt, scheint der Bleistift auf dem Lineal zu „springen" (→ Bild 3 oben).

Unsere Augen liegen etwa 6 cm bis 8 cm auseinander. Daher liefern sie zwei leicht unterschiedliche Bilder. Betrachtest du den Bleistift mit beiden Augen, dann siehst du nur ein Bild (→ Bild 3 unten).

Die Informationen von beiden Augen werden gleichzeitig über die Sehnerven zum Gehirn geleitet. Unser Gehirn verarbeitet die Informationen aus den beiden Bildern zu einem einzigen, räumlichen Bild. Durch das **räumliche Sehen** können wir auch abschätzen, wie weit ein Gegenstand von uns entfernt ist.

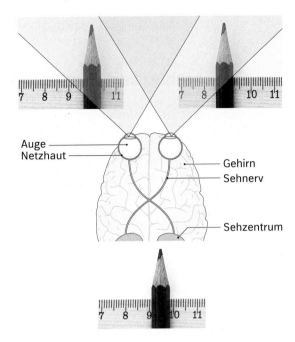

3 Das räumliche Sehen

Bewegte Bilder

Filme bestehen aus sehr vielen Einzelbildern. Das siehst du, wenn du ein selbst gedrehtes Video am Computer bearbeitest (→ Bild 4). Aber wodurch entsteht in Filmen der Eindruck von fließenden Bewegungen? Die Sinneszellen in der Netzhaut werden bei jedem einzelnen Bild erregt. Diese Erregung lässt aber erst nach einer 18-tel Sekunde nach. Die Sinneszellen reagieren also etwas träge. Folgt das nächste Bild bereits während der nachlassenden Erregung, nehmen wir bewegte Bilder wahr.

4 Bildfolge einer Videobearbeitung

1. Stelle den Vorgang des Sehens in Form eines Flussdiagramms dar.

Starthilfe zu 1:
Lichtstrahlen ⇨ Hornhaut ⇨

2. Beschreibe die Vorgänge im Auge, durch die du unterschiedlich entfernte Gegenstände scharf sehen kannst.

3. **a)** Erkläre, wodurch wir ein räumliches Bild sehen können.
   b) Erkläre an einem Beispiel die Bedeutung des räumlichen Sehens.

4. Erkläre, wie wir mithilfe der Filmtechnik bewegte Bilder sehen können.

5. ▌ Beschreibe, wie sich deine Linse verändert, wenn du von einem weit entfernten Gegenstand plötzlich auf einen nahen Gegenstand schaust.

6. ▌▌ Erläutere, warum du nahe und entfernte Gegenstände nicht gleichzeitig scharf sehen kannst.

A Sehfehler und deren Korrektur

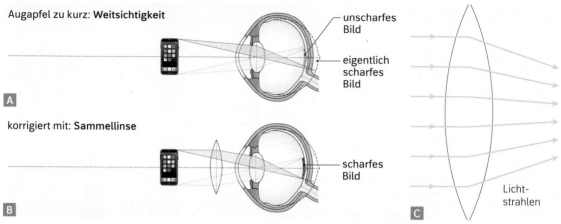

1 Weitsichtigkeit: **A** Ursache, **B** Korrektur, **C** Sammellinse

Weitsichtigkeit

Bei der **Weitsichtigkeit** ist der Augapfel der betroffenen Person zu kurz. Dinge in der Nähe werden nicht scharf gesehen. Das scharfe Bild würde hinter der Netzhaut liegen (→ Bild 1 A).

Sammellinsen

Sammellinsen bündeln das einfallende Licht (→ Bild 1 C). Durch eine Brille mit Sammellinsen wird das Bild auf die Netzhaut vorgezogen. So entsteht dort ein scharfes Bild (→ Bild 1 B).

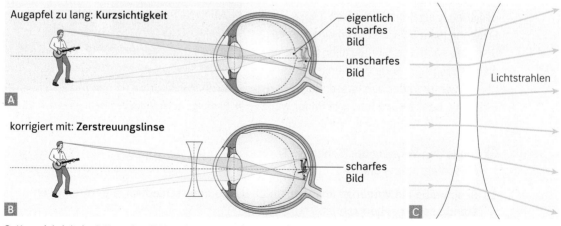

2 Kurzsichtigkeit: **A** Ursache, **B** Korrektur, **C** Zerstreuungslinse

1 Nenne die Ursache und die Korrekturmöglichkeit bei einer Weitsichtigkeit.

2 Erstelle nach dem Muster der obigen beiden Texte entsprechende Texte für „Kurzsichtigkeit" und für „Zerstreuungslinsen".

3 ▮▮ Im Alter lässt die Elastizität der Linse vieler Menschen nach. Es kommt zu Altersweitsichtigkeit. Erkläre, ob dadurch nahe oder entfernte Objekte schlecht zu sehen sind und wie dies korrigiert werden kann.

● ● IM ALLTAG 🖳 Digital+ Film

Schutz der Augen

3 Helles Licht ist schädlich für die Augen

Licht kann die Augen schädigen

Durch den Blick in die Sonne oder in andere helle Lichtquellen können die Augen geschädigt werden. Es können Bindehautentzündungen, Hornhauttrübungen oder bleibende Netzhautschäden auftreten. Sonnenbrillen müssen auch vor UV-Strahlung schützen. Beim Kauf ist daher auf Prüfzeichen wie das CE-Siegel, das GS-Zeichen oder der Hinweis 100 % UV-Schutz oder UV 400 zu achten.

4 Schutz vor UV-Strahlung

5 Augenschutz beim Mähen

Augen beim Arbeiten schützen

Beim Mähen mit einer Motorsense müssen die Augen vor umherfliegendem Gras, Steinchen und Boden geschützt werden. Durch die schnell fliegenden Teilchen drohen ernste Hornhautverletzungen. Beim Schweißen drohen den Augen sowohl Beschädigungen durch Funkenflug als auch durch extreme Strahlung. Ein Schutzhelm schützt die Augen und auch die Haut.

6 Augenschutz beim Schweißen

① **a)** Nenne Gefahren, denen die Augen ausgesetzt sein können.
b) Beschreibe, wie du deine Augen vor diesen Gefahren schützen kannst.

② Erkläre, auf was du beim Kauf einer Sonnenbrille achten musst, wenn du deine Augen vor UV-Strahlung schützen möchtest.

③ ‖ Laserpionter können die Augen verletzen, wenn sie falsch benutzt werden. Informiere dich, welche Vorsichtsmaßnahmen im Umgang mit einem Laserpointer zu beachten sind.

1 Kopfhörer schützen vor zu lauter Musik.

Mit den Ohren hören

Schall breitet sich aus

Bei einem Konzert versetzt eine schwingende Gitarrensaite die Luft in Schwingungen. Diese Schwingungen nennen wir **Schall.** Schall bewegt sich durch die Luft und wird von unserem Hörsinn wahrgenommen.

Die Schallleitung im Außenohr

Das **Außenohr** besteht aus der Ohrmuschel und dem Gehörgang. Das Außenohr fängt die Schallwellen ein und leitet sie zum Trommelfell. Dieses dünne Häutchen ist quer über den Gehörgang gespannt.

Die Schallleitung im Mittelohr und im Innenohr

Im **Mittelohr** liegen die sehr kleinen Gehörknöchelchen Hammer, Amboss und Steigbügel. Der Hammer liegt direkt am Trommelfell an. Der Schall versetzt das Trommelfell in Schwingungen. Diese Schwingungen werden vom Hammer auf den Amboss und vom Amboss auf den Steigbügel übertragen. Der Steigbügel überträgt die Schwingungen auf die Hörschnecke im **Innenohr** (→ Bild 2). Zu starke Schwingungen bei lauten Geräuschen können zu Verletzungen in der Hörschnecke führen.

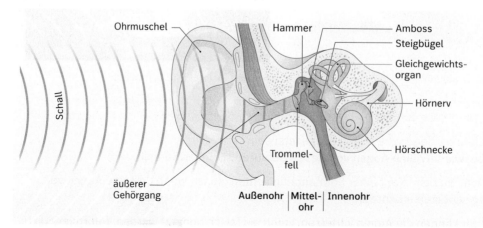

2 Bau des Ohres

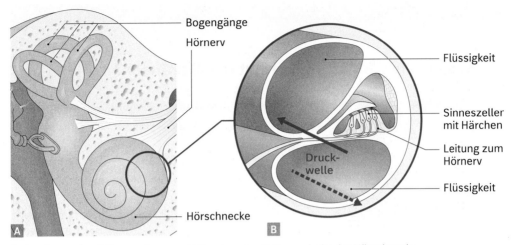

3 Das Innenohr: **A** Bogengänge und Hörschnecke, **B** Querschnitt der Hörschnecke

Die Hörschnecke

Die Gänge der Hörschnecke sind mit Flüssigkeit gefüllt. Drückt der Steigbügel auf das Innenohr, entstehen in der Flüssigkeit Druckwellen. Läuft eine Druckwelle durch die Hörschnecke, werden die Härchen der Sinneszellen gebogen (→ Bild 3 B). Dadurch erzeugen die Sinneszellen Signale. Diese Signale werden zum Gehirn geleitet. Dort findet die Hörwahrnehmung statt.

Das Richtungshören

Der Schall legt meist unterschiedlich lange Wege zu den beiden Ohren zurück (→ Bild 4). Dadurch kommen die Geräusche leicht zeitversetzt und mit etwas unterschiedlicher Lautstärke im Gehirn an. Das Gehirn vergleicht die Geräusche, die beide Ohren melden. So kann das Gehirn die Richtung bestimmen, aus der die Geräusche kommen.

Das Gleichgewichtsorgan

Im Innenohr liegen neben der Schnecke drei Bogengänge (→ Bild 3 A). Sie sind Teil des **Gleichgewichtsorgans.** Die Bogengänge sind mit Flüssigkeit gefüllt. Bei Bewegungen bewegt sich die Flüssigkeit mit und reizt Sinneszellen. Diese Reize werden vom Gehirn verarbeitet. Dadurch können wir Drehungen wahrnehmen und unseren Körper im Gleichgewicht halten.

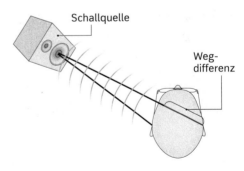

4 Schema des Richtungshörens

① Nenne die Bestandteile des Ohres und ihre jeweilige Funktion und stelle sie in einer Tabelle zusammen.

② Erstelle ein Flussdiagramm vom Geräusch bis zur Hörwahrnehmung. Nutze dazu Bild 2 und 3.

Starthilfe zu 2:
Schallwellen ⟹ Gehörgang ⟹ ...

③ Erkläre die Bedeutung des Gleichgewichtssinns für den Menschen.

④ ‖ Erkläre, warum du auch mit verbundenen Augen angeben kannst, aus welcher Richtung ein Geräusch kommt.

A Aus welcher Richtung kommt das Geräusch?

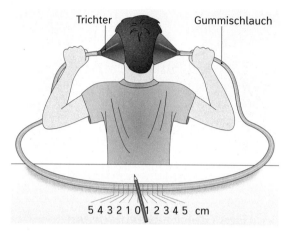

1 Versuch zum Richtungshören

Material: Gummischlauch (etwa einen Meter), 2 Trichter, wasserfester Folienstift, Bleistift, Lineal

Durchführung:

Schritt 1: Verbindet die beiden Trichter mit den Enden des Schlauchs.

Schritt 2: Markiert den Schlauch mit dem Folienstift wie in Bild 1 dargestellt.

Schritt 3: Die Versuchsperson hält sich die Trichter an die Ohren.

Schritt 4: Eine andere Person klopft leicht mit einem Bleistift an verschiedenen Stellen auf den Schlauch.

Schritt 5: Die Versuchsperson gibt jeweils an, ob sie das Klopfen links, rechts oder in der Mitte hört.

❶ Notiere die Versuchsergebnisse.

❷ Beschreibe, ab welchem Abstand von der Mitte die Versuchsperson „links" und „rechts" richtig erkannt hat.

❸ Nenne Situationen, in denen das Richtungshören wichtig ist. Begründe deine Meinung.

B Wie gut ist dein Gehör?

2 Hörtest-App

Mit einer Hörtest-App kannst du eine erste Überprüfung deines Gehörs durchführen. Der Test liefert aber nur grobe Anhaltspunkte über deine Hörfähigkeit. Ein richtiger Hörtest kann nur von einem Arzt durchgeführt werden.

Material: Hörtest-App

Durchführung:

Schritt 1: Lade eine kostenlose Hörtest-App auf dein Smartphone.

Schritt 2: Befolge die Anweisungen der App.

❶ a) Werte den Test mit der Hörtest-App aus.
b) Vergleicht eure Testergebnisse.

❷ a) Recherchiere Ursachen von Hörschäden.
b) Nenne Möglichkeiten, wie du dich vor Hörschäden schützen kannst.

❸ Recherchiere, wie hoch der Anteil von Jugendlichen mit Hörschäden in Deutschland ist. Stellt eure Ergebnisse vor.

Hilfsmittel für gehörlose Menschen

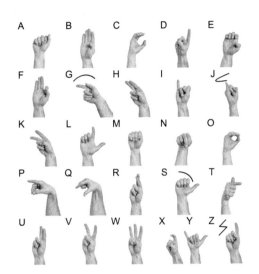

3 Fingeralphabet in Gebärdensprache

Gebärdensprache

Manche Menschen können nur schlecht oder gar nicht hören. Diese Menschen verständigen sich oft mit Gesten. Sie benutzen die Gebärdensprache.

Mit dem Fingeralphabet werden einzelne Buchstaben dargestellt. Mit Wortgesten können ganze Wörter wiedergegeben werden. Für jeden Buchstaben gibt es eine Handgeste. Mit den Handgesten werden Wörter buchstabiert. Mit Wortgesten können sich Gehörlose schneller verständigen. Dabei wird nicht immer jedes Wort eines Satzes dargestellt. Die Wortgesten auf Bild 4 bedeuten: "Mein Name ist …"

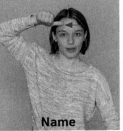

ich   Name

4 Wortgesten in Gebärdensprache

5 Junge mit einer Hörprothese

Hörprothesen

Manche Menschen werden ohne Hörsinn geboren. Bei den Betroffenen kann die Schnecke im Innenohr die Schallwellen nicht an das Gehirn weiterleiten. Viele Ärzte empfehlen in solchen Fällen eine elektronische Hörprothese. Diese besteht aus zwei Teilen. Ein Teil wird bei einer Operation ins Innenohr gesetzt. Der andere Teil wird am Außenohr getragen. Der äußere Teil der Hörprothese leitet die Schallwellen ins Innenohr. Der innere Teil der Hörprothese überträgt den Schall dann direkt an den Hörnerv. Die Hörprothese umgeht damit die Schnecke und macht das Hören wieder möglich.

❶ **a)** Stelle deinen Namen mit dem Fingeralphabet in Gebärdensprache dar.
b) Stelle dich mit Wortgesten und dem Fingeralphabet in Gebärdensprache einer Mitschülerin oder einem Mitschüler vor.

❷ Erkläre an Beispielen die Vorteile von Wortgesten gegenüber dem Fingeralphabet.

❸ Beschreibe die Funktionsweise einer Hörprothese.

❹ Informiere dich über mögliche Risiken einer elektrischen Hörprothese.

Digital+
Film

Die Nerven

Nerven leiten Signale

Elektrische Signale von den Sinneszellen werden durch Nerven weitergeleitet. In der Netzhaut des Auges sind die Nervenzellen an die Stäbchen und Zapfen angeschlossen. Sie bündeln sich an einer Stelle zum Sehnerv. Über diesen **sensorischen Nerv** werden die elektrischen Signale aus den Lichtsinneszellen zum Gehirn geleitet. Das Gehirn empfängt und verarbeitet die ankommenden Signale.

Vom Gehirn aus werden dann **motorische Nerven** gereizt. Über die motorischen Nerven werden elektrische Signale bis zu den Muskeln geleitet. Die gereizten Muskeln ziehen sich zusammen. Eine Bewegung wird ausgeführt.

Die Nervenzelle

Unser Nervensystem setzt sich aus unterschiedlichen Nervenzellen zusammen. Alle haben aber einen gleichen Grundbauplan (→ Bild 1).

Um die elektrischen Reize zu empfangen, gibt es die **Dendriten.** Das sind baumartige Ausläufer des Zellkörpers. Für die Weiterleitung des elektrischen Signals ist eine lange Nervenfaser zuständig. Sie wird **Axon** genannt. Beim Menschen wird das Axon von **Hüllzellen** umschlossen. Die Hüllzellen isolieren die Leitungsbahnen. Die Unterbrechungen zwischen den Hüllzellen werden **Schnürringe** genannt. Hüllzellen und Schnürringe beschleunigen die Weiterleitung der Signale. Dadurch erreichen die elektrischen Signale im Körper eine sehr hohe Geschwindigkeit. Die Übertragung des Signals an benachbarte Zellen geschieht an den **Endknöpfchen** der Nevenzelle. Die Reizleitung in Nervenzellen verläuft immer nur in eine Richtung. So wird sichergestellt, dass der Reiz beim richtigen Muskel ankommt.

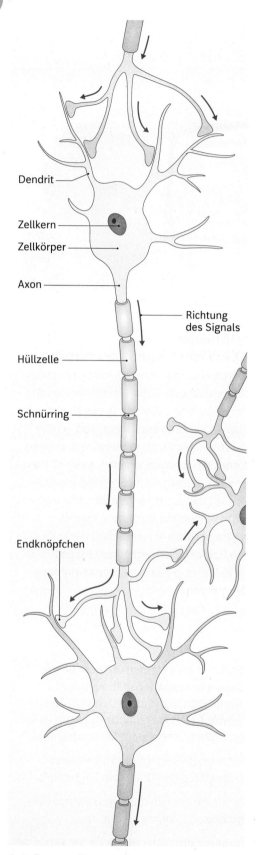

Dendrit

Zellkern

Zellkörper

Axon

Richtung des Signals

Hüllzelle

Schnürring

Endknöpfchen

1 Aufbau von Nervenzellen

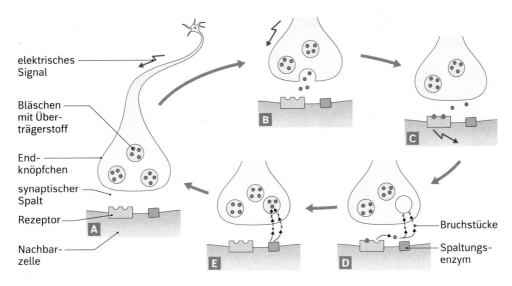

2 Signalübertragung an einer Synapse

Nerven sind vernetzt

Nervenzellen haben über die Endknöpfchen Kontakt zu vielen anderen Nervenzellen, Drüsenzellen oder Muskelzellen. Dadurch bilden die Nerven ein weit verzweigtes Netzwerk im Körper. Nur so ist es möglich, dass alle wichtigen Lebensvorgänge gesteuert werden können.

> Die Kontaktstelle zwischen dem Endknöpfchen einer Nervenzelle und einer benachbarten Zelle heißt **Synapse.**

An der Synapse muss das elektrische Signal einen Spalt überwinden. Dazu wird es in ein chemisches Signal umgewandelt. Im Endknöpfchen liegen chemische **Überträgerstoffe** bereit (→ Bild 2 A).

Ablauf der Signalübertragung

Wenn das elektrische Signal ankommt, wird ein Bläschen mit Überträgerstoffen in den Spalt zwischen den Zellen ausgeleert (→ Bild 2 B). Der Überträgerstoff verbindet sich mit passenden Kontaktstellen, den **Rezeptoren.** Das wird **Schlüssel-Schloss-Prinzip** genannt.
Sobald der Überträgerstoff Kontakt mit dem Rezeptor hat, entsteht in der Nachbarzelle ein elektrisches Signal (→ Bild 2 C). Danach löst sich der Überträgerstoff vom Rezeptor und wird von einem **Spaltungsenzym** zerteilt. Die Bruchstücke gelangen in das Endknöpfchen der ersten Zelle zurück (→ Bild 2 D). Ein Bläschen füllt sich mit neuem Überträgerstoff (→ Bild 2 E).

1. Beschreibe Aufbau und Funktion einer Nervenzelle. Erstelle dazu eine Tabelle.

2. Beschreibe die Signalübertragung in einer Synapse. Nimm Bild 2 A – E zu Hilfe.

3. Beschreibe die Reizleitung in einer Nervenzelle in Form eines Flussdiagramms.

4. ❙ Erkläre, wieso die Vernetzung von Nervenzellen im Körper wichtig ist.

5. ❙❙ Erkläre, wieso Nerven mit Stromkabeln vergleichbar sind. Denke dabei auch an die Bestandteile eines Kabels.

Starthilfe zu 1:

Teil der Nervenzelle	Funktion
Dendriten	Reiz empfangen

Starthilfe zu 3:

Ⓐ Das Schlüssel-Schloss-Prinzip

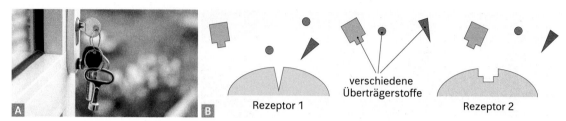

1 Schlüssel-Schloss-Prinzip: **A** Nur ein Schlüsseltyp passt ins Schloss, **B** Überträgerstoffe und Rezeptoren

Durch das Schlüssel-Schloss-Prinzip wird sichergestellt, dass nur ein biologischer Schlüssel eine Reaktion an einer Zelle auslösen kann. Ein Beispiel dafür sind die Überträgerstoffe und die Rezeptoren in den Synapsen der Nervenzellen. Es gibt viele verschiedene Typen von Überträgerstoffen im Körper. Aber nur eine Sorte passt am jeweiligen Rezeptor. Dadurch wird verhindert, dass andere Überträgerstoffe den elektrischen Reiz auslösen können.

① Beschreibe das Schlüssel-Schloss-Prinzip mithilfe von Bild 1 B.

② Vergleiche das Öffnen einer Haustür mit dem biologischen Schlüssel-Schloss-Prinzip.

③ Erkläre den Nutzen des Schlüssel-Schloss-Prinzips für den Körper.

Ⓑ Die Nervenerkrankung Multiple Sklerose (MS)

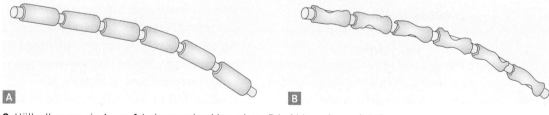

2 Hüllzellen um ein Axon: **A** bei gesunden Menschen, **B** bei Menschen mit MS

Bei MS sind die Hüllzellen der Axone entzündet. Die Entzündungen führen zum Abbau der Hüllzellen. Die betroffenen Nerven können elektrische Signale nicht mehr richtig weiterleiten. Ein an Multipler Sklerose erkrankter Mensch kann unterschiedliche Symptome zeigen. Die Wahrnehmung der Gefühle in Armen und Beinen kann betroffen sein. Andere Erkrankte haben Sehstörungen oder Probleme mit dem Gleichgewicht beim Gehen. MS ist nicht heilbar.

① Beschreibe, welchen Schaden Multiple Sklerose an den Nervenzellen anrichtet.

② Nenne Symptome, die ein an MS erkrankter Mensch zeigen kann.

③ ▌▌ Erkläre, welche Folgen eine MS-Erkrankung hätte, wenn sie nicht mit Medikamenten behandelt werden würde.

④ ▌▌▌ Patienten mit MS wird empfohlen, viel Sport zu treiben. Recherchiere, warum diese Empfehlung sinnvoll ist.

Nervengifte

3 Tollkirsche

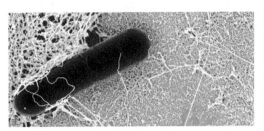

5 Bakterium *Clostridium botulinum*

Atropin – Ein Gift für die Medizin

Atropin ist ein Gift, das aus der Tollkirsche gewonnen wird. Es hat eine hemmende Wirkung in den Synapsen der Nervenzellen. Atropin besetzt die Rezeptoren der Nachbarzellen. Dadurch kann der Überträgerstoff aus den Endknöpfchen nicht andocken. Ein ankommendes elektrisches Signal wird nicht weitergeleitet.

In der Augenmedizin kann Atropin stark verdünnt eingesetzt werden. Der Stoff lähmt die Muskulatur in der Iris. Die Pupille wird weit. Nun kann das Innere des Auges leichter untersucht werden.

Botox – Ein Gift für die Schönheit?

Botox wird bei kosmetischen Eingriffen verwendet. Es wird beispielsweise gegen kleine Falten an der Stirn oder an den Augen unter die Haut gespritzt. Allerdings verleiht Botox dem Gesicht einen unnatürlich starren Ausdruck. Es sieht wie eine Maske aus.

Botox ist das Gift einer Bakterienart. Es verhindert die Ausschüttung des Überträgerstoffs in den Endknöpfchen. Dadurch werden elektrische Signale nicht an die Muskelzellen weitergegeben. Die betroffenen Muskeln sind dauerhaft entspannt. In der Medizin kann Botox gegen verkrampfte Muskeln eingesetzt werden.

4 Geweitete Pupille

6 Spritze unter die Gesichtshaut

1 **a)** Beschreibe die Wirkung von Atropin in den Synapsen.
   b) Beschreibe die Wirkung von Botox in den Synapsen.

2 Vergleiche Atropin und Botox. Lege dazu eine Tabelle an.

3 ‖ Recherchiere im Internet über die Gefahren von Botox. Gib dazu die Begriffe „Botox" und „Risiken" gemeinsam in eine Suchmaschine ein.

Starthilfe zu 2:

Name	Beschreibung	Wirkung in den Synapsen	Einsatz
Atropin	Gift der Tollkirsche	...	Medizin: ...
Botox	...	...	...

Digital+
Film

Das Rückenmark

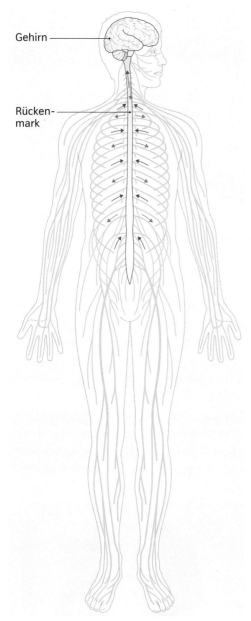

Gehirn

Rücken-
mark

1 Aufgaben und Lage des Rückenmarks im Körper

Funktionen des Rückenmarks

Die wichtigste Verbindung der Nervenzellen zum Gehirn ist das **Rückenmark.** Das Rückenmark leitet die elektrischen Signale in zwei Richtungen. Die von den Nerven im Körper kommenden Reize werden ans Gehirn geschickt. Außerdem gelangen die Befehle vom Gehirn über das Rückenmark in den Körper. Das Rückenmark leitet also die elektrischen Signale ans richtige Ziel. Daher ist das Rückenmark mit einer Schaltzentrale vergleichbar.

Zudem ist das Rückenmark eine wichtige Umschaltzentrale für **Reflexe.** Wenn eine besonders schnelle Reaktion des Körpers nötig ist, werden die elektrischen Signale der Nerven ohne Beteiligung des Gehirns direkt im Rückenmark umgeschaltet.

Lage und Aufbau des Rückenmarks

Das Rückenmark verläuft durch die Wirbelsäule. Die Wirbelknochen schützen das Rückenmark vor Verletzungen.

Im Rückenmark sind zwei farblich unterschiedliche Bereiche zu sehen (→ Bild 2 B). Die **graue Substanz** ist leicht an ihrer schmetterlingsartigen Form erkennbar. Sie enthält die Zellkörper von Nervenzellen. Über Synapsen sind sie miteinander verbunden. In der **weißen Substanz** befinden sich viele Nervenfasern, also Axone. Sie sind die Verbindungsleitungen.

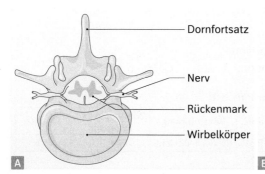

Dornfortsatz

Nerv

Rückenmark

Wirbelkörper

A

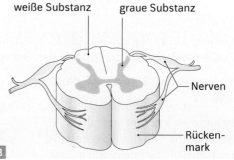

weiße Substanz   graue Substanz

Nerven

Rücken-
mark

B

2 Rückenmark: **A** Lage in einem Wirbel, **B** Aufbau im Querschnitt

Bedeutung der Reflexe

Es gibt Reize, auf die der Körper so schnell wie möglich reagieren muss, um den Organismus zu schützen. Die Berührung einer heißen Herdplatte bewirkt, dass die Hand ohne nachzudenken blitzschnell zurückgezogen wird. Solche schnellen, unbewussten Reaktionen werden **Reflexe** genannt (→ Bild 3).

> Reflexe sind angeboren und können nicht geübt werden.
> Reflexe laufen automatisch immer auf die gleiche Weise ab.

Ablauf eines Reflexes

Wenn du barfuß auf einen spitzen Stein trittst, erzeugt das Schmerzen → Bild 4). Der Stein drückt sich in die Haut. Dadurch nehmen freie Nervenendigungen diesen Reiz wahr. Dabei entstehen elektrische Signale. Über einen sensorischen Nerv gelangt das Signal ins Rückenmark. In der grauen Substanz wird der Reiz über nur wenige Zwischenschritte an einen motorischen Nerv weitergegeben. Der motorische Nerv leitet das elektrische Signal direkt an die Muskelzellen des Oberschenkels. Sie ziehen sich zusammen und das Bein wird ruckartig angehoben.

Der kurze Weg vom sensorischen zum motorischen Nerv macht Reflexe so schnell. Das Gehirn erhält die Information erst, wenn der Reflex bereits abgelaufen ist. Erst dann kommt der Schmerz am Fuß ins Bewusstsein.

Auslösender Reiz	Reflex	
Kitzeln in der Nase	Niesreflex	
Essen oder Trinken berührt den Gaumen	Schluckreflex	
Lange unter Wasser ohne Luft	Atemreflex	
Etwas bewegt sich unerwartet zum Auge hin.	Lidschlussreflex	

3 Auslösende Reize und dazugehörige Reflexe

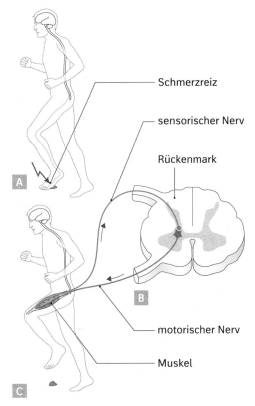

4 Ablauf eines Reflexes: **A** Schmerzreiz am Fuß, **B** Weiterleitung im Rückenmark, **C** Reaktion

① Nenne die Funktionen des Rückenmarks.

② Beschreibe den Aufbau des Rückenmarks und seine Lage im Körper.

③ Erkläre den Ablauf eines Reflexes am Beispiel eines Schmerzreizes am Fuß.

④ ▎ Nenne die Kennzeichen eines Reflexes.

⑤ ▎ Beschreibe auslösende Reize, die einen Reflex zur Folge haben. Nutze dazu die Tabelle in Bild 3.

⑥ ▍ „Reflexe sind überlebenswichtig". Begründe diese Aussage anhand von Beispielen.

Ⓐ Was ist der Kniesehnenreflex?

Wenn du mit dem Fuß an einem Gegenstand hängenbleibst, ziehst du automatisch das Bein hoch. Der Reflex verhindert einen Sturz. Dieses Stolpern wird durch den **Kniesehnenreflex** ausgelöst.

Dieser Reflex kann auch künstlich durch einen Schlag auf die Sehne unterhalb der Kniescheibe ausgelöst werden.

Durchführung:

Schritt 1: Die Versuchsperson legt im Sitzen ihre Beine übereinander. Das obere Bein sollte möglichst locker gehalten werden.

Schritt 2: Ein Versuchspartner schlägt vorsichtig entweder mit der Handkante oder mit einem Reflexhammer direkt unterhalb der Kniescheibe der Versuchsperson.

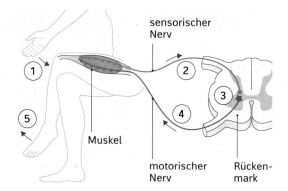

1 Kniesehnenreflex

① Beschreibe den Kniesehnenreflex mithilfe der Nummern 1-5 in Bild 1.

② Erkläre, wie es zu dieser Reaktion des Körpers kommt.

Ⓐ Reflexe von Säuglingen

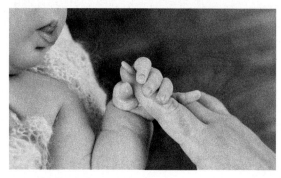

2 Greifreflex beim Säugling

Bei Säuglingen sind noch Reflexe zu beobachten, die schon vor Urzeiten für das Überleben wichtig waren. Säuglinge sind sehr schutzbedürftig. Unsere Vorfahren haben ihre Babys immer mit sich herumgetragen. Deshalb gibt es beispielsweise Reflexe, die sie früher vor dem Herunterfallen geschützt haben. Andere Reflexe dienen der Ernährung.

① Nenne typische Reflexe, die bei Säuglingen zu beobachten sind.

② Erkläre die biologische Bedeutung der Reflexe eines Säuglings.

③ ▌▌ Erläutere, was im Körper des Säuglings vom Reiz bis zum Greifreflex geschieht.

Reiz	Reflex
Kontakt mit der Innenfläche der Hand	Greifreflex
Etwas berührt den Gaumen	Saugreflex
Mundwinkel werden berührt	Kopf drehen: Suchreflex

3 Überlebenswichtige Reflexe beim Säugling

B Welche Aussagen zu Reflexen stimmen?

1	Ein Reflex läuft schnell ab, …
2	Ein Reflex läuft immer gleich ab, …
3	Ein Reflex ist angeboren, …
4	Ein Reflex kann nicht trainiert werden, …
5	Auf einen überraschenden Schmerzreiz kann ich nicht reagieren wie ich will,…

A	… weil er angeboren ist.
B	… weil das Gehirn erst nach dem Reflex darüber nachdenken kann.
C	… weil sensorische Nerven die elektrischen Signale direkt an motorische Nerven im Rückenmark weiterschalten.
D	… weil er dem Schutz des Körpers dient.
E	… weil das Gehirn am Reflex nicht beteiligt ist.

4 Aussagen zum Thema Reflexe

① Nenne richtige Aussagen zu Reflexen. Setze dazu die passenden Halbsätze aus Bild 5 zusammen.

② Vergleiche deine Lösungen mit einer Partnerin oder einem Partner. Findet Sätze, für die es mehrere richtige Lösungen gibt. Begründet eure Entscheidung.

C Querschnittslähmung

Bei einem schweren Unfall kann es zu einer Rückenmarksverletzung kommen. Werden dabei die Nervenleitungen getrennt, tritt eine Querschnittslähmung ein. Bei einer Form der Querschnittslähmung kann die Beinmuskulatur nicht mehr bewegt werden.
Das bedeutet große Einschränkungen im Alltag. Doch die Betroffenen können lernen, mit dieser Behinderung umzugehen. Auch Sport ist für querschnittsgelähmte Personen möglich.

① **a)** Beschreibe, wie es zu einer Querschnittslähmung kommen kann.
b) Erkläre, wieso bei einer Querschnittslähmung die Beine nicht mehr bewegt werden können.

② ❚❚ Nenne Sportarten, die Querschnittsgelähmte mit dem Rollstuhl ausüben können. Gib jeweils eine Begründung dazu.

5 Sport trotz Querschnittslähmung:
A Mannschaftsport Basketball, **B** Tennis

Digital+
Film

1 Gitarre spielen lernen

Die Steuerzentrale Gehirn

Lernen mit „Köpfchen"

Gitarre spielen kannst du lernen. Dabei ist es egal, ob du allein, in der Gruppe, mit elektronischen Medien, mit einem Lehrer oder mit einem Buch lernst. Der entscheidende Schritt beim Lernen wird immer vom eigenen Gehirn geleistet. Es ermöglicht dem Menschen, zu lernen und Informationen zu speichern.

Das Gehirn ist die Steuerzentrale des Körpers. Mehr als 80 Milliarden Nervenzellen sind hier vernetzt. Mit diesem Netzwerk aus Nervenzellen steuert das Gehirn alle Vorgänge im Körper.

Bau und Funktionen des Gehirns

Im Gehirn haben verschiedene Bereiche unterschiedliche Funktionen (→ Bild 2). Durch den **Hirnstamm** verlaufen Nervenbahnen vom Rückenmark zum Gehirn und umgekehrt. Von hier werden wichtige Körperfunktionen wie die Atmung oder die Herztätigkeit gesteuert. Im **Zwischenhirn** werden alle eingehenden Informationen von den Sinnesorganen gesammelt. Es ist außerdem das Steuerzentrum für Hormone. Das **Kleinhirn** ist für die Abstimmung von Bewegungen zuständig. Das **Großhirn** ermöglicht unter anderem das Lernen.

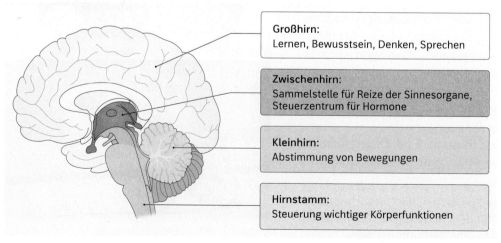

Großhirn:
Lernen, Bewusstsein, Denken, Sprechen

Zwischenhirn:
Sammelstelle für Reize der Sinnesorgane, Steuerzentrum für Hormone

Kleinhirn:
Abstimmung von Bewegungen

Hirnstamm:
Steuerung wichtiger Körperfunktionen

2 Bau und Funktionen des Gehirns

Das Großhirn

Das Großhirn ist für das dauerhafte Merken von Wissen entscheidend. Es ist aber auch dafür verantwortlich, dass der Mensch bewusst denken, hören, sprechen und sehen kann. Feste Bereiche im Großhirn sind für die einzelnen Aufgaben zuständig. Diese Bereiche werden **Rindenfelder** genannt. So ist das Hörfeld beispielsweise für das Hören von Musik zuständig. Die Leistungen des Großhirns werden durch die Verknüpfung von Nervenzellen erreicht. Sie liegen im Außenbereich, der durchschnittlich nur 3 mm dünnen **Großhirnrinde.**

> Durch eine starke Faltung ist die Oberfläche der Großhirnrinde vergrößert, ohne mehr Platz zu verbrauchen. Dieses Prinzip wird **Oberflächenvergrößerung** genannt.

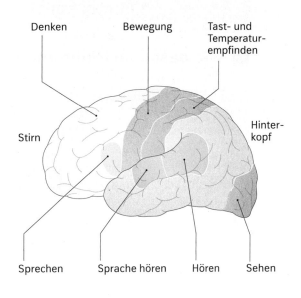

3 Rindenfelder des Großhirns

Informationen werden gespeichert

Die Informationen werden in unterschiedlichen Bereichen des Gedächtnisses gespeichert. Im **sensorischen Gedächtnis** bleiben Informationen etwa eine Sekunde erhalten. Als wichtig erkannte Eindrücke gelangen ins **Kurzzeitgedächtnis.** Hier kann der Mensch aktiv ins Lernen eingreifen. Durch regelmäßiges Üben und Wiederholen kann das neue Wissen lange Zeit im Gedächtnis bleiben. Ohne Übung geht es nach kurzer Zeit wieder verloren.
Im **Langzeitgedächtnis** können Informationen im besten Fall ein Leben lang abgerufen werden. Wer Gitarre spielen intensiv geübt hat, wird auch nach längeren Pausen noch spielen können.

4 Einen Griff auf der Gitarre lernen

1. Nenne die vier Gehirnteile und deren Funktionen.

2. Beschreibe die Lage der vier Gehirnteile mithilfe von Bild 2.

3. Nenne fünf verschiedene Rindenfelder des Großhirns und deren Funktion.

4. Erkläre am Beispiel eines neuen Gitarren-Griffs, wie die erlernte Fähigkeit im Langzeitgedächtnis gespeichert werden kann. Nimm Bild 4 zu Hilfe.

5. Erkläre, wieso das Lernen morgens im Bus nicht zu lang anhaltendem Wissen führt.

Ⓐ Wie passt die Großhirnrinde in den Schädel?

Die Großhirnrinde hat ungefähr die Fläche von $1\frac{1}{2}$ DIN-A3-Zeichenblock-Blättern. Der Schädelknochen bietet aber nur wenig Platz.

Material: DIN-A3-Blatt aus einem Zeichenblock, kleine Kiste (Schuhkarton oder Vorratsbox)

Durchführung:

Schritt 1: Probiere aus, wie das Blatt in die kleine Kiste passt.

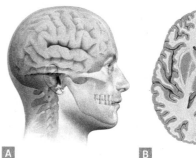

1 Gehirn: **A** von der Seite, **B** Querschnitt von oben

❶ Beschreibe die Versuchsergebnisse.

❷ Erkläre das Prinzip der Oberflächenvergrößerung am Beispiel der Großhirnrinde. Beziehe Bild 1 A und B mit ein.

❸ ‖ Recherchiere, wo im Körper das Prinzip der Oberflächenvergrößerung noch zu finden ist. Gib dazu die Stichworte „Oberflächenvergrößerung im menschlichen Körper" in eine Suchmaschine ein.

Ⓐ Das Gehirn ist im Schädel gut geschützt

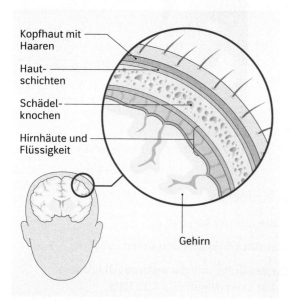

Kopfhaut mit Haaren

Hautschichten

Schädelknochen

Hirnhäute und Flüssigkeit

Gehirn

2 Schutzschichten des Gehirns

Das Gehirn ist für den Körper überlebenswichtig, deshalb ist es mehrfach geschützt. Direkt auf dem Gehirn liegen drei Hirnhäute. In der zweiten Hautschicht befindet sich eine Flüssigkeit, die Stöße abfedern kann. Der Schädelknochen umgibt das Gehirn fast vollständig wie eine feste Kapsel. Nach außen wird der Schädelknochen von Sehnen und dicken Hautschichten umgeben. Danach folgt die Kopfhaut mit den Haaren.

❶ Beschreibe, wie das Gehirn geschützt ist.

❷ Erkläre, warum das Gehirn mehrfach geschützt ist.

❸ ‖ Beschreibe, welche unterschiedlichen Funktionen Kopfhaut und Haare im Sommer und im Winter haben. Denke dabei an die unterschiedlichen Witterungsverhältnisse.

ÜBEN UND ANWENDEN

B Wieso kann ich mich nicht erinnern, obwohl ich gelernt habe?

Im Gedächtnis bleibt...

10 %
von dem, was
wir lesen

20 %
von dem, was
wir hören

30 %
von dem, was
wir sehen

50 %
von dem,
was wir hören
und sehen

70 %
von dem, was
wir selbst sagen

90 %
von dem, was
wir selbst tun

3 Das Gedächtnis richtig bedienen

„Ich konnte mich nicht daran erinnern, obwohl ich geübt habe!" ist nach einer Klassenarbeit manchmal zu hören. Lernen braucht Zeit. Gut zu üben bedeutet, dass mindestens eine Woche vor einer Klassenarbeit mit dem Lernen gestartet werden muss. Außerdem hilft es, mit dem Lernstoff auf unterschiedliche Arten umzugehen.

1 Nenne Lerntipps, die sich aus Bild 3 ergeben.

2 ▌ Erkläre, wie du Lernstoff üben solltest, damit er in einer Klassenarbeit abrufbar ist.

3 ▌▌▌ Beurteile, welche der Tätigkeiten aus Bild 3 beim Lernen des Themas „Bau und Funktionen des Gehirns" (→ Absatz Basisseite) möglich sind.

C Lernpausen sinnvoll gestalten

Zum ausgiebigen Lernen gehören auch Pausen. Allerdings sollte direkt nach dem Lernen nichts Interessantes gemacht werden. Ansonsten wird das Gelernte vom Gehirn schnell wieder vergessen.
Am besten bleibt Lernstoff im Gedächtnis, wenn zwischendurch eine Denkpause eingelegt wird. Eine Denkpause kannst du erreichen, wenn du beispielsweise die Augen für zwei Minuten schließt und einfach nur deine Atmung fühlst. So vermeidest du neue Reize. Das Gehirn kann in dieser Zeit das Gelernte im Gedächtnis sichern.

4 Lernpause im Freien

1 Beschreibe, was mit dem Wort „Denkpause" gemeint ist. Beziehe Bild 5 mit ein.

2 Erkläre, wieso das Smartphone direkt nach dem Lernen nicht benutzt werden sollte.

3 Nenne weitere Ideen für eine sinnvolle Lernpause.

5 Denkpause: Neue Inputs vermeiden

1 Zum Feiern gehört Alkohol!?

Drogen beeinflussen unsere Wahrnehmung

Genuss oder Sucht?

Für einige Menschen gehört der Konsum von Alkohol, Zigaretten oder anderen Drogen zu einem gelungenen Konzertbesuch dazu. Die Gründe dafür sind vielfältig. Neben der Neugier ist es häufig auch der Wunsch nach Lockerheit und guter Stimmung. Andere suchen ein Rauscherlebnis, um Probleme in der Schule, bei der Ausbildung oder zu Hause für eine Zeit zu vergessen. Solche Motive sind besonders problematisch. Der regelmäßige Konsum bringt eine **Gewöhnung** an eine Droge mit sich. Ein ständiger Gebrauch kann zur **Sucht** führen.

Beeinflussung der Sinne

Beispielsweise Alkohol beeinflusst fast alle Sinneswahrnehmungen. Häufig ist das Sehvermögen gestört. Dinge werden doppelt gesehen oder es kommt zum „Tunnelblick". Alkohol wirkt sich auch auf das Gleichgewichtsorgan im Ohr aus. Es kommt zu Problemen beim gerade Stehen, Laufen oder Fahrradfahren. Teilweise bewirkt Alkohol auch ein verändertes Geschmacksempfinden. Bei vielen Menschen ist auch das Schmerzempfinden geringer. Unter dem Einfluss von Alkohol sind diese Personen häufig risikofreudiger. Einige werden zudem aggressiver.

2 Eingeschränkte Wahrnehmung durch Drogen

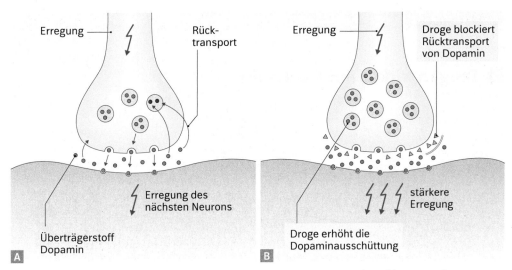

3 Signalübertragung an der Synapse: **A** ohne Drogenkonsum, **B** unter der Wirkung von Drogen

Drogen wirken auf das Gehirn

Drogen sind Substanzen, die auf das Nervensystem, vor allem auf unser Gehirn einwirken. Dort wirken sie auf unterschiedliche Weise. Sie können für Entspannung sorgen, die Wahrnehmung verändern oder die Wirklichkeit vergessen lassen.

Das Belohnungssystem

Unser Gehirn bewertet Erlebnisse danach, ob sie positiv oder negativ sind. Positive Erlebnisse werden vom **Belohnungssystem** im Gehirn verstärkt. Dies führt zu dem Bedürfnis, positive Erlebnisse durch die Wiederholung bestimmter Handlungen häufiger zu erleben.

Drogen wirken an den Synapsen

Drogen bewirken eine starke Ausschüttung von Überträgerstoffen zwischen zwei Nervenzellen. So wird das Belohnungssystem zum Beispiel mit dem Übeträgerstoff **Dopamin** überschwemmt. Je stärker die Nervenzellen dort erregt werden, desto besser fühlen wir uns.

Nach einiger Zeit bildet das Belohnungssystem aufgrund der großen Menge an Dopamin aber weniger Rezeptoren für den Überträgerstoff aus. So wird es unempfindlicher für Dopamin und die Wirkung der Droge wird geringer. Es muss dann eine höhere Dosis der Droge konsumiert werden, um die gleiche Wirkung zu erzielen.

1 **a)** Nenne Gründe, weshalb Menschen Drogen konsumieren.
b) Nenne Folgen, die ein regelmäßiger Drogenkonsum mit sich bringen kann.

2 Stelle in einer Tabelle dar, wie sich Alkohol auf die Funktion der Sinnesorgane auswirken kann.

Starthilfe zu 2:

Sinnesorgan	Beeinflussung durch Alkohol
Auge	Tunnelblick

3 Erkläre die Wirkung von Drogen auf das menschliche Gehirn.

4 Erkläre mithilfe von Bild 3 und dem Text, wie Drogen die Menge an Dopamin an den Synapsen erhöhen.

5 ‖ Erkläre die Bedeutung des Belohnungssystems im menschlichen Gehirn.

6 ‖ Erkläre, warum Drogenkonsumenten die Menge der Droge nach einiger Zeit erhöhen müssen, wenn sie die gleiche Wirkung erzielen wollen.

»

Ⓐ Drogen wirken auf das Gehirn

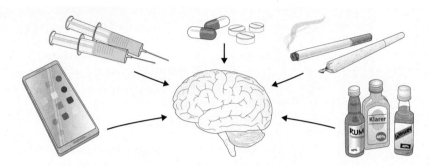

1 Verschiedene Drogen, die auf das Gehirn wirken.

1 a) Nenne mithilfe von Bild 1 unterschiedliche Drogen, die auf das Gehirn wirken.
b) Beschreibe mögliche Auswirkungen von Drogen auf das Verhalten.

2 Erstellt Plakate, Broschüren oder Flyer zur Drogenprävention. Verwendet dazu möglichst einprägsame Sprüche.

3 ‖ Informiert euch über eine Droge und stellt eure Ergebnisse in einer Präsentation vor.

Starthilfe zu 3:
Beachtet bei eurer Recherche folgende Aspekte: Geschichte des Suchtmittels, Herkunft, Herstellung, Wirkung, psychische und physische Langzeitschäden, strafrechtliche Folgen.

Ⓑ Wirkungen von Alkohol

Der Konsum von Alkohol hat unterschiedliche Auswirkungen auf das Verhalten und die Wahrnehmung. Der Promillewert (→ Tabelle in Bild 2) gibt die Konzentration von Alkohol im Blut an.

1 Beschreibe mithilfe der Tabelle Wirkungen von Alkohol in Abhängigkeit des Promillewertes im Blut.

2 a) Nenne Wirkungen des Alkohols, die positiv empfunden werden könnten.
‖ b) Bewerte diese Wirkungen in Hinblick auf die Suchtproblematik beim Alkohol.

3 Recherchiere zum Thema „Komasaufen bei Jugendlichen". Erläutere dabei Beweggründe, Folgen für die Gesundheit und präsentiere aktuelle Zahlen.

Promille-Bereich	Wirkungen von Alkohol
bis 0,5	- entspannt, redselig - leichte Gehstörungen - Konzentrationsschwäche
bis 0,5 -1,5	- Gleichgewichtsstörungen - Selbstüberschätzung, Lallen - Fahruntüchtigkeit
bis 1,5 - 3	- Gedächtnisstörungen - verlängerte Reaktionszeit - Müdigkeit, Übelkeit, Koma

2 Auswirkungen von Alkohol

A Bist du ein „Smombie"?

3 Ein Verkehrsschild warnt vor Handynutzern.

Das Wort „Smombie" ist eine Kombination aus den Begriffen Smartphone und Zombie. Damit werden Personen bezeichnet, die durch den ständigen Blick auf ihr Smartphone ihre Umwelt nur noch sehr eingeschränkt wahrnehmen.

Durchführung:

Schritt 1: Erstellt einen Fragebogen zur Nutzung des Smartphones.

Schritt 2: Führt die Umfrage an eurer Schule durch.

1 a) Wertet die Umfrage aus.
b) Überlegt, wie ihr eure Ergebnisse präsentieren könnt.
c) Diskutiert, welche Regeln zum Umgang mit dem Smartphone in der Schule und in der Freizeit sinnvoll sind.

B Wie verändert Alkohol die Wahrnehmung?

Mit sogenannten „Rauschbrillen" können Einschränkungen bei der Wahrnehmung der Umwelt simuliert werden, die durch Alkohol oder andere Suchtmittel entstehen.

> **WICHTIG**
> Achtet bei der Durchführung der Versuche auf die Sicherheit der Versuchspersonen.

4 Versuch mit einer Rauschbrille

Material: Rauschbrille

Durchführung:

Schritt 1: Führt folgende Versuche durch:
- Erstellt einen Slalomkurs durch den Klassenraum, den ihr anschließend durchlauft.
- Schreibt euren Namen an die Tafel.
- Hebt einen kleinen Gegenstand vom Boden auf.
- Gebt einer Mitschülerin oder einem Mitschüler die Hand.
- Steckt einen Schnürsenkel durch eine Schuhöse.

Schritt 2: Plant weitere Versuche mit der „Rauschbrille" und führt sie durch.

1 Erstellt Protokolle eurer Versuche.

2 a) Berichtet, wie die „Rauschbrille" eure Wahrnehmung beeinflusst hat.
b) Übertragt eure Erfahrungen aus den Versuchen auf Alltagssituationen und nennt mögliche Gefahren.

Digital+
Film

1 Aufregung beim Elfmeter

Das vegetative Nervensystem

Der Körper reagiert auf Stress

Vor dem Elfmeter sind alle aufgeregt, egal ob Torfrau, Tormann, Spielerin, Spieler oder Zuschauer. Das Herz schlägt schneller und die Finger werden schweißnass.
Solche Reaktionen des Körpers werden vom **vegetativen Nervensystem** automatisch erzeugt. In aufregenden oder stressigen Momenten vermutet der Körper eine Gefahr. In jeder Gefahrensituation macht der Organismus sich kampfbereit oder fluchtbereit.

Reaktion bei Aufregung

Um kämpfen oder flüchten zu können, müssen die Skelettmuskeln mit viel Glucose und Sauerstoff versorgt sein. Das Herz schlägt schneller und die Atmung beschleunigt sich. Durch die schnelle Atmung gelangt mehr Sauerstoff ins Blut. Nun sind die Muskeln bestens versorgt. Schweiß tritt aus, um den Körper zu kühlen.
Diese körperlichen Reaktionen waren für die ersten Menschen überlebenswichtig. Diese Reaktionen bei Aufregung zeigen sich aber auch heute noch.

Das vegetative Nervensystem

Das vegetative Nervensystem steuert die Tätigkeit der inneren Organe. Dazu zählen das Herz, die Lunge, die Verdauungsorgane und die Geschlechtsorgane.
Das vegetative Nervensystem besteht aus zwei Teilen. Der **Sympathikus** ist bei körperlicher Leistung, Angst und Stress aktiv. Der **Parasympathikus** arbeitet, wenn wir entspannt sind. Es kann immer nur einer der beiden Nervenstränge aktiv sein.

> Sympathikus und Parasympathikus haben eine gegensätzliche Wirkung auf die Organe. Deshalb sind sie **Gegenspieler**.

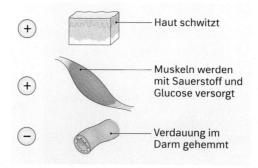

2 Wirkungen des Sympathikus

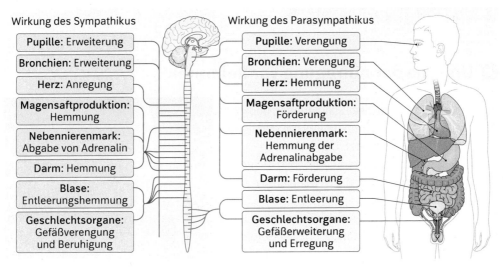

3 Wirkungen von Sympathikus und Parasympathikus

Der Sympathikus

Der Sympathikus ist ein Nervenstrang des Rückenmarks. Die Nerven verlassen das Rückenmark zwischen den Wirbelkörpern. Sie sind die Verbindung, über die der Sympathikus die Organe erreicht.

> Der Sympathikus regt Organe an, die für körperliche Leistungen gebraucht werden.

Der Sympathikus aktiviert auch das Mark der Nebennieren, das dann das Hormon Adrenalin ausschüttet. Durch die Wirkung von Adrenalin wird der Herzschlag schneller, der Blutdruck steigt und die Bronchien erweitern sich. Für eine gesteigerte körperliche Leistung ist es auch wichtig, viele Sinneseindrücke aufzunehmen. Aus diesem Grund bewirkt der Sympathikus, dass sich die Pupillen erweitern.

Der Parasympathikus

Der Parasympathikus ist ebenfalls über Nervenzellen mit den Organen verbunden. Diese Nerven gehen vom Hirnstamm und vom unteren Rückenmark aus.

Der Parasympathikus hat im Vergleich zum Sympathikus die entgegengesetzte Wirkung. Ist er aktiv, werden Organe für die körperliche Leistung gehemmt. Beispielsweise sinkt der Blutdruck und die Herzfrequenz nimmt ab. Dagegen werden die Verdauungsorgane angeregt.

> Der Parasympathikus dient der Erholung und ermöglicht die Verdauung.

Wenn der Parasympathikus aktiv ist, kann sich der Körper erholen und Kraftreserven aufbauen. Auch im Schlaf ist er der aktive Teil des vegetativen Nervensystems.

1. Nenne die zwei Bestandteile des vegetativen Nervensystems und beschreibe ihre jeweilige Wirkung.

2. Erkläre das Wort Gegenspieler am Beispiel des vegetativen Nervensystems.

3. Vergleiche die Wirkungen von Sympathikus und Parasympathikus mithilfe von Bild 3.

4. ❙ Nenne körperliche Veränderungen bei Aufregung, die durch das vegetative Nervensystem ausgelöst werden.

5. ❙❙ Erläutere, warum die Geschlechtsorgane nur im körperlich entspannten Zustand erregt und gut mit Blut versorgt werden können. Nimm Bild 3 zu Hilfe.

● ● **ÜBEN UND ANWENDEN**

Ⓐ Ursache der Aufregung vor Referaten

Vor einem Referat sind viele Schülerinnen und Schüler aufgeregt. Der Sympathikus hat den Körper in Aufregung versetzt. Das kribbelige Gefühl wird durch das Hormon Adrenalin ausgelöst. Der Sympathikus regt die Nebennieren dazu an, Adrenalin herzustellen.
Eine positive Wirkung von Adrenalin ist eine bessere Aufmerksamkeit. Das kribbelige Gefühl vor dem Referat ist also gut, weil es Höchstleistungen ermöglicht. Wichtig ist nur, dass die Aufregung nicht zu stark wird. Eine gute Vorbereitung auf das Referat hilft dabei.

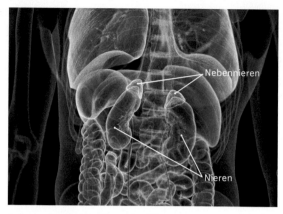

1 Lage der Nebennieren im Körper

① Nenne den Entstehungsort von Adrenalin.

② Erkläre, woher das kribbelige Aufregungsgefühl vor Referaten kommt.

③ Erkläre den Vorteil, der durch die Adrenalin-Ausschüttung entsteht.

● ● **FORSCHEN UND ENTDECKEN**

Ⓐ Wie bekomme ich die Aufregung vor einem Referat in den Griff?

Damit deine Aufregung nicht zu groß wird, kannst du beruhigend auf das vegetative Nervensystem einwirken. Eine Möglichkeit bietet die Bauchatmung. Diese tiefe und langsame Atmung beruhigt das Nervensystem.
Eine weitere Hilfe zur Bewältigung der Aufregung ist, den Körper zu fühlen. Die Konzentration auf ein Körperteil nimmt einen Teil der Aufregung weg.

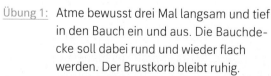

2 Bauchatmung überprüfen

Übung 1: Atme bewusst drei Mal langsam und tief in den Bauch ein und aus. Die Bauchdecke soll dabei rund und wieder flach werden. Der Brustkorb bleibt ruhig.

Übung 2: Schließe deine Augen. Konzentriere dich auf deine Füße. Spürst du sie? Nimm wahr, dass sie das Körpergewicht tragen. Sie stehen fest auf dem Boden.

① Führe die Übungen durch und beschreibe, wie sie bei dir wirken.

② **a)** Beschreibe zwei Möglichkeiten, sich vor einem Referat zu beruhigen.
b) Sammele weitere Ideen aus eigener Erfahrung.

③ ‖ Erkläre, welcher Teil des vegetativen Nervensystems durch Atemübungen aktiviert werden soll.

•• **METHODE**

Referieren mit digitalen Medien

Schritt 1: Recherchieren

Um ein Referat sicher vortragen zu können, musst du dich zuvor selbst zum Experten machen.

- Nur Texte im Internet verwenden, die du verstehst.
- Wichtige Informationen deiner Recherche kurz gefasst notieren.

Schritt 2: Inhalte der Folien

Die Seiten einer Präsentationssoftware werden Folien genannt. Es gibt unterschiedliche Typen von Folien. Die wichtigsten findest du in der Tabelle in Bild 4.

Schritt 3: Bilder unterstützen den Text

Wenn du deine Inhalte fertig getippt hast, beginnst du mit dem Gestalten der Folien.

- Fotos oder Grafiken einfügen. Denke daran, immer die Quelle anzugeben.
- Ansprechenden Hintergrund wählen. Dazu bietet die Software auch fertige Entwürfe an.

Schritt 4: Vorbereitung der Präsentation

Wenn die Präsentation auf dem Computer fertig gestellt ist, wird der Vortrag geübt.

- Stichworte auf den Folien in ganzen Sätzen erklären
- Bilder einbeziehen
- zum Publikum sprechen üben
- mit Hand oder Laser-Pointer auf Bild oder Text deuten, wenn eine Erklärung nötig ist
- Gegenseitige Unterstützung bei Referaten im Team

1 a) Bereitet im Team ein Referat zum Thema „Lernstress vermeiden" mit digitalen Medien vor.

b) Haltet das Referat vor der Klasse.

3 Folien zum Thema „Lernstress vermeiden"

Folien Typ	Notiere dort...
Titel-Folie	... das Thema und deinen Namen
Inhaltsverzeichnis (wird als letztes erstellt)	... alle Überschriften der Text-Folien und nummeriere die Überschriften
Text-Folien	... Ergebnisse der Recherchen in Stichworten, ordne die Informationen sinnvoll
Quellen	... alle verwendeten Internetseiten

4 Inhalte der unterschiedlichen Folien-Typen

5 Vortrag eines Schülers

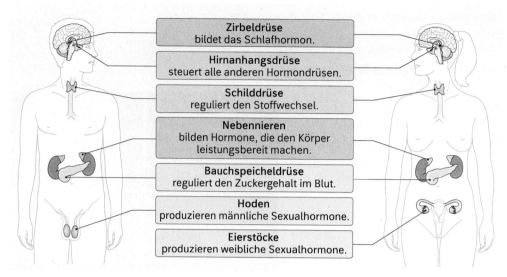

1 Drüsen des Hormonsystems

Das Hormonsystem

Hormone sind Botenstoffe

Hormone werden auch als Botenstoffe bezeichnet. Ein Bote übergibt eine Nachricht an den Empfänger. Entsprechend bringt das Hormon eine Botschaft zu den Zellen. Inhalt der Botschaft ist, dass in den Zellen des Körpers eine Reaktion starten soll.

Die Hormondrüsen

Die Hormondrüsen sind Organe, die Hormone herstellen können. So bildet beispielsweise die Zirbeldrüse im Gehirn abends das Schlafhormon. Die Schilddrüse produziert Hormone, die den Stoffwechsel des Körpers regeln.

Wirkung der Hormone

Von den Hormondrüsen aus gelangen die Hormone über das Blut in alle Teile des Körpers. Die Botenstoffe lösen allerdings nur in bestimmten Zellen eine Wirkung aus. Einige Hormone können sich mit Rezeptoren auf der Oberfläche der Zellen verbinden. Nach dem **Schlüssel-Schloss-Prinzip** passen nur festgelegte Hormone zum Rezeptor. Es kann also lediglich eine Sorte von Hormonen in den Zellen eine Wirkung auslösen. Hormone, die nicht zum Rezeptor passen, haben keine Wirkung. Es gibt auch Hormone, die ins Innere der Zelle gelangen und sich dort mit einem passenden Rezeptor verbinden (→ Bild 2 B).

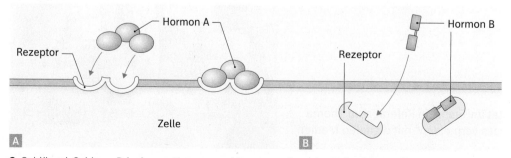

2 Schlüssel-Schloss-Prinzip von Hormon und Rezeptor: **A** an der Zelle, **B** in der Zelle

Die Hirnanhangsdrüse steuert die anderen Hormondrüsen

Wie viele Botenstoffe von den Hormondrüsen ausgeschüttet werden, wird von der Hirnanhangsdrüse gesteuert. Sie ist eine übergeordnete Drüse und regelt durch ihre eigenen Botenstoffe die anderen Hormondrüsen.

Die Information über die geeignete Menge an Hormonen im Blut bekommt die Hirnanhangsdrüse wiederum aus einem Teil des Zwischenhirns.

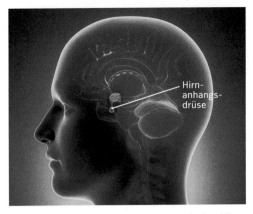

3 Hirnanhangsdrüse und Teil des Zwischenhirns

Die Regelung des Hormonsystems

Die Hormondrüsen schütten Hormone aus. Über das Blut gelangen die Botenstoffe in den ganzen Körper. Sie erreichen auch die Hirnanhangsdrüse. Dort wird die Zahl der Hormone mit dem Wert verglichen, der vom Zwischenhirn vorgegeben ist. Wenn zu viele Hormone im Blut sind, schickt die Hirnanhangsdrüse Botenstoffe aus, die die verantwortliche Hormondrüse bremst. Die angesprochene Hormondrüse schüttet daraufhin weniger Hormone aus.

Die Hirnanhangsdrüse greift aber auch ein, wenn zu wenige Hormone im Blut sind. Sie sendet Botenstoffe aus, die die Hormondrüsen dann dazu anregen, mehr Hormone zu produzieren.

> Die Hirnanhangsdrüse ist den übrigen Hormondrüsen übergeordnet und kann deren Produktionsmenge regeln.

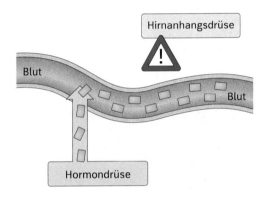

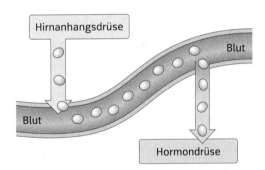

4 Funktionsweise der Hirnanhangsdrüse

① Nenne fünf Hormondrüsen und ihre Aufgaben mithilfe von Bild 1.

② Erkläre das Schlüssel-Schloss-Prinzip am Beispiel von Hormon und Rezeptor.

③ Beschreibe die Aufgabe der Hirnanhangsdrüse im Hormonsystem.

④ ▍ Erkläre, wieso Hormone auch Botenstoffe genannt werden können.

⑤ ▍▍ Beschreibe, wie eine zu hohe Zahl an Hormonen im Hormonsystem heruntergeregelt wird.

⑥ ▍▍▍ Erstelle ein Flussdiagramm, wie das Hormonsystem die Zahl der Hormone steigert.

Starthilfe zu 6:

zu wenige Hormone im Blut

↓

A Die Steuerung der Hormondrüsen

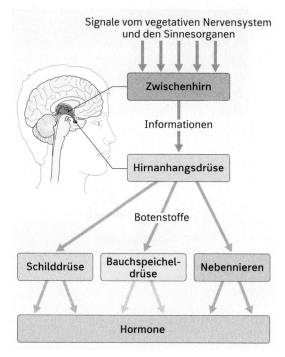

1 Aufgabe der Hirnanhangsdrüse bei der Produktion von Hormonen

Bei der Steuerung des Hormonsystems im Körper arbeiten das Gehirn und die Hormondrüsen eng zusammen.

Wichtige Funktionen übernehmen dabei das Zwischenhirn und die Hirnanhangsdrüse.

Nutze das Schema in Bild 1 zur Bearbeitung der Aufgaben.

1 Beschreibe die Funktion der Hirnanhangsdrüse bei der Produktion von Hormonen.

2 Erläutere, woher die Hirnanhangsdrüse ihre Informationen erhält.

3 Beschreibe, auf welchem Weg die Hirnanhangsdrüse Informationen mit den Hormondrüsen im Körper austauscht.

4 ‖ Begründe, warum die unterschiedlichen Botenstoffe der Hirnanhangsdrüse immer nur an der jeweils für eine Funktion zuständigen Hormondrüse im Körper wirksam werden.

B Cortisol und Kortison

Der Körper stellt das Hormon Cortisol in der Rinde der Nebennieren her. Cortisol ist ein Stresshormon. Es wirkt aber auch gegen Entzündungen und bremst das Immunsystem. Das wird von der Medizin genutzt.

Künstlich hergestelltes Cortisol heißt Kortison. In Salben wird es gegen Entzündungen der Haut verwendet. In Sprays wird Kortison beispielsweise gegen die Entzündung der Atemwege bei Asthma eingesetzt.

2 Asthmaspray mit Kortison

1 Nenne den Herstellungsort und die Wirkung von Cortisol im Körper.

2 Beschreibe den Unterschied zwischen Cortisol und Kortison.

3 a) Beschreibe zwei Anwendungen von Kortison in der Medizin.
b) Recherchiere weitere Anwendungsbereiche.

Der Faktor Licht

3 Tagesmüdigkeit

4 Abends vor dem Bildschirm

Müdigkeit am Tag

Im Zwischenhirn wird der Schlaf-Wach-Rhythmus durch die Zirbeldrüse gesteuert. Sie verwertet die Informationen Helligkeit und Dunkelheit. Wenn es dunkel wird, schüttet die Zirbeldrüse das Schlafhormon **Melatonin** aus. Es macht müde.

Wenn Müdigkeit am Tag auftritt, kann Lichtmangel eine Ursache sein. In unseren Wohnungen ist es vergleichsweise dunkel. Da wir uns viel in Räumen aufhalten, fehlt der Zirbeldrüse die Information über die Helligkeit. Als Folge produziert sie Melatonin. Die Menschen werden müde, obwohl es Tag ist.

Das Rausgehen ins Tageslicht löst das Problem innerhalb kurzer Zeit. Draußen ist es selbst an einem bewölkten Tag heller als in den Räumen. Wer sich viel draußen aufhält, wird am Tag nicht müde.

Bildschirme halten wach

Viele Jugendliche sitzen abends oft sehr lange vor dem Bildschirm. Sie zocken, schauen Videos oder nutzen Social Media. Dabei werden sie nicht müde.

Das liegt hauptsächlich am Licht der Bildschirme. Es hat einen hohen Anteil von blauem Licht. Über die Augen gelangt diese Information ins Gehirn. Das Gehirn verbindet blaue Anteile im Licht mit dem Vormittag. In der Natur hat nämlich das Licht am Vormittag diese Eigenschaft. Dadurch gibt das Zwischenhirn wenig Melatonin ab. Entsprechend kommt keine Müdigkeit auf.

Das Licht von Bildschirmen stört also den natürlichen Schlaf-Wach-Rhythmus. Am nächsten Morgen ist der Mensch dann oft unausgeschlafen, schlecht gelaunt und unkonzentriert.

① Nenne die Funktion der Zirbeldrüse.

② Erkläre den Zusammenhang zwischen dem Aufenthalt in geschlossenen Räumen und Müdigkeit am Tag.

③ Beschreibe die Besonderheiten von Bildschirm-Licht.

④ Erkläre, warum Bildschirme am Abend die Müdigkeit verhindern.

⑤ ▮▮ Erkläre den Nutzen eines Blaulichtfilters, der in vielen Smartphones eingestellt werden kann.

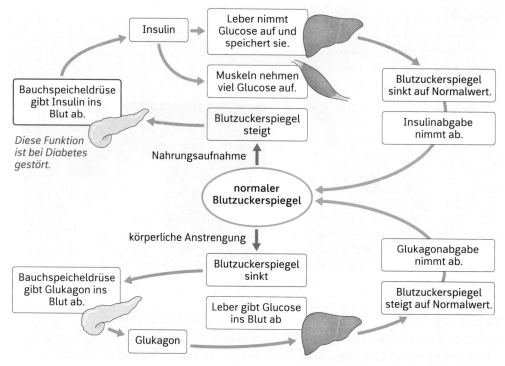

1 Die Regulation des Blutzuckerspiegels

Diabetes als Folge einer Hormonstörung

Nahrung lässt den Blutzucker ansteigen

Die Kohlenhydrate in unserer Nahrung werden im Dünndarm zu Glucose verarbeitet. Von dort aus verteilt sich die Glucose über das Blut im ganzen Körper. Der Blutzuckerspiegel ist dadurch erhöht.

Insulin senkt den Blutzucker

Bei gesunden Menschen schüttet die Bauchspeicheldrüse bei erhöhtem Blutzuckerspiegel das Hormon **Insulin** aus. Durch die Wirkung von Insulin gelangt die Glucose aus dem Blut in die Zellen. In den Muskelzellen wird die Glucose für den Stoffwechsel genutzt. Daraus gewinnen die Muskelzellen Energie. In Leberzellen wird Glucose gespeichert.
Wenn das Insulin an den Körperzellen wirkt, sinkt die Glucosemenge im Blut. Insulin senkt also den Blutzuckerspiegel.

Glukagon erhöht den Blutzucker

Nach dem Sport oder einer längeren Phase ohne Nahrungsaufnahme ist im Blut nur noch wenig Glucose vorhanden. Sie wurde von den Muskeln verbraucht. Jetzt werden die Zellen nicht mehr optimal versorgt. Die Bauchspeicheldrüse schüttet daraufhin das Hormon **Glukagon** aus.
Glukagon regt beispielsweise die Leberzellen dazu an, gespeicherte Glucose ins Blut abzugeben. Dadurch erhöht sich die Menge von Glucose im Blut. Die Körperzellen können nun wieder ausreichend mit Glucose versorgt werden. Das Hormon Glukagon erhöht also den Blutzuckerspiegel.

> Die Hormone Insulin und Glukagon regeln den Blutzuckerspiegel. Sie haben eine entgegengesetzte Wirkung. Insulin und Glukagon arbeiten nach dem **Gegenspieler-Prinzip**.

Wirkung von Insulin an den Zellen

Das Hormon Insulin bewirkt, dass die Körperzellen Glucose aufnehmen können. An den Zellen gibt es Rezeptoren für Insulin. Das Hormon verbindet sich mit dem Rezeptor nach dem Schlüssel-Schloss-Prinzip. Daraufhin kann die Glucose in die Zelle gelangen. Dort wird die Glucose genutzt. Durch die Aufnahme der Glucose in die Zellen sinkt die Konzentration der Glucose im Blut.

Blutzuckerspiegel bei Diabetes

Bei **Diabetes Typ 1** produziert die Bauchspeicheldrüse das Hormon Insulin nicht. Dadurch kann keine Glucose aus dem Blut in die Leber oder Muskelzellen aufgenommen werden. Die Krankheit Diabetes ist also die Folge einer Hormonstörung. Diabetes wird oft als Zuckerkrankheit bezeichnet. Damit wird beschrieben, dass der Körper Probleme mit der Nutzung der Glucose aus der Nahrung hat.

Die Ernährung im Blick haben

Menschen mit Diabetes Typ 1 müssen immer wissen, wie viele Kohlenhydrate in ihrem Essen enthalten sind. Danach bemessen sie die Menge Insulin, die gespritzt werden muss. Durch das von außen zugeführte Insulin wird erreicht, dass die Glucose zum Beispiel von den Muskelzellen genutzt werden kann. Der Blutzuckerspiegel muss bei Erkrankten regelmäßig kontrolliert werden (→ Bild 3).

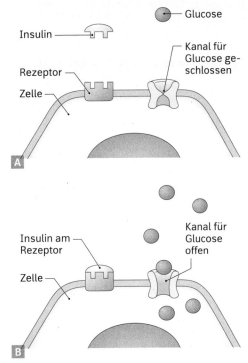

2 Wirkung von Insulin an den Zellen: **A** Zelle mit Rezeptor, **B** Aufnahme von Glucose in die Zelle

3 Diabetikerin misst ihre Insulinmenge im Blut.

① Beschreibe mithilfe von Bild 1, wodurch sich der Blutzuckerspiegel verändert.

② **a)** Erkläre, wie Insulin den Blutzuckerspiegel senkt.
b) Erkläre, wie Glukagon den Blutzuckerspiegel erhöht.

Starthilfe zu 2a:
Du kannst ein Flussdiagramm erstellen.

Blutzucker steigt durch Nahrung

↓

③ Beschreibe die Wirkung von Insulin an den Körperzellen.

④ Erkläre, warum sich Menschen mit Diabetes Typ 1 Insulin spritzen müssen.

⑤ Ⅰ Erkläre, wieso Diabetes häufig Zuckerkrankheit genannt wird.

⑥ Ⅱ Beschreibe das Gegenspieler-Prinzip am Beispiel von Insulin und Glukagon.

A Diabetes Typ 1 und Typ 2

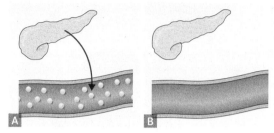

1 Bauchspeicheldrüse: **A** gibt Insulin ins Blut ab,
B produziert kein Insulin

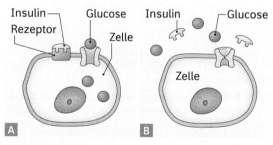

2 Glucose muss in die Zelle gelangen: **A** Zelle mit
Insulin-Rezeptor, **B** ohne Insulin-Rezeptor

Diabetes gibt es in verschiedenen Typen. Bei
Diabetes Typ 1 stellt die Bauchspeicheldrüse
bereits ab der Kindheit kein Insulin mehr her.
Das Immunsystem des eigenen Körpers zerstört
die Insulin produzierenden Zellen.
Die meisten an Diabetes Erkrankten haben aber
Typ 2. Bei einer Form von Diabetes Typ 2 produziert die Bauchspeicheldrüse zu wenig Insulin.
Deshalb kann kaum Glucose in die Zellen
gelangen.
Bei einer anderen Form von Diabetes Typ 2 sind
die Zellen für Insulin unempfindlich geworden.
Die Bauchspeicheldrüse produziert zwar Insulin,
aber es bleibt wirkungslos. An den Zellen fehlen
nämlich die Rezeptoren für Insulin.

① Beschreibe Diabetes Typ 1.

② Beschreibe die beiden Formen von Diabetes
Typ 2. Gib dazu auch an, welche Bilder aus
Bild 1 und 2 jeweils zutreffen.

B Vorbeugung von Diabetes Typ 2

3 Bewegung und gesunde Ernährung

Immer häufiger erkranken Jugendliche an
Diabetes Typ 2. Grund dafür ist vor allem großes
Übergewicht durch falsche Ernährung und zu
wenig Bewegung. Dies kann zu verschiedenen
Zivilisationskrankheiten führen. Diabetes Typ 2
ist eine solche Zivilisationskrankheit.
Ein Baustein für die Gesundheit ist, sich jeden
Tag regelmäßig zu bewegen. Der zweite Baustein
ist eine gesunde Ernährung. Sie besteht aus viel
Obst und Gemüse. Kohlenhydrate sollten als
Vollkornprodukte gegessen werden.

① Erkläre den Begriff Zivilisationskrankheiten.

② Nenne zwei Bausteine, die für den Erhalt
der Gesundheit wichtig sind. Zähle passende Beispiele dafür auf.

③ ‖ **a)** Bewerte dein eigenes Risiko, an
Diabetes Typ 2 zu erkranken.
b) Nenne Verhaltensweisen, die das Risiko
verringern.

IM ALLTAG

Alltägliche Maßnahmen bei Diabetes

4 Messgerät für den Blutzuckerspiegel

6 Mit einem Pen wird Insulin gespritzt.

Messmethoden bei Diabetes

Bei Diabetes muss der Blutzuckerspiegel regelmäßig kontrolliert werden. Dazu kommt ein Tropfen Blut aus dem Finger auf ein Messgerät. Der angezeigte Wert hilft der Diabetikerin oder dem Diabetiker, den Bedarf an Insulin abzuschätzen.

Neuere Messgeräte für den Blutzuckerspiegel werden als Sensor dauerhaft am Oberarm befestigt. Ein Sensor-Faden misst ständig die Menge an Glucose im Gewebe unter der Haut. Mit einer Smartphone-App werden die Werte aus dem Sensor abgelesen. Dadurch lässt sich leicht erkennen, wie bestimmte Nahrungsmittel den Blutzuckerspiegel verändern.

Die Insulingabe

Wenn viele Kohlenhydrate im Essen enthalten sind, wird auch viel Insulin benötigt. Das Insulin befindet sich im sogenannten Pen. Am Pen wird zuerst die richtige Menge Insulin eingestellt. Über eine sehr feine Nadel wird das Insulin meistens in den Bauch gespritzt. Das Spritzen von Insulin kann aber auch von einer automatischen Pumpe übernommen werden. Das Insulin wird über einen Schlauch ins Gewebe am Bauch gepumpt. Es gibt Modelle, bei denen das Messgerät die Insulinpumpe aktivieren kann. Wenn der Blutzuckerspiegel nach dem Essen höher ist, wird eine genau dazu passende Menge Insulin in den Körper geleitet.

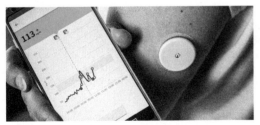

5 Sensor am Oberarm ablesen

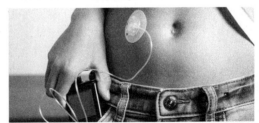

7 Insulinpumpe

1 Beschreibe, wie an Diabetes Erkrankte ihren Blutzuckerspiegel messen können.

2 Beschreibe, wie Menschen mit Diabetes sich selbst Insulin geben können.

3 Nenne Vorteile, die ein Messgerät mit Sensor gegenüber dem Messen mit einem Blutstropfen bietet.

4 Nenne Vorteile einer automatischen Insulinpumpe.

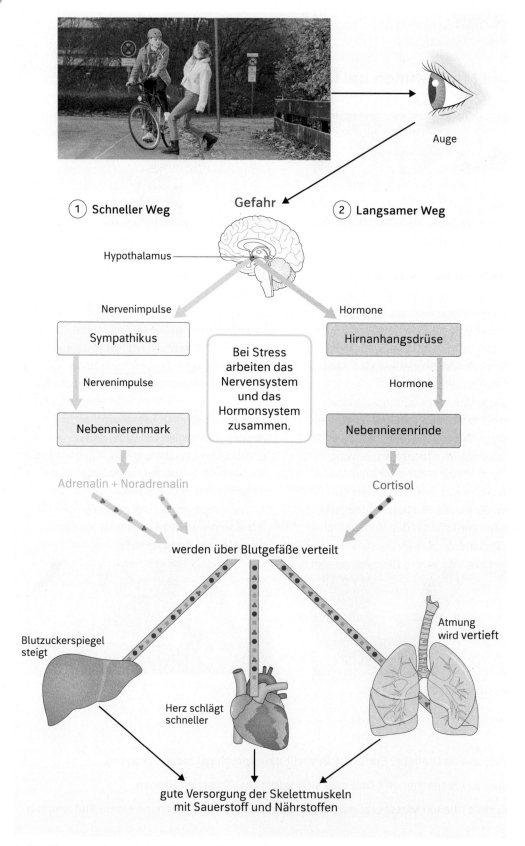

1 Der Körper reagiert auf eine Stresssituation

Reaktionen des Körpers auf Stress

Eine gefährliche Situation

Beim Verlassen des Gehwegs sieht eine Fußgängerin, dass ein Fahrradfahrer genau auf sie zufährt. Sie und der Radfahrer erkennen die Gefahr sofort. Die Fußgängerin springt schnell zurück auf den Gehweg. Der Fahrradfahrer fährt einen Bogen, um **einen Unfall zu vermeiden** (→ Bild 1). Beide erleben nun, wie sich eine akute **Stresssituation** anfühlt. Bei beiden zittern die Knie, das Herz schlägt schneller und im Magen kribbelt es. Es dauert ein paar Minuten, bis sich beide wieder beruhigen.

Reaktion über Nervenimpulse

Die Augen nehmen den anderen unerwarteten Verkehrsteilnehmer wahr. Über die Empfindungsnerven werden die Bilder an das Gehirn geleitet. Dort werden die Bilder ausgewertet. Die Situation wird als gefährlich eingestuft. Der **Hypothalamus**, ein Teil des Zwischenhirns, aktiviert sofort den Sympathikus des vegetativen Nervensystems. Dieser aktiviert das Nebennierenmark, das die Hormone **Adrenalin** und **Noradrenalin** freisetzt. Diese werden mit dem Blut verteilt. Die Hormone bewirken, dass die Muskeln sofort mit mehr Blut und dadurch mit mehr Energie und Sauerstoff versorgt werden. So werden schnelle, kraftvolle Bewegungen möglich.

Reaktion über Hormone

Gleichzeitig mit der Aktivierung des Sympathikus schüttet das Gehirn auch selbst Hormone aus. Diese aktivieren die Hirnanhangsdrüse, die über Steuerungshormone im Blut die Nebennierenrinde erreichen. Diese gibt das Hormon **Cortisol** ab. Das Cortisol fördert den Anstieg des Blutzuckerspiegels und bewirkt so die zusätzliche Bereitstellung von Energie für den Körper. Die hormonelle Stressreaktion über das Blut beginnt erst einige Minuten nach dem Stressreiz.

Dauerstress macht krank

Die Ausschüttung von Cortisol bewirkt normalerweise auch das Ende der Stressreaktion und den Abbau der Stresshormone. Dieser Regelkreis kann jedoch außer Kraft gesetzt werden, wenn dauerhaft Stressreize wie berufliche Belastungen, Beziehungsstreit oder Lärm auf den Körper einwirken. Dann wird das Cortisol nicht mehr abgebaut, sondern weiter angereichert. Dies führt dazu, dass das Abwehrsystem des Körpers geschwächt wird. Auch Herz-Kreislauf-Probleme und Depressionen können die Folge von Langzeitstress sein. Nur eine achtsame Lebensführung mit viel Bewegung und ausreichend Schlaf kann vor Dauerstress schützen.

1 Beschreibe mithilfe von Bild 1 die Zusammenarbeit von Gehirn, Nervensystem und Hormonsystem in einer Stresssituation.

2 a) Beschreibe eine gefährliche Situation, die Stress auslösen kann.
b) Vergleiche die Reaktion des Körpers auf diese Stressreaktion mit der Reaktion des Körpers bei Dauerstress.

3 ‖ a) Nenne die Hormone, die in Stresssituationen ausgeschüttet werden.
‖ b) Beschreibe die Wirkungen der Hormone auf den Körper.

4 ‖ Erkläre, warum Ärzte im Notfall einen Herzstillstand mit einer Adrenalinspritze behandeln.

Starthilfe zu 1:
- Beschreibe zunächst den schnellen Weg der Stressreaktion.
- Beschreibe danach den langsameren Weg der Bereitstellung des Stresshormons Cortisol.
- Beschreibe dann die Auswirkungen der Stresshormone im Körper.

»

Ⓐ Wirkungen der Stresshormone

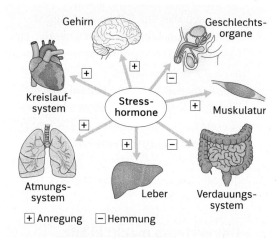

1 Auswirkungen der Stresshormone

Bild 1 zeigt den Einfluss der Stresshormone in einer akuten Stresssituation auf die Organe im Körper.

① **a)** Beschreibe mithilfe von Bild 1, wie die einzelnen Organe beeinflusst werden.
b) Begründe an Beispielen, warum es sinnvoll ist, dass einzelne Organe aktiviert werden und andere Organe gehemmt werden.

② ‖ Erläutere die Aussage: „Stress rettet Leben" mithilfe der Reaktion der Organe im Körper auf Stresshormone.

Ⓑ Langzeitstress

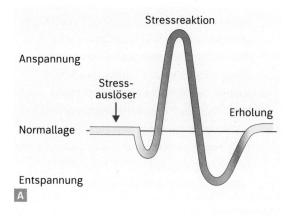

2 Verschiedene Formen von Stress

Langzeitstress entsteht, wenn das Stresshormon Cortisol im Körper nicht mehr abgebaut wird.
Auslöser für Langzeitstress können belastende Situationen wie zum Beispiel andauernder Streit in einer Familie oder ständiger Ärger in der Schule sein.

① **a)** Beschreibe die beiden Grafiken in Bild 2.
b) Beurteile, welche der beiden Grafiken Langzeitstress darstellt.
c) Nenne mögliche Auslöser für Langzeitstress.

② Erkläre, unter welchen Bedingungen Stress zu gesundheitlichen Problemen führen kann.

③ Recherchiere mögliche gesundheitliche Probleme, die durch Langzeitstress entstehen können.

●● **ÜBEN UND ANWENDEN**

C Eustress und Distress

3 Stressauslösende Situationen

Manche Situationen können Stress auslösen. Der Stress wird manchmal positiv wahrgenommen, wenn wir uns zum Beispiel über eine Überraschung sehr freuen. Solcher Stress wird Eustress genannt. Negative Situationen werden als Disstress wahrgenommen. Die Wahrnehmung von Stress ist bei allen Menschen unterschiedlich.

1 Beurteile die Situationen in Bild 3 und entscheide, ob die Situationen bei dir eher Eustress oder Disstress auslösen würden.

2 Beschreibe, welche Situationen bei anderen Personen vielleicht zu gegensätzlichen Wahrnehmungen führen könnten.

D Tipps zum Umgang mit Stress

Gegen Stress wirken alle Formen der Entspannung. Besonders bei Langzeitstress helfen ausreichend viel Schlaf, regelmäßige Bewegung im Freien und eine gute Zeitplanung.
Bei schweren Störungen der Gesundheit wie etwa Depressionen oder Herz-Kreislauf-Erkrankungen können nur Ärztinnen oder Ärzte helfen.

1 Betrachte Bild 4 und beschreibe die Maßnahmen zum Umgang mit Stress.

2 Erläutere, welche der dargestellten Möglichkeiten für dich als Erholung nach stressigen Situationen in Frage kommen.

entspannen · Atemübungen · Ablenkung · Stress-bewältigung · nachdenken/überdenken · Freunde · frische Luft und Natur · Situation verlassen/verändern · körperliche Aktivität

4 Strategien gegen Stress

Auf einen Blick: Bau und Funktion des Nervensystems

Die Sinnesorgane

Jedes Sinnesorgan nimmt die Reize auf, an die die jeweiligen Sinneszellen angepasst sind. Mit den Augen nehmen wir Lichtreize auf. Unsere Ohren empfangen Schallwellen. Über die Haut nehmen wir Tastreize, Druckreize, Wärmereize, Kältereize und Schmerzreize auf. Die Nase und die Zunge empfangen Geschmacksreize und Geruchsreize.

Die Reiz-Reaktions-Kette

Mit den Sinnesorganen nehmen wir Reize aus der Umwelt auf. In den Sinneszellen entstehen daraus elektrische Signale. Über sensorische Nerven werden die elektrischen Signale zum Gehirn geleitet. Dort werden die ankommenden Signale verarbeitet. Das Gehirn sendet dann über die motorischen Nerven elektrische Signale an die Muskeln. Die Bewegung des Muskels ist die Reaktion auf den Reiz.

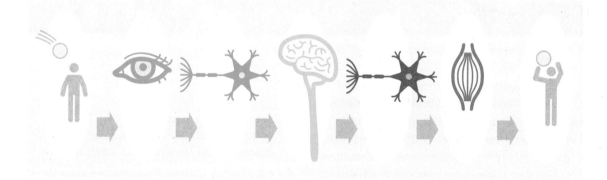

Die Augen und Ohren

Mit den Augen sehen wir. Licht wird durch die Hornhaut, die Pupille und die Linse ins Innere des Auges geleitet. Es fällt auf die Netzhaut, auf dieser sitzen die Lichtsinneszellen.
Mit den Ohren hören wir. Die Ohrmuscheln nehmen den Schall auf und leiten ihn in das Mittelohr weiter. Das Trommelfell kommt durch Schall in Schwingung. Die Gehörknöchelchen leiten diese Schwingungen in das Innenohr.

Die Nervenzellen

Eine Nervenzelle nimmt elektrische Signale über Dendriten auf. Das Axon ist für die Weiterleitung der Signale an andere Zellen zuständig. In den Endknöpfchen wird das elektrische Signal in ein chemisches Signal umgewandelt. Überträgerstoffe überwinden den Spalt in der Synapse. Verbindet sich der Überträgerstoff mit dem passenden Rezeptor der Nachbarzelle, entsteht dort ein neues elektrisches Signal.

WICHTIGE BEGRIFFE

- Sinnesorgan, Sinneszellen
- Auge, Ohr, Haut, Nase, Zunge
- Hornhaut, Pupille, Linse
- Netzhaut, Stäbchen, Zapfen

WICHTIGE BEGRIFFE

- Reiz-Reaktions-Kette
- Nervenzelle
- Dendriten, Axon, Endknöpfchen
- Synapse, Überträgerstoff, Rezeptor

Das Gehirn

Das Gehirn ist die Steuerzentrale des Körpers. Der Hirnstamm steuert wichtige Körperfunktionen wie Atmung und Herzschlag. Im Kleinhirn werden Bewegungen abgestimmt. Das Zwischenhirn ist eine Sammelstelle für Sinneseindrücke. Außerdem befindet sich im Zwischenhirn die Steuerzentrale für Hormone. Das Großhirn ist dafür verantwortlich, dass wir bewusst denken, hören, sprechen und sehen können.

Das Rückenmark

Das Rückenmark leitet Reize vom Gehirn zum Körper und umgekehrt. Im Rückenmark ist auch die Schaltstelle von Reflexen. Der Sympathikus ist ein Nervenstrang im Rückenmark. Er regt Organe an, die für körperliche Leistungen nötig sind. Der Gegenspieler zum Sympathikus ist der Parasympathikus. Der Parasympathikus regt Organe an, die die Erholung des Körpers bewirken. Der Sympathikus und der Parasympathikus bilden zusammen das vegetative Nervensystem.

Die Hormone

Das Hormonsystem wird vom Zwischenhirn aus gesteuert. Die Hirnanhangsdrüse kann alle anderen Hormondrüsen im Körper aktivieren. Hormone sind Botenstoffe, die bestimmte Reaktionen auslösen. Sie werden über das Blut transportiert. Hormone können sich nach dem Schlüssel-Schloss-Prinzip mit passenden Rezeptoren der Körperzellen verbinden.

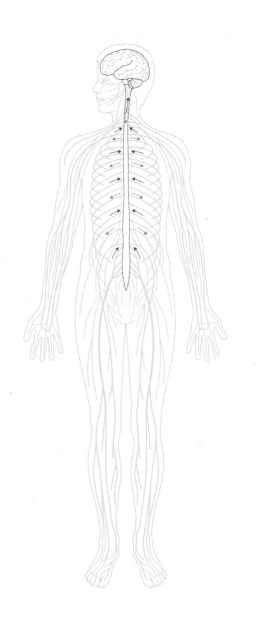

WICHTIGE BEGRIFFE

- Hirnstamm, Kleinhirn, Zwischenhirn, Großhirn
- Rückenmark, Reflexe
- Sympathikus, Parasympathikus
- vegetatives Nervensystem

WICHTIGE BEGRIFFE

- Hirnanhangsdrüse, Hormondrüsen
- Hormon, Rezeptor
- Schlüssel-Schloss-Prinzip
- Insulin, Diabetes
- Adrenalin, Cortisol, Stressreaktion

Auf einen Blick

Lerncheck: Bau und Funktion des Nervensystems

Vom Reiz zur Reaktion

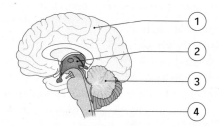

1 a) Erkläre, wie das Auge vor Schweiß und Fremdkörpern geschützt ist.
b) Nenne die bezifferten Bestandteile des Auges und erkläre deren Funktionen.

2 Beschreibe die Reiz-Reaktions-Kette am Beispiel „Fangen eines Balls".

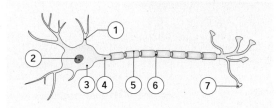

3 a) Benenne die nummerierten Teile der Nervenzelle.
b) Beschreibe die Aufgaben von drei Bestandteilen einer Nervenzelle.

> **DU KANNST JETZT ...**
>
> - ... die äußeren und inneren Teile des Auges nennen und ihre Funktionen erläutern.
> - ... die Reiz-Reaktions-Kette beschreiben.
> - ... die Bestandteile einer Nervenzelle nennen.
> - ... die Weiterleitung von Signalen in einer Nervenzelle und an Synapsen beschreiben.

Gehirn und Rückenmark

4 Nenne die vier Hauptbestandteile des Gehirns und deren Funktionen. Fertige dazu eine Tabelle an.

5 Beschreibe, wie neues Wissen lange im Gedächtnis gespeichert werden kann.

6 Nenne die Funktionen des Rückenmarks.

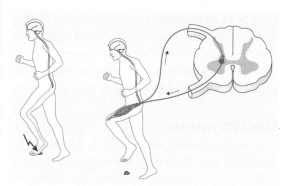

7 Beschreibe den Ablauf eines Reflexes mithilfe des Bildes.

8 a) Nenne die Kennzeichen eines Reflexes.
b) Erkläre, warum Reflexe für den Körper wichtig sind.

> **DU KANNST JETZT ...**
>
> - ... vier Bestandteile des Gehirns und deren Funktionen nennen.
> - ... beschreiben, wie das Gedächtnis funktioniert.
> - ... die Funktionen des Rückenmarks nennen.
> - ... den Ablauf eines Reflexes beschreiben.

Vegetatives Nervensystem und Hormone

9 Benenne die beiden Bestandteile des vegetativen Nervensystems und deren Funktionen.

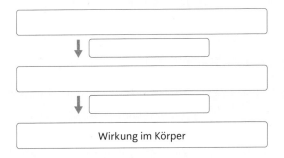

10 a) Zeichne das Schema ab.
b) Fülle das Schema mit folgenden Begriffen aus: Hirnanhangsdrüse, Hormon, Hormon, Hormondrüse
c) Erkläre mithilfe des ausgefüllten Schemas, wie das Hormonsystem funktioniert.

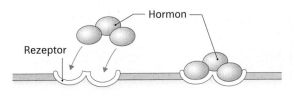

11 Erkläre das Schlüssel-Schloss-Prinzip am Beispiel eines Hormons und eines Rezeptors. Nutze dazu das Bild.

DU KANNST JETZT ...

- ... die Bestandteile des vegetativen Nervensystems und deren Funktionen beschreiben.
- ... erklären, wie das Hormonsystem funktioniert.
- ... das Schlüssel-Schloss-Prinzip am Beispiel Hormon und Rezeptor erklären.

Wirkung von Hormonen im Körper

12 a) Nenne die Herkunft und Wirkung von Insulin im Körper.
b) Erkläre, warum eine Diabetikerin oder ein Diabetiker Insulin spritzen muss.

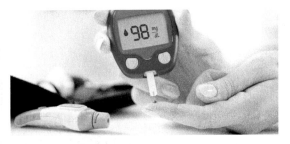

13 Erkläre, warum bei Diabetes der Blutzuckerspiegel gemessen wird, bevor Insulin gespritzt wird.

14 In plötzlichen Stress-Situationen reagiert das Gehirn auf zwei verschiedenen Wegen.
a) Beschreibe die beiden Wege der Stressreaktion.
b) Erläutere die Funktion der Stressreaktion.
c) Nenne mindestens zwei Organe, die in Stress-Situationen verstärkt arbeiten.

DU KANNST JETZT ...

- ... die Herkunft und Wirkung von Insulin beschreiben.
- ... erklären, warum bei Diabetes der Blutzuckerspiegel häufig gemessen wird.
- ... die Reaktion des Körpers bei Stress beschreiben.

Lerncheck

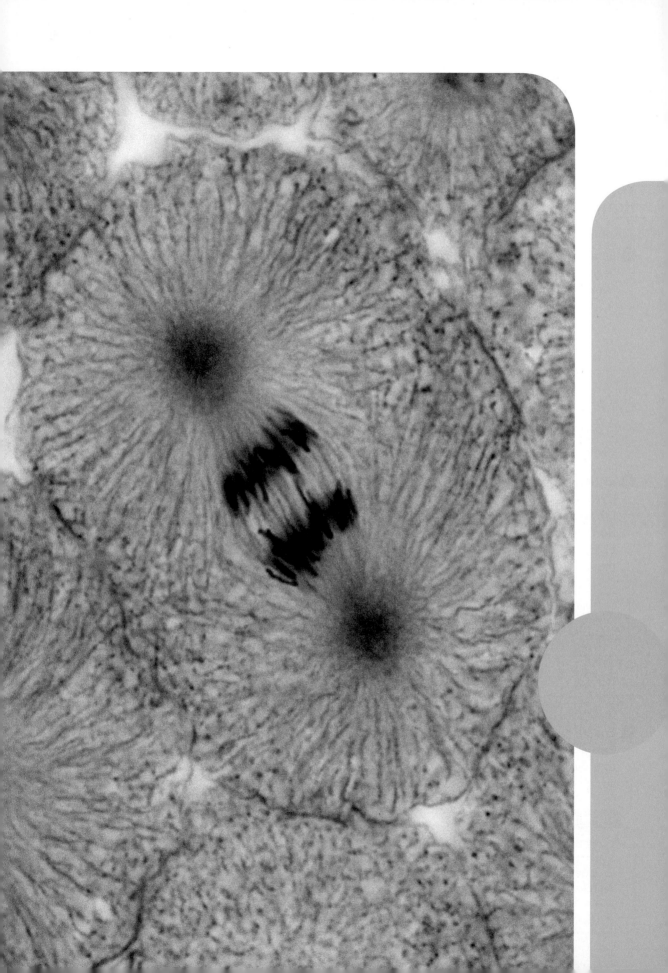

Gene und Vererbung

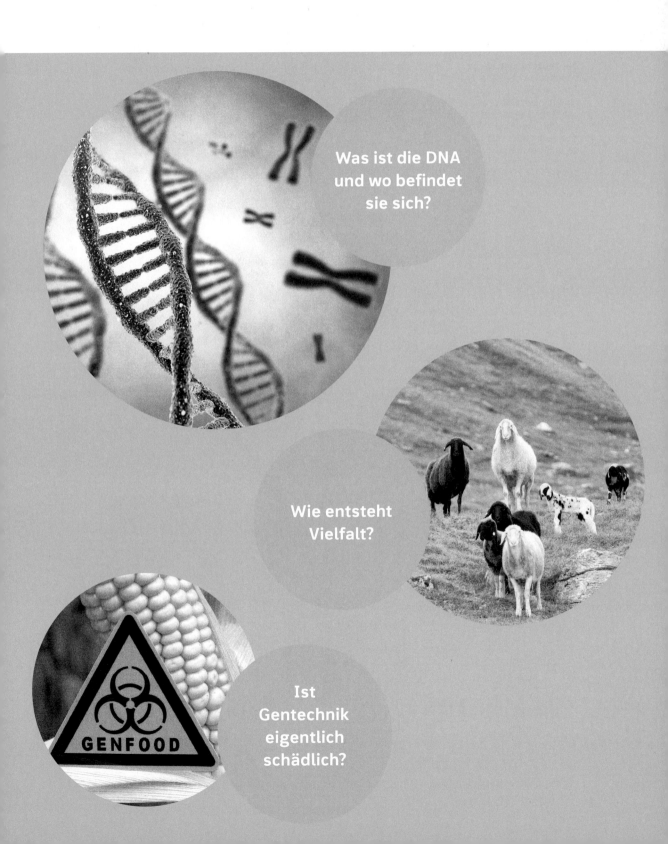

Was ist die DNA und wo befindet sie sich?

Wie entsteht Vielfalt?

Ist Gentechnik eigentlich schädlich?

GENFOOD

Die **Chloroplasten** sind der Ort der Fotosynthese. Durch eine starke Faltung der inneren Membran vergrößert sich die Oberfläche. So kann die Fotosynthese effektiver stattfinden.

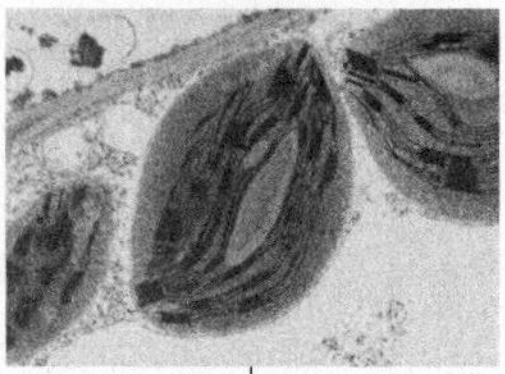

An den **Ribosomen** werden Proteine gebildet. Sie nutzen dazu eine Kopie der Bauanleitung auf der DNA.

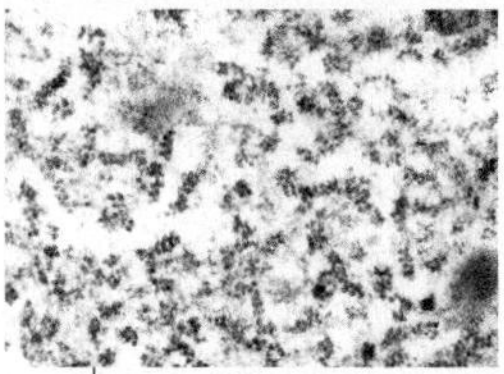

Der **Zellkern** steuert alle Vorgänge in der Zelle. In ihm sind die Erbinformationen in der DNA gespeichert. Diese liegt in den Chromosomen. Oft gibt es ein oder mehrere Kernkörperchen.

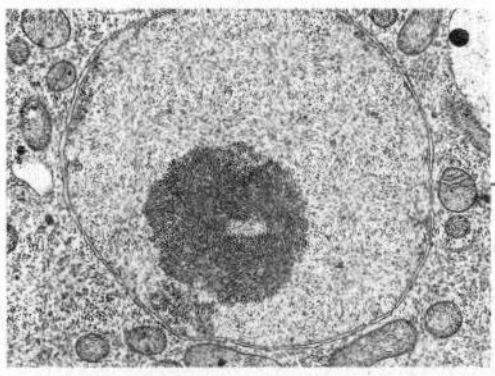

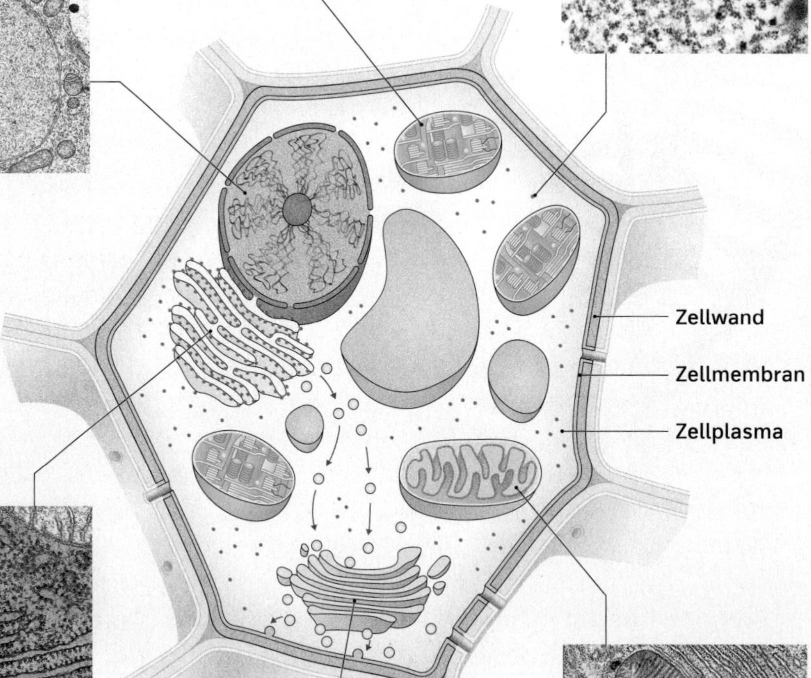

Zellwand

Zellmembran

Zellplasma

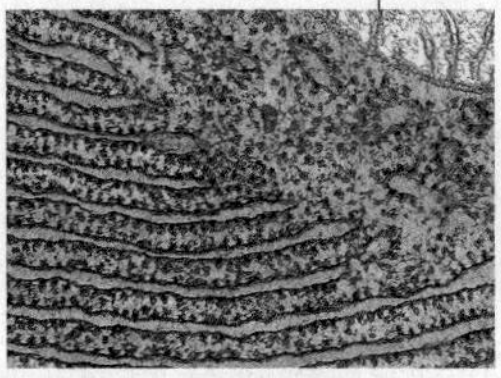

Das **Endoplasmatische Reticulum** ist ein weitverzweigtes Transportsystem in der Zelle. Hier werden Stoffe wie Proteine gebildet und verpackt.

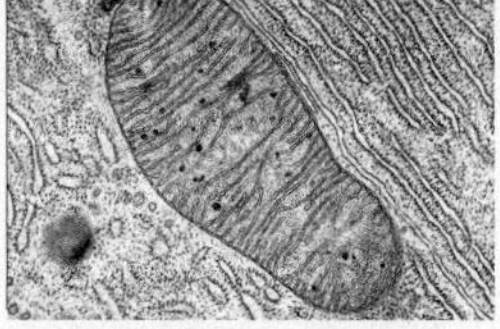

In den **Mitochondrien** findet die Zellatmung statt. Hier wird mithilfe von Sauerstoff Energie aus Glucose gewonnen. Durch die gefaltete Innenseite haben die Mitochondrien eine größere innere Oberfläche. Die Zellatmung läuft so effektiver ab.

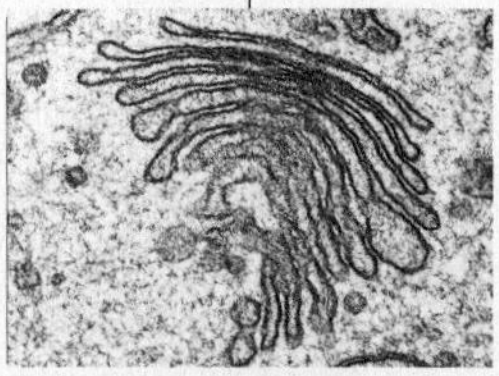

Die **Dictyosomen** stellen Zellmaterial her und transportieren dieses weiter.

1 Schematische Darstellung einer Pflanzenzelle und elektronenmikroskopische Aufnahmen von Zellorganellen

Zellen und ihre Bestandteile

Lebewesen bestehen aus Zellen

Mit dem Mikroskop wird sichtbar, dass alle Lebewesen aus Zellen bestehen. Zellen sind die kleinsten lebenden Einheiten in Lebewesen. Bei Pflanzen und Tieren bilden miteinander verbundene Zellen verschiedene **Gewebe**. Mehrere Gewebe bilden ein **Organ**. Ein **Organismus** besteht aus vielen Organen.

Zellen werden sichtbar

Mikroskope machen Zellen für das menschliche Auge sichtbar. **Lichtmikroskope** zeigen die unterschiedlichen Formen von Zellen und liefern einen guten Überblick über Gewebe. Beim Vergleich von Tier- und Pflanzenzellen fällt auf, dass Tierzellen keine Zellwand haben. Sie sind nur von der Zellmembran umgrenzt und haben daher oft eine rundlichere Form. Da sie keine Fotosynthese betreiben, haben Tierzellen keine Chloroplasten. Auch Vakuolen fehlen. **Elektronenmikroskope** vergrößern bis zu 100 000-mal stärker als Lichtmikroskope. So werden auch die Zellbestandteile deutlich erkennbar. Diese werden **Organellen** genannt (→ Bild 1).

Membranen

Viele Organellen sind durch Membranen abgegrenzt und können so zeitgleich verschiedene Aufgaben erfüllen. Eine gewisse Durchlässigkeit ermöglicht die Zusammenarbeit der Organellen.

Die Rolle des Zellkerns

Der Zellkern ist durch eine doppelte Membran vom Zellplasma abgegrenzt. Kernporen bilden offene Durchgänge zwischen dem Inneren des Zellkerns und dem Zellplasma. Mit dem Lichtmikroskop ist im Zellkern ein anfärbbares Material sichtbar, das **Chromatin.** In manchen Entwicklungsphasen der Zellen lässt sich erkennen, dass das Chromatin fadenförmige **Chromosomen** bildet. Sie bestehen aus verschiedenen Proteinen und aus DNA. Die DNA ist die Substanz, die die **Erbinformationen** trägt. Mithilfe der Informationen, die auf der DNA gespeichert sind, werden alle Vorgänge in der Zelle gesteuert. Bei der Verdoppelung von Zellen werden diese Informationen mit den Chromosomen vollständig auf die Tochterzellen verteilt und so weitervererbt. Bild 2 zeigt den Aufbau eines Chromosoms kurz vor einer Zellteilung. Es besteht aus zwei identischen Chromatinfäden, den Chromatiden. Sie sind an den Centromeren miteinander verbunden.

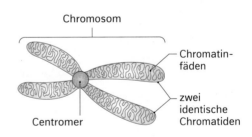

2 Schema eines Chromosoms

① Erkläre, was eine Zelle ist.

② Erstelle eine Tabelle mit den Zellorganellen und deren Funktionen.

③ Erkläre die Funktion von Membranen.

④ ▮ Nenne Vorteile des Elektronenmikroskops.

⑤ ▮▮ Zeichne das Schema einer tierischen Zelle. Orientiere dich dabei an Bild 1 und lasse die Bestandteile weg, die bei Tierzellen nicht vorkommen.

Starthilfe zu 2:

Zellorganell	Funktion
Ribosom	Bildung von Proteinen
Zellkern	...

Ⓐ Zellorganellen und ihre Funktionen

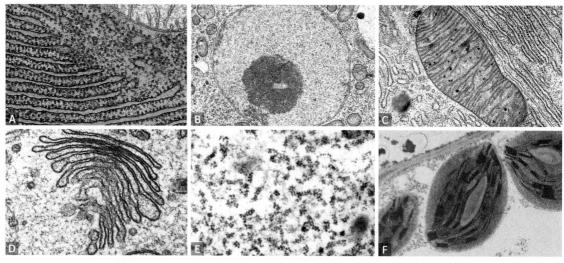

1 Zellorganellen unter dem Rasterelektronenmikroskop

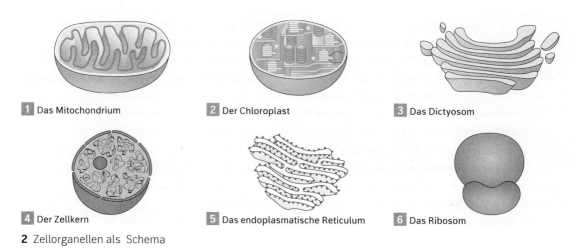

1 Das Mitochondrium   **2** Der Chloroplast   **3** Das Dictyosom

4 Der Zellkern   **5** Das endoplasmatische Reticulum   **6** Das Ribosom

2 Zellorganellen als Schema

Hier wird mithilfe von Sauerstoff Energie aus Glucose gewonnen.

Hier wird die genetische Information der DNA in Proteine umgesetzt.

Hier wird Zellmaterial gebildet und weitertransportiert.

Hier ist die DNA gespeichert. Von hier werden alle Vorgänge in der Zelle gesteuert.

Hier findet die Fotosynthese statt.

Hier werden z. B. Proteine gebildet, verpackt und weitergeleitet.

3 Funktionen unterschiedlicher Zellorganellen

① **a)** Ordne den elektronenmikroskopischen Bildern jeweils ein Zellorganell zu.
b) Ordne jedem Zellorganell eine passende Funktion zu. Lege dazu eine Tabelle an.

② ‖ Erläutere am Beispiel eines Zellorganells das Prinzip der Oberflächenvergrößerung.

Zellen mit Mikroskopen erforschen

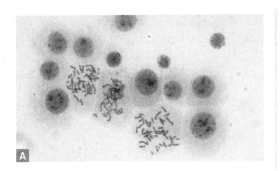

4 Lichtmikroskop: **A** Blutzellen, **B** Chromosomen

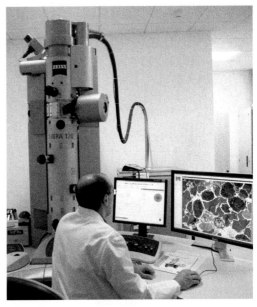

5 Arbeit am Elektronenmikroskop

Chromosomen im Lichtmikroskop

Unter dem Lichtmikroskop lassen sich lebende Zellen betrachten. Dann lassen sich auch Bewegungen und Reaktionen auf Reize untersuchen. Für andere Zwecke werden Präparate hergestellt. Zellkerne mit den Chromosomen werden mithilfe bestimmter Farbstoffe sichtbar gemacht. Daher kommt auch ihr Name, denn das griechische Wort „chroma" bedeutet Farbe. Bei den Chromosomen zeigen sich typische Streifenmuster. Weitere Untersuchungen ergaben, dass sich jedem Bereich eine bestimmte Erbinformation zuordnen lässt. Beim Menschen finden sich in jeder Zelle 46 Chromosomen. Die Zwiebel zum Beispiel hat 16 Chromosomen, das Pferd 64.

Das Elektronenmikroskop

In der Schule wird meist mit Lichtmikroskopen gearbeitet. Labore und Universitäten nutzen auch Elektronenmikroskope, da diese Zellen bis zu 100 000-mal vergrößern können.

Die enorme Vergrößerung gelingt, da Elektronenmikroskope nicht mit Licht, sondern mit Elektronenstrahlen arbeiten. Das Bild wird dabei nicht mehr durch ein Okular betrachtet, sondern erscheint auf einem Bildschirm. Die Herstellung von Präparaten ist hier allerdings viel aufwändiger als für die Betrachtung mit einem Lichtmikroskop. Lebende Objekte können mit einem Elektronenmikroskop nicht untersucht werden.

1. Nenne jeweils Vorteile und Nachteile der Lichtmikroskopie und der Elektronenmikroskopie.

2. Beschreibe, wie sich Chromosomen sichtbar machen lassen.

3. Beurteile, ob höher entwickelte Lebewesen auch eine größere Anzahl an Chromosomen haben.

Digital+
Film
Animation

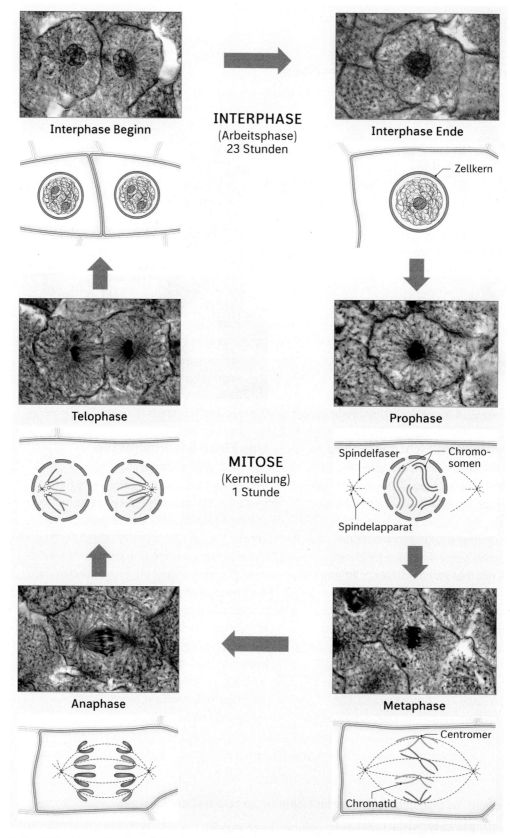

Interphase Beginn

INTERPHASE
(Arbeitsphase)
23 Stunden

Interphase Ende

Zellkern

Telophase

MITOSE
(Kernteilung)
1 Stunde

Prophase

Spindelfaser

Chromo-
somen

Spindelapparat

Anaphase

Metaphase

Centromer

Chromatid

1 Der Zellzyklus: Ablauf von Interphase und Mitose

Die Zellteilung

Vermehrung durch Teilung

Mehrzellige Pflanzen und Tiere wachsen, indem sich ihre Zellen teilen. Bei jeder **Zellteilung** teilt sich auch der Zellkern.

Die Prophase

Die erste Phase der Mitose wird **Prophase** genannt. In dieser Phase verdichtet sich das Erbmaterial im Zellkern. Die langen Chromatinfäden aus DNA-Fäden und Proteinen bündeln sich und werden als Chromosomen sichtbar. Die Kernmembran löst sich auf. Es entsteht ein Spindelapparat mit Spindelfasern.

Die Metaphase

In der **Metaphase** binden sich die Spindelfasern an die **Centromere** der Chromosomen, verkürzen sich und ziehen die Chromosomen zur Zellmitte. Die Chromosomen sind jetzt dicht gepackt. Ihre identischen **Chromatiden** enthalten jeweils das komplette Erbmaterial (→ Bild 2).

Die Anaphase

In der **Anaphase** verkürzen sich die Spindelfasern weiter und trennen jedes Chromosom in seine zwei Chromatiden. Je eines der identischen Chromatiden wird zum Rand der Zelle gezogen. Es entstehen zwei Zellhälften mit gleich vielen Chromatiden. Jeder der beiden neuen Zellkerne erhält so das vollständige Erbmaterial.

Die Telophase

In der **Telophase** löst sich der Spindelapparat auf. Um den Zellkern bildet sich eine neue Kernmembran. Die Chromosomen entspiralisieren sich und werden wieder zu Chromatin. Es bilden sich Zellmembranen und bei Pflanzenzellen auch Zellwände. **Zwei Tochterzellen** sind entstanden.

Die Interphase

Die Phase zwischen zwei Mitosen wird **Interphase** genannt. In der Interphase wachsen die Zellen zu ihrer ursprünglichen Größe heran. Jedes Chromatid wird wieder verdoppelt, sodass jedes Chromosom wieder aus zwei Chromatiden besteht. Die beiden Chromatiden werden von einem Centromer zusammengehalten (→ Bild 2). Am Ende der Interphase liegt das gesamte Erbmaterial wieder doppelt in den Zellkernen der beiden neuen Zellen vor.

Der Zellzyklus

Der Kreislauf aus Kernteilung und Interphase wird **Zellzyklus** genannt. Ein gesamter Zyklus dauert bei Säugetierzellen etwa 24 Stunden.

> Die Zellteilung lässt sich in Abschnitte unterteilen. Die Kernteilung heißt **Mitose**.

---

① **a)** Nenne die Phasen der Mitose.
b) Beschreibe, was in der Interphase geschieht.

② Erstelle ein Flussdiagramm zur Mitose.

③ ‖ Zeichne und beschrifte ein Chromosom mithilfe von Bild 2.

④ ‖ Begründe, warum Chromosomen während der Zellteilung in ihre Chromatiden geteilt werden müssen.

Starthilfe zu 2:

> Prophase: DNA verdichtet sich

↓

ÜBEN UND ANWENDEN

A Die Phasen der Zellteilung

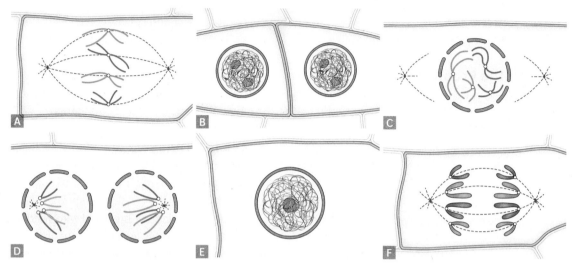

1 A – F Schematische Zeichnungen der einzelnen Phasen der Mitose und der Interpase

1 Erstelle eine Tabelle. Schreibe in die erste Spalte die vier Phasen der Mitose und den Anfang und das Ende der Interphase in der richtigen Reihenfolge.

Starthilfe zu 1:
Beginne mit der Prophase.

2 Schreibe den Buchstaben der jeweils passenden Abbildung aus Bild 1 in die zweite Spalte in die richtige Zeile der Tabelle.

3 Ergänze eine kurze Beschreibung jeder Phase in der dritten Spalte der Tabelle.

B Die Phasen der Zellteilung unter dem Mikroskop erkennen

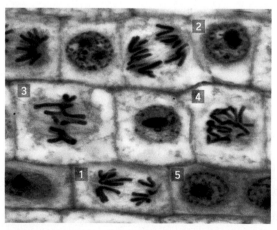

2 Mikroskopisches Bild von Mitosephasen in ange-färbten Zellen

Die Teilung von Zellen läuft in verschiedenen Phasen ab. Es ist nicht immer ganz einfach, die einzelnen Phasen unter dem Mikroskop zu erkennen.

1 Ordne den nummerierten Zellen die Phasen der Zellteilung zu, in der sie sich befinden. Begründe deine Entscheidungen.

2 ‖ Stelle eine begründete Vermutung auf, weshalb sich die Zellen in unterschiedlichen Mitosestadien befinden.

Ⓐ Ein Mitosemodell bauen

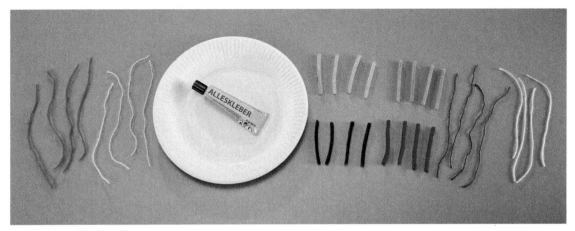

3 Baumaterial für ein Mitosemodell

Die Phasen der Mitose lassen sich gut mit einem Modell aus Pfeifenputzern, Schnüren, Papptellern und weiteren Alltagsgegenständen darstellen.

① **a)** Entwickle und baue ein Modell der Mitosephasen aus Alltagsgegenständen.
b) Mache ein Photo von jeder Phase.

② Fertige eine Legende an, die erklärt, wofür welches Bauteil verwendet wird.

③ Präsentiere das Modell der Klasse.

Ⓑ Einen Podcast zur Mitose aufnehmen

4 Mit dem Smartphone einen Podcast aufnehmen.

Um einen Podcast aufzunehmen, benötigst du dein Smartphone mit einer Aufnahme-App. Allerdings solltest du vorher genau aufschreiben, was du sagen möchtest, sonst kann es bei der Aufnahme unangenehme Hänger oder Versprecher geben. Die fertigen Podcasts kannst du innerhalb deiner Klasse teilen.
Tipp: Mit einem Podcast kannst du gut lernen, indem du ihn dir vor dem Schlafengehen oder morgens im Bus noch einmal anhörst.

① Erstelle ein Skript für deine Aufnahme.

② Nimm den Podcast zur Mitose auf dein Smartphone auf.

③ Schneide eventuelle Versprecher mithilfe einer App aus der Aufnahme heraus.

«

Digital+
Film

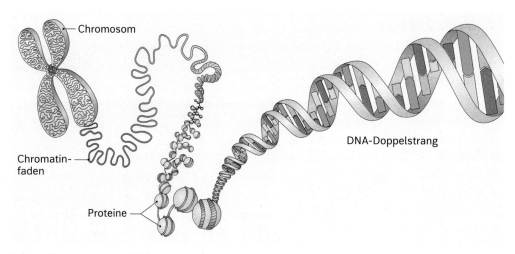

1 Vom Chromosom zur DNA

Der Aufbau der DNA

Das Erbmaterial der Lebewesen

Im Zellkern jeder Zelle eines Lebewesens befinden sich die Informationen für den Bau und die Funktion des gesamten Organismus. Diese Informationen sind in den Chromosomen gespeichert. Chromosomen bestehen aus DNA und Proteinen. Die DNA ist als langer, dünner Faden um die Proteine gewickelt (→ Bild 1).

Die Bestandteile der DNA

Ein DNA-Faden besteht aus sechs verschiedenen Bausteinen. Diese sind der Zucker **Desoxyribose,** die **Phosphorsäure** und vier verschiedene **Basen.** Die vier Basen heißen **Adenin, Guanin, Cytosin** und **Thymin** (→ Bild 2).

Ein langer Strang entsteht

Alle Bestandteile sind in der DNA miteinander verbunden. Je ein Zucker, eine Phosphorsäure und eine der vier Basen bilden einen Baustein, der **Nucleotid** genannt wird. Insgesamt gibt es vier verschiedene Nucleotide.

Die Nucleotide verbinden sich über den Zucker und die Phosphorsäure vertikal miteinander (→ Bild 3). So entstehen lange Stränge von Nucleotiden.

Über die Basen verbinden sich je zwei Einzelstränge horizontal miteinander. Dabei verbindet sich Adenin immer mit Thymin und Cytosin immer mit Guanin. Die Basenpaare sitzen innen, Zucker und Phosphorsäure bilden die Außenseite.

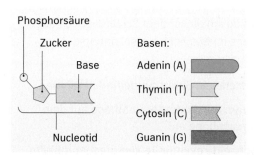

2 Bestandteile der DNA

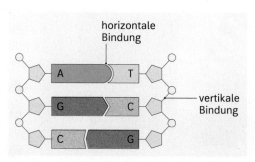

3 Vertikale und horizontale Bindung

Der DNA-Doppelstrang

Insgesamt entsteht durch diese Verbindungen ein langer Doppelstrang. Beim Menschen besteht die DNA in diesem Doppelstrang aus etwa drei Milliarden Basenpaaren. Da sich die Basen Adenin und Thymin, sowie Guanin und Cytosin ergänzen, werden sie auch als **komplementäre Basen** bezeichnet.

Der **DNA-Doppelstrang** ist in sich gewunden. Der gewundene Strang wird auch als Doppelhelix bezeichnet. Helix kommt aus dem Griechischen und bedeutet „Windung".

Genetische Information der DNA

In der Abfolge der einzelnen Basenpaare stecken die Informationen für den Aufbau des Körpers.

> Die Abfolge der Basenpaare in der DNA ist bei jedem Menschen anders.

In den Zellen werden die Informationen aus der Abfolge der Basen gelesen und in Proteine übersetzt. Dabei enthalten bestimmte Abschnitte Informationen für ein Merkmal. Diese Abschnitte heißen **Gene.** Durch die Übersetzung der Gene entstehen die individuellen menschlichen Merkmale. Dadurch, dass die DNA bei jedem Menschen etwas unterschiedlich ist, können Menschen anhand ihrer DNA identifiziert werden. Dies nutzen zum Beispiel Polizei und Labore, um aus einer DNA-Spur einen genetischen Fingerabdruck zu erstellen.

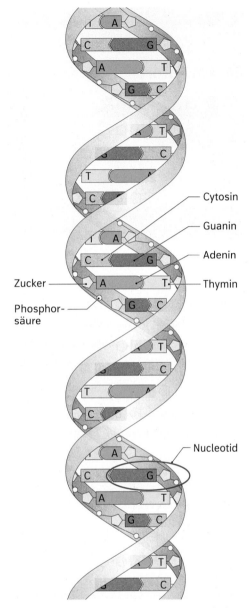

Zucker

Phosphorsäure

Cytosin

Guanin

Adenin

Thymin

Nucleotid

4 Die DNA-Doppelhelix mit ihren Bestandteilen

---

1. Nenne die Bestandteile der DNA.

2. Ergänze die passende komplementäre Base für eine Basenpaarung in der DNA: Adenin-_____, Guanin-_____.

3. Erkläre die Begriffe Nucleotid, Doppelstrang und Doppelhelix.

4. Erkläre, worin sich die DNA bei jedem Menschen unterscheidet.

5. ▮ Begründe, warum die Form der DNA häufig mit einer gewundenen Strickleiter verglichen wird.

6. ▮▮ Erläutere, weshalb die DNA als Bauanleitung und Funktionsanleitung für alle Organe bezeichnet wird.

Ⓐ Am Tatort

1 Sicherung einer DNA-Spur

| Am Tatort: | C-C-G-A-T-T-C-A-T-C-G-G-A-A-T |

Die Verdächtigen:

Mark F.:	G-G-C-T-A-T-G-T-A-T-C-C-T-T-A
Ali C.:	G-G-C-A-A-T-G-T-A-G-C-C-T-G-G
Frank Z.:	G-G-C-T-A-A-G-T-A-G-C-C-T-T-A
Phillip S.:	G-G-C-T-A-A-G-T-A-G-C-C-T-A-A

2 Isolierte Einzelstränge

Nach einem Einbruch konnte die Polizei am Tatort eine DNA-Spur sichern. Im Labor wurde daraus ein Einzelstrang isoliert. Die Ermittlungen ergaben, dass vier Personen verdächtig sind. Von ihnen konnten aus DNA-Proben Einzelstränge zum Abgleich sichergestellt werden.
Zur Ermittlung des Täters wird abgeglichen, ob der Einzelstrang vom Tatort komplementär zu einem Strang eines Verdächtigen ist.

① Ermittle den Täter mithilfe der DNA-Proben.

> **Starthilfe zu 1:**
> Ermittle den jeweiligen komplementären DNA-Strang der Verdächtigen und vergleiche sie mit der Spur vom Tatort.
> Mark F.: G - G - C - ...
> C - C - G - ...

② Begründe, warum die anderen Verdächtigen als Täter ausscheiden.

Ⓐ Ein DNA-Modell bauen

3 DNA-Modell aus Alltagsgegenständen

Die DNA-Doppelhelix besteht aus den Bausteinen Zucker (Desoxyribose), Phosphorsäure und den vier Basen Adenin, Thymin, Cytosin und Guanin.

① Stelle die Struktur und den Aufbau der DNA-Doppelhelix in einem selbstgebauten Modell aus Alltagsgegenständen dar.

② Erstelle dazu eine Infotafel, die dein Modell beschreibt und darlegt, was die einzelnen Bauteile darstellen sollen.

③ Überlege dir gemeinsam mit einer Partnerin oder einem Partner Kriterien, mit deren Hilfe das Modell bewertet werden könnte.

IM ALLTAG

Die Erforschung der DNA

4 WATSON und CRICK mit ihrem Modell

Die Entdeckung der DNA

Zu Beginn des 20. Jahrhunderts war die chemische Zusammensetzung der DNA bekannt. Allerdings konnte sich niemand vorstellen, wie die DNA aussieht. Von 1951 bis 1953 machten sich JAMES WATSON und FRANCIS CRICK daran, den Aufbau der DNA zu entschlüsseln und in einem Modell darzustellen. Das bahnbrechende Modell bestand im Original teilweise aus einfachen Laborgeräten (→ Bild 4). Dabei wurden sie von MAURICE WILKENS unterstützt. Für ihre Forschung erhielten sie 1962 den Nobelpreis. Entscheidenden Anteil am Ergebnis der Forschung hatte die junge Forscherin ROSALIND FRANKLIN. Ihre Röntgenaufnahmen lieferten deutliche Bilder der DNA, die von WATSON und CRICK genutzt wurden. Leider wurde FRANKLIN in der damaligen Zeit nicht für ihre Arbeit gewürdigt.

5 Erster Ausdruck der menschlichen Gene in Buchform

Das Human-Genom-Projekt

Nachdem der Aufbau und die Struktur der DNA erforscht waren, machten sich Forscherinnen und Forscher verschiedener Länder daran, das nächste große Rätsel der menschlichen DNA zu lösen: Die Abfolge der einzelnen Basen. Ab 1990 begann die Arbeit, anfangs noch unter der Leitung von JAMES WATSON. Bereits im Jahr 2001 konnten die Forscher der Öffentlichkeit die Abfolge der drei Milliarden Basenpaare präsentieren.

Doch auch mit diesem Meilenstein ist die Forschung an den menschlichen Genen nicht abgeschlossen. Im **Human-Genom-Projekt** wird aktuell daran gearbeitet, die Funktion der einzelnen Gene zu erforschen. Ebenso wird am Entstehen von Erbkrankheiten und an natürlichen Veränderungen der Gene geforscht.

1 **a)** Nenne Forscherinnen und Forscher, die an der Erforschung der DNA beteiligt waren.
 b) Erkläre, was die einzelnen Personen zur Entdeckung der DNA-Struktur beigetragen haben.

2 Erstelle mithilfe einer Internetrecherche eine Kurzpräsentation zu einer der Personen.

3 Beschreibe, was im Rahmen des Human-Genom-Projekts erforscht wurde und erforscht wird.

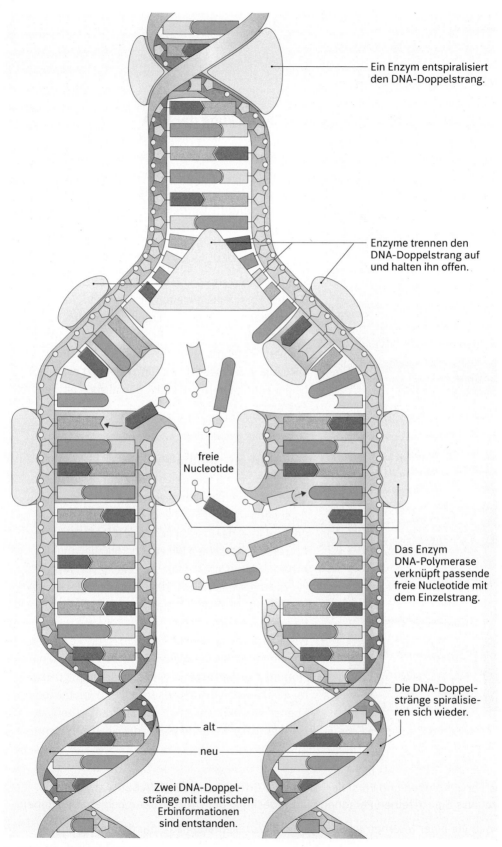

Ein Enzym entspiralisiert den DNA-Doppelstrang.

Enzyme trennen den DNA-Doppelstrang auf und halten ihn offen.

freie Nucleotide

Das Enzym DNA-Polymerase verknüpft passende freie Nucleotide mit dem Einzelstrang.

Die DNA-Doppelstränge spiralisieren sich wieder.

alt

neu

Zwei DNA-Doppelstränge mit identischen Erbinformationen sind entstanden.

1 Ablauf der DNA-Replikation

Die Replikation der DNA

Viele Zellen, ein Bauplan

Der menschliche Körper besteht aus vielen Billionen Zellen, von denen sich viele ständig teilen und vermehren. Jede Zelle muss eine komplette Kopie des menschlichen Bauplans, der DNA, in sich tragen. Dazu wird die DNA vor jeder Zellteilung während der Interphase verdoppelt. Damit dies funktioniert, erfolgt der Prozess nach einem festgelegten Ablaufplan. Dieser Ablaufplan wird **DNA-Replikation** genannt.

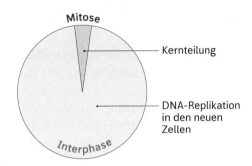

2 Die Replikation findet während der Interphase des Zellzyklus statt.

Die Entspiralisierung

Zunächst muss der stark gewundene DNA-Doppelstrang entspiralisiert werden. Diese Aufgabe wird von einem Enzym übernommen. Enzyme sind Proteine, die bestimmte Prozesse in Zellen in Gang bringen oder beschleunigen.
Nach der Entspiralisierung liegen die Nucleotide in einer geraden Reihe vor. Nur in der entspiralisierten Form kann die weitere DNA-Replikation stattfinden.

Das Auftrennen

Weitere Enzyme sorgen dann dafür, dass der DNA-Doppelstrang in zwei Einzelstränge aufgespalten wird. Die Bindungen zwischen den Nucleotiden der Einzelstränge bleiben dabei erhalten. Eine weitere Enzymgruppe sorgt dafür, dass die Einzelstränge voneinander getrennt bleiben.

Ergänzung der Einzelstränge

Jetzt beginnt das Enzym DNA-Polymerase seine Arbeit. Es „fährt" auf beiden Seiten den DNA-Einzelstrang entlang und sorgt dafür, dass an den Einzelsträngen passende und freie Nucleotide ergänzt werden. So entstehen zwei neue DNA-Doppelstränge. Jeder neue Doppelstrang besteht aus je einem alten und einem neu gebildeten Einzelstrang. Die neuen Doppelstränge spiralisieren sich danach erneut.

Zwei identische Doppelstränge

Durch die festgelegten Basenpaarungen der vier Nucleotide haben die beiden neuen DNA-Doppelstränge dieselbe Basenreihenfolge wie der alte Doppelstrang. So bleiben alle genetischen Informationen bei den Zellteilungen erhalten und werden an die Tochterzellen weitergegeben.

1 Erkläre, warum die DNA zwischen zwei Zellteilungen verdoppelt werden muss.

2 Beschreibe, wofür im menschlichen Körper Enzyme benötigt werden.

3 Erstelle ein Flussdiagramm zur DNA-Replikation.

4 **I** Erkläre, warum die beiden neu gebildeten Einzelstränge eigentlich nur zur Hälfte neu sind.

5 **II** Begründe, warum in jeder neuen Zelle dieselben Erbinformationen vorliegen müssen.

6 **III** Erläutere die Notwendigkeit festgelegter Basenpaarungen für den Erfolg der DNA-Replikation.

Starthilfe zu 3:

> Ein Enzym entspiralisiert den DNA-Doppelstrang.
> ↓

»

A Die Polymerase-Kettenreaktion

Die Polymerase-Kettenreaktion, kurz PCR, ist eine Methode zur Vervielfältigung der DNA im Labor. Sie kommt bei Vaterschaftstests, in der Kriminaltechnik oder beim Nachweis von Krankheiten wie Virusinfektionen zum Einsatz. Hierfür werden größere Menge an DNA benötigt.
Zur Vervielfältigung wird eine DNA-Probe zunächst in Einzelstränge gespalten. Danach wird der Probe ein Gemisch aus den vier verschiedenen Nucleotiden, einer Startsequenz und dem Enzym Polymerase hinzugegeben. Anschließend wird die DNA verdoppelt, sodass identische Doppelstränge entstehen. Dieser Prozess kann unendlich oft wiederholt werden.

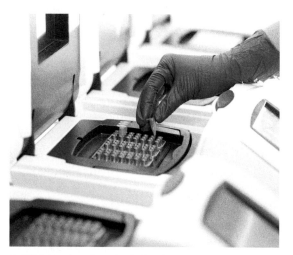

1 DNA-Verdopplung im Labor

1 Nenne Einsatzgebiete der Polymerase-Kettenreaktion.

2 Beschreibe den Ablauf der Polymerase-Kettenreaktion mit eigenen Worten.

3 ❚❚ Erläutere, weshalb das Enzym Polymerase zur Vervielfältigung der DNA hinzugegeben werden muss.

B Das Reparatursystem der DNA

Die menschliche DNA besteht aus ungefähr drei Milliarden Basenpaaren. Diese werden in jeder Zelle innerhalb von Stunden kopiert. Manchmal treten dabei Fehler auf. Zum Beispiel wird eine falsche Base eingebaut oder eine Base wird nicht durch ihr komplementäres Gegenstück ergänzt. Solche Fehler können zu Fehlbildungen von Körperzellen führen.
Daher prüfen Reparaturenzyme die neu gebildeten Doppelstränge und korrigieren Fehler noch während der Verdopplung der DNA. So haben fehlerhafte Stellen meistens keine Auswirkungen auf zukünftige Zellteilungen.

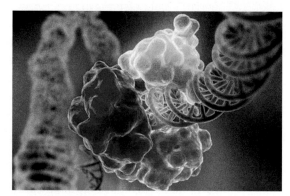

2 Reparaturenzyme (Schemazeichnung)

2 Beschreibe die Aufgabe von Reparaturenzymen.

1 Nenne mögliche Folgen einer fehlerhaften DNA.

3 Recherchiere, was geschehen kann, wenn die DNA-Reparatur erfolglos bleibt.

 METHODE

Einen Stop-Motion-Film aufnehmen

Stop-Motion-Filme

Stop-Motion-Filme bestehen aus vielen Einzelbildern, die anschließend zu einem Film zusammengesetzt werden. Für die Aufnahmen können Zeichnungen, Beschriftungen, Figuren oder Bausteine verwendet werden.

Schritt 1: Die Vorbereitung

Informiere dich über ein Thema wie zum Beispiel die Replikation der DNA. Überlege, welche Materialien du benötigst, um das Thema in einem Film darzustellen. Dein Buch oder das Tablet können dir dabei helfen.
Erstelle ein kurzes Drehbuch. Lege alle notwendigen Materialien bereit, die du brauchst. Erstelle gegebenenfalls die benötigten Zeichnungen und Texte in gut lesbarer Form.

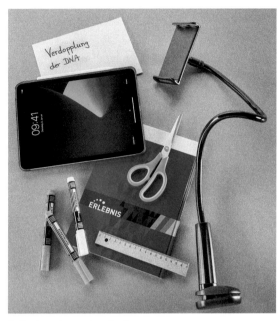

3 Vorbereitung des Drehs

Schritt 2: Der Dreh

Befestige das Tablet mit einer Halterung an einem Tisch. Der Tisch muss gut ausgeleuchtet sein.
Öffne die App für Stop-Motion-Filme, die ihr in eurer Schule benutzt. Bewege deine Materialien langsam über den Tisch und mache nach jeder Bewegung ein Bild.
Pro Sekunde Film brauchst du mindestens acht Bilder. Die Veränderung von Bild zu Bild siehst du in der App (→ Bild 4).

Schritt 3: Die Vertonung und Fertigstellung

Ist der Film fertiggestellt, kannst du in der App noch einen passenden Text einsprechen. Diesen solltest du vorher aufgeschrieben haben. Danach kannst du den fertigen Film abspeichern. Er ist nun bereit zum Abspielen.

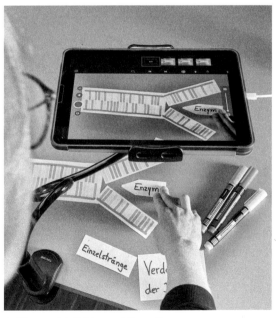

4 Filmset mit Tablet und Bauteilen

① Erstelle einen Stop-Motion-Film zur Replikation der DNA.

② Entwickelt gemeinsam Kriterien für die Bewertung eines Stop-Motion-Filmes.

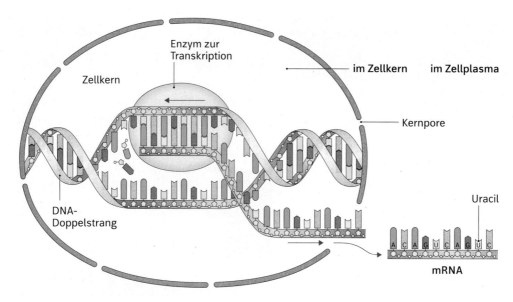

1 Ablauf der Proteinbiosynthese: Transkription

Die Proteinbiosynthese

Vom Gen zum Merkmal

In jeder Zelle befindet sich DNA. Einzelne Abschnitte der DNA werden auch als **Gene** bezeichnet. Sie enthalten die genetischen Informationen zum Bau eines Lebewesens. Mithilfe dieser Informationen werden in den Zellen Proteine gebaut. Der Vorgang wird als **Proteinbiosynthese** bezeichnet. **Proteine** sind lange Ketten aus einer bestimmten Abfolge von Aminosäuren. Insgesamt gibt es 20 verschiedene **Aminosäuren.** Proteine sorgen als Baustoffe, Enzyme oder Hormone für die Ausprägung von **Merkmalen.** Mehrere Proteine bestimmen zum Beispiel gemeinsam die Farbe und Form von Augen oder Haaren.

Die Transkription

Der erste Schritt der Proteinbiosynthese ist die **Transkription** (→ Bild 1).Sie findet im Zellkern statt. Dort trennen Proteine den DNA-Doppelstrang an der Stelle in die Einzelstränge auf, auf dem die Bauanleitung für ein bestimmtes Protein liegt. Der Einzelstrang wird anschließend von Enzymen abgelesen. Aus passenden Nucleotiden wird eine Kopie des DNA-Einzelstranges gebildet. Diese Kopie wird Boten-RNA oder **mRNA** genannt. Im Unterschied zur DNA enthält die mRNA als Zucker Ribose und statt der Base Thymin die Base **Uracil.** Die mRNA verlässt durch eine Kernpore den Zellkern.

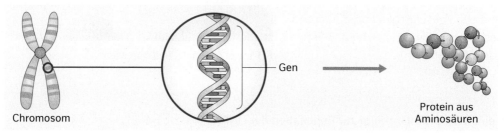

2 Gene sind Abschnitte auf den Chromosomen.

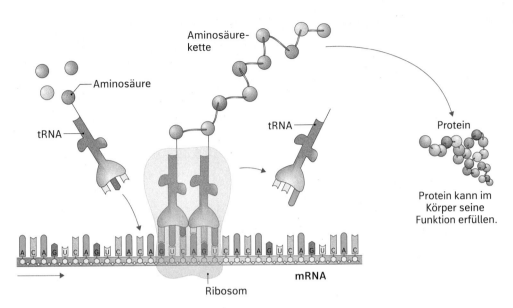

3 Ablauf der Proteinbiosynthese: Translation

Die Translation

Die **Translation** ist der zweite Schritt der Proteinbiosynthese. Sie findet im Zellplasma statt. Dort lagern sich die Ribosomen an die mRNA an. Anschließend werden immer drei Basen gleichzeitig abgelesen. Ein solches **Triplett** steht für eine bestimmte Aminosäure. Die Transfer-RNAs oder **tRNA**s bringen die Aminosäuren zu den Ribosomen. Passt ihr Basentriplett zu einem Abschnitt der mRNA am Ribosom, gibt die tRNA dort ihre Aminosäure ab. Am Ribosom werden die so abgegebenen passenden Aminosäuren zu einer Kette, dem Protein, verknüpft. Je nach Abschnitt der Bauanleitung entstehen auf diese Weise Haare, Enzyme, Hormone und andere Bestandteile des Organismus.

Mutationen verändern die DNA

Verändert sich die DNA an einer Stelle ungeplant, wird von einer **Mutation** gesprochen. Ist nur ein einzelnes Gen betroffen, ist es eine **Genmutation**. Sind mehrere Gene auf einem Chromosom betroffen, wird von einer **Chromosomenmutation** gesprochen. Verändert sich die Gesamtzahl der Chromosomen, handelt es sich um eine **Genommutation.**

Mutationen können sich auf den Körper auswirken, müssen es aber nicht. Energiereiche Strahlung und Chemikalien erhöhen beispielsweise die Gefahr einer Mutation. Diese äußeren Einflüsse werden **Mutagene** genannt. Mutationen können zum Beispiel Krebs oder andere Krankheiten verursachen.

1 **a)** Nenne Aufgaben von Proteinen.
b) Erkläre, worin sich Proteine in ihrer Struktur unterscheiden.
c) Erkläre den Zusammenhang zwischen Genen und Merkmalen.

2 Erkläre die Funktion der mRNA und die Funktion der tRNA.

3 Erkläre, was Mutationen sind und wie sie sich auswirken können.

4 Nenne die wesentlichen Schritte der Proteinbiosynthese.

5 Stelle die Abläufe der Proteinbiosynthese in einem Flussdiagramm dar.

A Die Bedeutung der Basenabfolge

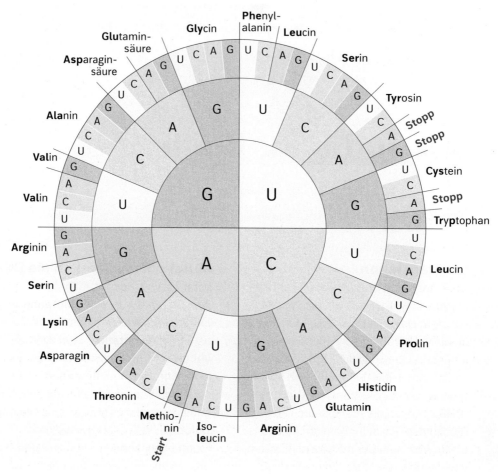

1 Die Codesonne

Welche Basenabfolge in einem Basentriplett der mRNA für welche Aminosäure steht, ist mittlerweile gut erforscht. Die Codesonne stellt diese Zuordnung dar (→ Bild 1). Sie wird vom Mittelpunkt nach außen gelesen.

So entsteht eine Abfolge von drei Basen, wie zum Beispiel U-C-G. Diese Abfolge steht für die Aminosäure Serin (Abkürzung Ser).

Außerdem gibt es Triplets, die den Start oder Stopp eines Gens markieren. Sie stehen immer am Beginn oder am Ende des Gens.

① Erkläre die Bedeutung der Codesonne.

② **a)** Nenne die Aminosäuren, die durch das Triplett G-G-G codiert ist.
b) Nenne die Basentriplets, durch die die Aminosäure Alanin (Abkürzung Ala) codiert sein kann.

③ ‖ Erstelle mithilfe der folgenden genetische Information eine Aminosäurekette:
A-U-G-A-A-A-C-U-G-G-G-U-U-A-A

④ ‖ Recherchiere, warum bei der Ernährung darauf geachtet werden sollte, dass proteinhaltige Kost möglichst viele unterschiedliche Aminosäuren enthält.

Gefährliche Mutagene

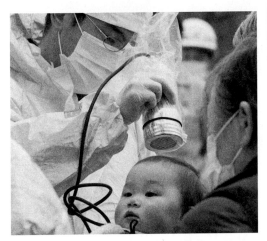

2 Messen von radioaktiver Strahlung

3 Krebserregende Stoffe

Radioaktive Strahlung

Atomkatastrophen wie in Fukushima im Jahr 2011 stellen eine große Gefahr für die DNA von Lebewesen dar. Die radioaktive Strahlung kann Gene und Chromosomen stark verändern. Veränderungen in Körperzellen können Krebs, eine geschwächte Immunabwehr oder Stoffwechselkrankheiten zur Folge haben.

Die verstrahlten Gebiete rund um Fukushima konnten nur noch mit Schutzkleidung für eine kurze Zeit betreten werden.

Aufgrund der großen Gefahren, die von radioaktiver Strahlung ausgehen, ist der Ausstieg aus der Atomenergie in Deutschland mittlerweile beschlossene Sache. Doch selbst von den eingelagerten Atomabfällen wird noch für viele Jahrtausende eine Gefahr ausgehen.

Mutagene im Alltag

Es braucht keine atomare Katastrophe, um die menschlichen Zellen und ihre DNA schädlichen Mutagenen auszusetzen. Durch das Rauchen von Zigaretten oder Wasserpfeifen nimmt der Körper unter anderem Teerstoffe auf. Diese Teerstoffe setzen sich in der DNA fest und können dort die Basenreihenfolge verändern. Teilen sich Zellen daraufhin unkontrolliert, ist Krebs entstanden.

Auch ein Abbauprodukt des Alkohols, das Acetaldehyd, kann die Entstehung von Krebs begünstigen, wenn Alkohol regelmäßig und in großen Mengen konsumiert wird.

Doch auch harmlose Tätigkeiten wie das regelmäßige sommerliche Grillen sind risikoreich: Angebrannte Fette können mutagen wirken und begünstigen langfristig die Bildung von Tumoren.

1 Nenne Auswirkungen radioaktiver Strahlung auf die DNA von Lebewesen.

2 Begründe, warum Atommüll ein langfristiges Risiko darstellt.

3 Nenne Mutagene, die den Menschen im Alltag beeinflussen können.

4 ‖ Erläutere, warum Rauchen die häufigste Ursache von Lungenkrebs ist.

Digital+
Animation

1 Eltern mit ihren gemeinsamen Kindern

Kinder sehen ihren Eltern ähnlich

Familienähnlichkeit

In jeder Familie gibt es Familienähnlichkeiten. Manche Merkmale hast du von deinem Vater und andere von deiner Mutter geerbt. Vielleicht entdeckst du an dir auch Eigenschaften oder Merkmale deiner Großeltern wieder. Diese Ähnlichkeiten können äußere Merkmale wie die Form des Gesichtes oder die Augenfarbe sein. Aber auch andere Eigenschaften wie die Anfälligkeit für bestimmte Krankheiten können vererbt werden. Die Intelligenz oder bestimmte Charaktereigenschaften sind teilweise geerbt und teilweise durch die Umwelt bedingt.

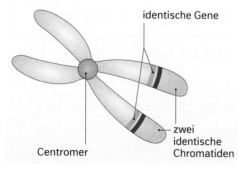

2 Bau eines Chromosoms

Chromosomen enthalten die Erbinformation

Die Eigenschaften, die wir von unseren Eltern erben, sind in den **Genen** auf den Chromosomen im Zellkern festgelegt. Bei der Befruchtung verschmelzen eine Spermienzelle und eine Eizelle miteinander. Dabei kommen Chromosomen vom Vater mit Chromosomen von der Mutter in der befruchteten Eizelle zusammen. Daraus entsteht durch viele Zellteilungen das Kind mit einer Mischung von Eigenschaften des Vaters und der Mutter. Bei jeder der Zellteilungen werden alle Chromosomen verdoppelt und an die neuen Zellen weitergegeben. Deshalb enthält jede Zelle im Körper eines Menschen alle Erbinformationen.

Bau eines Chromosoms

Ein Chromosom besteht aus zwei identischen Teilen, den **Chromatiden** (→ Bild 2). Sie enthalten identische Gene. In der Mitte sind die beiden Chromatiden am Centromer miteinander verbunden. Bei der Zellteilung werden in der Mitose die beiden Chromatiden auf die beiden neuen Zellen verteilt.

Das Karyogramm

Die Chromosomen einer Zelle lassen sich in einem **Karyogramm** darstellen (→ Bild 3). Dazu werden die Chromosomen in der Metaphase der Mitose aus dem Zellkern entnommen, fotografiert und nach der Größe sortiert. Wichtig dabei ist, dass alle Chromosomen paarweise vorliegen. Jedes Chromosom kommt also zweimal vor. Dabei sind sich die Paare zwar sehr ähnlich, aber nicht identisch.

Am Ende des Karyogramms stehen die Geschlechtschromosomen (Gonosomen). Mädchen haben zwei X-Chromosomen und Jungen ein X-Chromosom und ein Y-Chromosom. Das Y-Chromosom ist viel kleiner als das X-Chromosom. Alle Chromosomen außer den Geschlechtschromosomen werden auch Autosomen genannt.

Gleich, aber nicht identisch

Die Chromosomen, die jeweils ein Paar bilden, heißen **homologe Chromosomen.**

> Homologe Chromosomen enthalten die Erbeigenschaften für die gleichen Merkmale. So liegen beispielsweise Informationen für die Augenfarbe an der gleichen Stelle.

Allerdings kommt eines der homologen Chromosomen vom Vater und eines von der Mutter. Daher sind die Informationen nicht unbedingt identisch. Es kann also sein, dass du vom Vater ein Chromosom mit Informationen für blaue Augen und von der Mutter ein Chromosom mit Informationen für braune Augen bekommen hast.

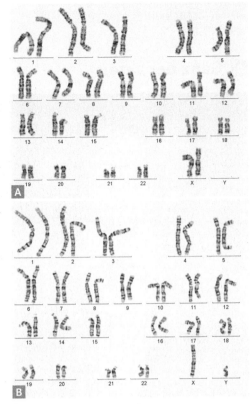

3 Karyogramme: **A** Mädchen, **B** Junge

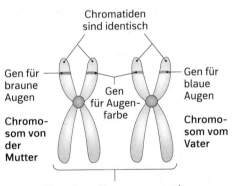

4 Zwei homologe Chromosomen

1. Beschreibe den Aufbau eines Chromosoms.

2. **a)** Erkläre anhand von Bild 3, was ein Karyogramm ist.
b) Begründe, woran du erkennst, dass das Karyogramm in Bild 3 A von einem Mädchen stammt.

Starthilfe zu 2a: Nutze die Begriffe Größe, homologe Chromosomen, Anordnung.

3. Erkläre, warum Kinder ihren Eltern oft ähnlich sehen.

4. Erkläre an einem Beispiel, warum homologe Chromosomen zwar Informationen für gleiche Merkmale, aber nicht identische Informationen tragen.

A Ganz der Vater

1 Vater und Sohn

Auf Bild 1 siehst du einen Vater mit seinem Sohn. Die Ähnlichkeit zwischen den beiden ist sofort zu erkennen. Wenn du bestimmte Körperteile wie die Nase, den Mund oder die Haare der beiden miteinander vergleichst, ist die Ähnlichkeit zwischen den beiden sofort zu erkennen.
Aber auch bestimmte Verhaltensweisen, Vorlieben oder Charaktereigenschaften können zumindest teilweise von den Eltern geerbt sein.

1 **a)** Beschreibe Ähnlichkeiten zwischen Vater und Sohn.
b) Beschreibe Unterschiede zwischen Vater und Sohn.

2 Erkläre, welche veränderbaren Merkmale die Ähnlichkeiten noch verstärken.

3 Beschreibe, welche Familienähnlichkeiten es in deiner Familie gibt.

B Kinder sehen ihren Eltern ähnlich

2 Familienähnlichkeit?

Manche Kinder sehen ihren Eltern auf verblüffende Weise ähnlich.

1 Beschreibe die Szene in Bild 2.

2 Formuliere, was die dunkelhaarige Frau denken könnte.

3 Erkläre, wie es zu Ähnlichkeiten zwischen Kindern und ihren Eltern kommt.

Starthilfe zu 3:
Überlege, woher die Erbsubstanz von Kindern in Form von Chromosomen stammt.

C Trisomie 21 im Karyogramm erkennen

In Deutschland leben ungefähr 50 000 Menschen mit dem Down-Syndrom. Sie haben eine genetische Besonderheit, **die Trisomie 21,** die in ihrem Karyogramm zu erkennen ist (→ Bild 3). Diese Besonderheit führt zu verschiedenen körperlichen Besonderheiten. Meistens ist auch eine geistige Beeinträchtigung mit der Trisomie 21 verbunden.

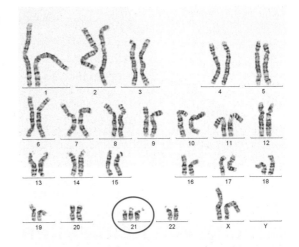

1 a) Beschreibe das Karyogramm in Bild 3.
b) Erkläre mithilfe von Bild 3, was "Trisomie 21" heißt.

2 Beurteile, ob es sich in Bild 3 um ein Karyogramm eines Mädchens oder eines Jungen handelt.

3 Karyogramm mit Trisomie 21

D Kinder mit Down-Syndrom

Eine Trisomie 21 prägt sich im sogenannten **Down-Syndrom** aus. Diese Ausprägung ist bei jedem Kind ganz unterschiedlich. Wie alle Kinder haben Kinder mit Down-Syndrom individuelle Fähigkeiten und auch Probleme. Allerdings sind sie oft klein und ihre Muskulatur ist schwächer als bei anderen Kindern. Sie sind oft anfälliger für Infektionen und manche Kinder leiden an Hörschwächen oder Sehschwächen. Auch das Herz kann geschädigt sein. Die Kinder mit Down-Syndrom entwickeln sich körperlich und geistig langsamer und brauchen deshalb besondere Aufmerksamkeit und Unterstützung. Wenn Kinder mit Down-Syndrom früh gefördert und unterstützt werden, können viele von ihnen ein einigermaßen selbstständiges und unabhängiges Leben führen.

4 Kind mit Down-Syndrom

1 a) Beschreibe Gemeinsamkeiten von Kindern mit und ohne Down-Syndrom.
b) Nenne einige Probleme, die Kinder mit Down-Syndrom haben können.

2 Seit 2010 haben Kinder mit Down-Syndrom das Recht, allgemeinbildende Schulen zu besuchen. Dort werden sie zusammen mit nicht behinderten Kindern unterrichtet und gefördert. Nenne Gründe, warum das vorteilhaft für sie sein könnte.

Digital+
Film
Animation

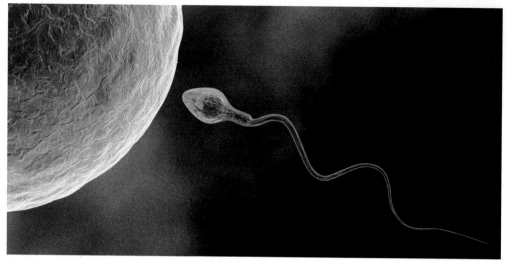

1 Eizelle und Spermienzelle

Bildung von Keimzellen in der Meiose

Keimzellen bei Mädchen und Jungen

In der Pubertät reifen in den Eierstöcken eines Mädchens die ersten Eizellen heran und es kommt zur ersten Menstruation. Bei Jungen werden in den Hoden Spermienzellen gebildet und es kommt zum ersten Spermienerguss. **Eizellen** und **Spermienzellen** werden auch **Keimzellen** genannt. Sie sind für die Fortpflanzung zuständig und haben besondere Eigenschaften.

Keimzellen haben einen einfachen Chromosomensatz

Im Gegensatz zu Körperzellen, die einen doppelten Chromosomensatz haben, besitzen Keimzellen nur einen einfachen Chromosomensatz. Sie sind **haploid** (→ Bild 2). Von jedem Chromosom liegt immer nur eines in den Spermienzellen oder den Eizellen vor. Das muss auch so sein, weil sich sonst bei jeder Vereinigung von Spermienzelle und Eizelle der Chromosomensatz weiter verdoppeln würde. Dann gäbe es nach kurzer Zeit unendlich viele Chromosomen in den Zellen.

Keimzellen aus Urkeimzellen

Keimzellen werden aus Urkeimzellen gebildet, die einen doppelten Chromosomensatz haben. Ein doppelter Chromosomensatz wird auch als **diploider Chromosomensatz** bezeichnet. Der Vorgang, bei dem die Chromsomensätze halbiert werden, heißt **Meiose.**
Weil alle Chromosomen wichtige Informationen enthalten, darf es nicht dem Zufall überlassen werden, wie die Chromosomensätze in der Meiose halbiert werden. Deshalb läuft die Meiose streng kontrolliert in zwei Phasen ab, der **Meiose I** und der **Meiose II** (→ Bild 3).

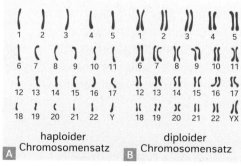

A hapoider Chromosomensatz   **B** diploider Chromosomensatz

2 Karyogramme: **A** Keimzellen, **B** Urkeimzellen und Körperzellen

Die Meiose I und Meiose II

In der Meiose I werden die homologen Chromosomen auf zwei Tochterzellen verteilt. Dafür lagern sich in der Mitte der Zelle jeweils die homologen Chromosomen zu Paaren zusammen. Spindelfasern greifen an den Centromeren an und ziehen die Chromosomen zu den Seiten. Nun bilden sich zwei Zellen, die dann jeweils einen haploiden Chromosomensatz haben. Damit ist die Meiose I abgeschlossen.
In der darauf folgenden Meiose II werden die Chromatiden der Chromosomen auf zwei weitere Tochterzellen aufgeteilt.

> Die Zellen, die bei der Meiose I und der Meiose II gebildet werden, sind die **Keimzellen.** Sie sind haploid. Ihre Chromosomen bestehen aus nur einem Chromatid.

Die Befruchtung und Entwicklung

Bei der Vereinigung einer Spermienzelle und einer Eizelle kommt es zur Befruchtung. Es entsteht die befruchtete Eizelle. Weil Spermienzelle und Eizelle jeweils ihren haploiden Chromosomensatz mitbringen, ist die befruchtete Eizelle diploid. Anschließend verdoppeln sich die Chromatiden wieder. In der diploiden Zelle liegen nun wieder Chromosomen mit zwei Chromatiden vor. Dann folgen viele Zellteilungen und der Embryo entwickelt sich.

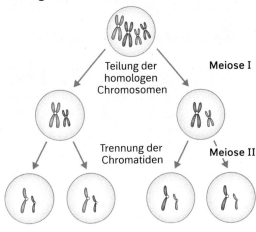

Bildung von Keimzellen

Teilung der homologen Chromosomen — Meiose I

Trennung der Chromatiden — Meiose II

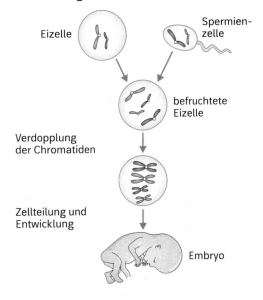

Befruchtung

Eizelle — Spermienzelle

befruchtete Eizelle

Verdopplung der Chromatiden

Zellteilung und Entwicklung

Embryo

3 Bildung von Keimzellen und Befruchtung

① Beschreibe anhand von Bild 2 den Unterschied zwischen einer haploiden Keimzelle und einer diploiden Zelle.

② Erkläre, warum es wichtig ist, dass Keimzellen haploid sind.

③ Nenne das Ergebnis der Meiose I und das Ergebnis der Meiose II.

④ Erkläre, warum die homologen Chromosomen in der Meiose I getrennt werden.

Starthilfe zu 4:
Homologe Chromosomen tragen die Erbinformationen für die gleichen Merkmale. Sie sind aber nicht identisch.

⑤ ‖ Erkläre, warum ein Embryo wieder einen diploiden Chromosomensatz hat.

⑥ ‖‖ Stelle eine begründete Vermutung an, warum die Kinder einer Familie nicht alle gleich aussehen.

🅐 Die Meiose im Modell nachstellen

1 Material für die Chromosomen

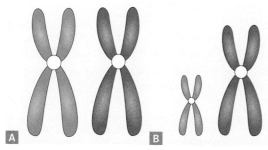

2 Chromosomen: **A** homologes Chromosomenpaar, **B** Geschlechtschromosomen

In der Meiose werden in zwei Schritten Keimzellen mit haploidem Chromosomensatz gebildet. Dabei erfolgt die Meiose II wie eine Mitose. Die Trennung der homologen Chromosomen in zwei Schritten könnt ihr in einem Modell darstellen.

Material: Druckknöpfe, Pfeifenputzer in zwei Farben, Papier, Bleistift, Schere, Smartphone oder Fotoapparat

Durchführung:

Schritt 1: Zeichnet auf die Pappe einen Kreis, in dem alle Chromosomenpaare Platz haben. Der Kreis steht für die Zelle.

Schritt 2: Schreibt die Zahlen 1 - 8 auf jeweils ein Papier-Kärtchen.

Schritt 3: Stellt nun die einzelnen Phasen der Meiose I und der Meiose II im Modell nach.
Legt an jede neue Phase das Kärtchen mit der nächsten Zahl.

Schritt 4: Fotografiert euer Modell in jeder Phase der Meiose.

Schritt 5: Notiert euch zu den Vorgängen jeder Phase der Meiose wenige Stichworte für eine spätere Präsentation.

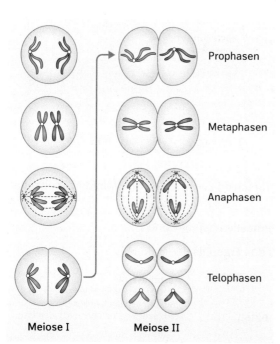

Prophasen

Metaphasen

Anaphasen

Telophasen

Meiose I   **Meiose II**

3 Meiose-Phasen

🔵 **a)** Präsentiert die Fotos von eurem Meiose-Modell in der richtigen Reihenfolge. Erklärt euer Modell einer anderen Gruppe.
b) Vergleicht und bewertet eure Modelle.

🔵 Vergleicht euer Modell mit der Wirklichkeit.

🔵 **‖ a)** Stellt mithilfe von Bild 2 die Bildung von Spermienzellen nach.
‖ b) Erklärt anhand des Modells, wie es zur Vererbung des Geschlechts kommt.

🔵 Zeigt mithilfe von zwei oder drei homologen Chromosomenpaaren, wie eine Vielfalt von Keimzellen entstehen kann.

ÜBEN UND ANWENDEN ▦ Digital+ Film, Animation

A In der Meiose entsteht Vielfalt

In der Meiose I werden die homologen Chromosomen getrennt. Dabei entsteht Vielfalt, weil es Zufall ist, welches der homologen Chromomen in welche Richtung gezogen wird.
In Bild 4 siehst du zwei Möglichkeiten, wie sich die homologen Chromosomen von drei Chromosomen-Paaren während der Meiose I in der Zelle anordnen können.

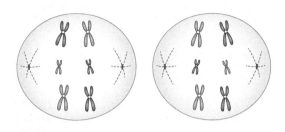

4 Unterschiedliche Anordnungen der Chromosomen während der Meiose I

1 **a)** Zeichne das Schema aus Bild 5 ab.
b) Beginne in der ersten Zelle oben mit einer der beiden Möglichkeiten aus Bild 4.
c) Erstelle eine Zeichnung mit den weiteren Schritten der Meiose.
d) Wiederhole den Vorgang für die zweite Möglichkeit aus Bild 4.

2 Erkläre, warum die Verteilung der homologen Chromosomen für Vielfalt sorgt.

> **Starthilfe zu 2:**
> Bedenke, dass der Mensch viele Paare homologer Chromosomen besitzt.

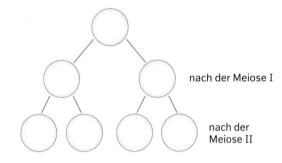

nach der Meiose I

nach der Meiose II

5 Schema für die Meiose

B Crossing over erhöht die Vielfalt

In jeder Meiose finden Crossing-over-Ereignisse statt. Das bedeutet, dass Chromatiden von homologen Chromosomen sich überkreuzen. Danach brechen sie an den überkreuzten Stellen und tauschen die Stücke aus.
Es entstehen Chromosomen mit Informationen, die aus väterlichen und mütterlichen Chromosomen gemischt sind. Trotzdem ist jede Information in jedem Chromosom noch vorhanden. Diese Ereignisse treten häufig auf.

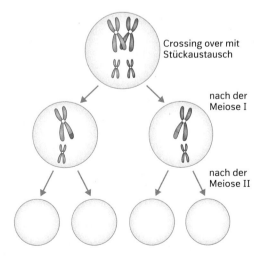

Crossing over mit Stückaustausch

nach der Meiose I

nach der Meiose II

1 ▐▐▐ Ergänze die Zeichnung in Bild 6.

2 ▐▐▐ Begründe, warum Crossing over für mehr Vielfalt bei den Keimzellen sorgt.

6 Meiose mit Crossing over und Austausch von Chromatidstücken

Digital+
Film
Animation

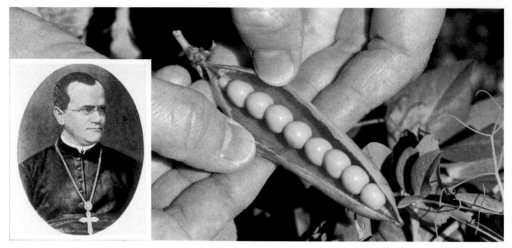

1 GREGOR MENDEL experimentierte mit Erbsenpflanzen.

Vererbungsregeln

Ein Mönch kreuzt Erbsenpflanzen

GREGOR MENDEL (1822 – 1884) war ein Mönch, der sehr an Naturwissenschaften interessiert war. Im Garten seines Klosters experimentierte er mit Erbsenpflanzen. Er wollte herausfinden, wie die Pflanzen Merkmale an die nächste Generation weitergeben. Für seine Experimente suchte er Pflanzen aus, die sich in einem Merkmal deutlich unterscheiden. Erbsenpflanzen unterscheiden sich zum Beispiel in der Farbe der Erbsen. Die eine Sorte hat grüne Erbsen, die andere Sorte hat gelbe Erbsen.

> Das äußere Erscheinungsbild eines Merkmals heißt **Phänotyp.**

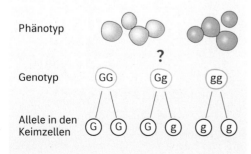

2 Phänotyp, Genotyp und Allele

Zwei Allele stehen für ein Merkmal

Die beiden Erscheinungsformen des Merkmals Erbsenfarbe werden durch unterschiedliche Varianten eines Gens bestimmt. Diese Varianten eines Gens werden als **Allele** bezeichnet.

Bei den Erbsen gibt es ein Allel für gelbe Erbsen und ein Allel für grüne Erbsen. MENDEL fand heraus, dass jede Erbsenpflanze für die Farbe ihrer Erbsen zwei Allele hat. Dabei kann es sein, dass die Pflanze nur die Allele für die Farbe Gelb hat. Dann ist sie **reinerbig** und ihre Allelkombination wird mit den Buchstaben "GG" angegeben. Eine Pflanze mit zwei Allelen für grüne Erbsen ist auch reinerbig. Sie hat dann die Allelkombination "gg".

Pflanzen mit einem Allel für die Farbe Gelb und einem Allel für die Farbe Grün heißen **mischerbig** und haben die Allelkombination "Gg".

> Die Kombination von Allelen eines Gens ist der **Genotyp.**

Die Erbsen der mischerbigen Erbsenpflanzen sind auch gelb. Der Phänotyp gibt also nicht immer Aufschluss über den Genotyp.

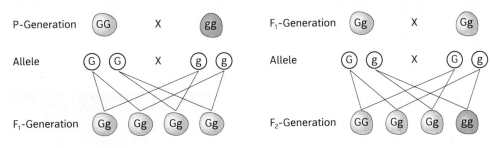

3 Kreuzung der P-Generation   **4** Kreuzung der F$_1$-Generation

Die erste MENDELsche Regel

MENDEL kreuzte reinerbige Pflanzen mit gelben Erbsen und reinerbige Pflanzen mit grünen Erbsen. Die Pflanzen dieser ersten Generation nannte er Elterngeneration oder **P-Generation.** Aus der Kreuzung gingen nur mischerbige Pflanzen mit gelben Erbsen hervor. Die Pflanzen dieser sogenannten **F$_1$-Generation** haben alle den Genotyp "Gg" und den Phänotyp gelbe Erbsenfarbe (→ Bild 3).

Die grüne Farbe wird von der gelben überdeckt. Solche Allele, die andere Allele überdecken, heißen **dominant.** Allele, die im Phänotyp nicht sichtbar werden, heißen **rezessiv.** Ein dominantes Allel bekommt immer einen großen Buchstaben (G), rezessive Allele einen kleinen Buchstaben (g).

> **1. MENDELsche Regel (Uniformitätsregel):**
> Werden zwei reinerbige Individuen einer Art gekreuzt, die sich in einem Merkmal unterscheiden, sind die Nachkommen im Phänotyp alle gleich.

Die zweite MENDELsche Regel

MENDEL kreuzte nun die mischerbigen Erbsenpflanzen der ersten Tochtergeneration F$_1$ untereinander. Bei der Kreuzung entstanden in der **F$_2$-Generation** außer Pflanzen mit gelben Erbsen auch einige Pflanzen mit grünen Erbsen. Da die gelbe Erbsenfarbe dominant ist, können grüne Erbsen nur entstehen, wenn zwei rezessive Allele zusammenkommen. Die Genotypen "GG" und "Gg" haben gelbe Erbsen, nur der Genotyp "gg" hat grüne Erbsen. Daher ist das Verhältnis von Pflanzen mit gelben Erbsen und Pflanzen mit grünen Erbsen 3 : 1 (→ Bild 4). MENDEL fasste die Ergebnisse seiner Versuche in der zweiten MENDELschen Regel zusammen.

> **2. MENDELsche Regel (Spaltungsregel):**
> Werden die Individuen der F$_1$-Generation untereinander gekreuzt, so treten in der nächsten Generation beide Phänotypen in einem Zahlenverhältnis von 3 : 1 auf.

① Erkläre am Beispiel der Erbsen die Begriffe Phänotyp und Genotyp.

② Erkläre, warum eine Pflanze mit dem Genotyp "Gg" gelbe Erbsen hat.

Starthilfe zu 2:
Nutze die Begriffe dominant und rezessiv.

③ Erläutere, was die Uniformitätsregel und die Spaltungsregel jeweils aussagt.

④ Erkläre, warum bei der Kreuzung von mischerbigen Pflanzen mit gelben Erbsen in der nächsten Generation wieder grüne Erbsen auftreten.

⑤ ▌ Erkläre, warum eine Pflanze mit gelben Erbsen zwei verschiedene Genotypen haben kann.

Ein Kreuzungsquadrat erstellen

MENDEL kreuzte auch andere Erbsenpflanzen miteinander. In einem Versuch hatten die Pflanzen weiße oder rote Blüten. Es stellte sich heraus, dass die weiße Blütenfarbe rezessiv und die rote Farbe dominant vererbt wird.

Für die Darstellung der Kreuzung wird ein Kreuzungsquadrat erstellt (→ Bild 2).

Schritt 1: Du musst dir über das Merkmal und die Allele mit den zugeordneten Buchstaben klar werden. In diesem Fall ist das Merkmal die Blütenfarbe. Die Allele sind rot und weiß. Weil rot dominant ist, bekommt es einen großen Buchstaben (B). Weiß bekommt den kleinen Buchstaben (b).

Schritt 2: Für die P-Generation wird die Kreuzung aufgeschrieben. Das x bedeutet dabei „wird gekreuzt mit".

Schritt 3: Im Kreuzungsquadrat werden die Allele in die obere Zeile und die linke Spalte einer Tabelle geschrieben.

Schritt 4: Für die Allelkombination der F_1-Generation müssen die Buchstaben nun zusammengeschrieben werden.

Schritt 5: Kreuzt man als nächstes die Pflanzen der F_1-Generation miteinander, wiederholt man das Verfahren mit einem zweiten Kreuzungsquadrat. Auch hier schreibst du wieder die Keimzellen in die Tabelle.

Schritt 6: Am Schluss musst du noch aufschreiben, welche Farben die Blüten haben und wie oft welche Farbe vorkommt.

3 Unterschiedlich große Erbsenpflanzen

1 Blüten von Erbsenpflanzen: **A** rot, **B** weiß

Kreuzung von Erbsenpflanzen mit roten und weißen Blüten

Merkmal: Blütenfarbe
Allele: rot – B, weiß – b

P-Generation: BB x bb

Farbe	rot	Allele	
weiß	BB / bb	B	B
Allele	b	Bb	Bb
	b	Bb	Bb

F₁-Generation
rote Blüten: 4 Mal
weiße Blüten: 0 Mal

A

F₁-Generation: Bb x Bb

Farbe	rot	Allele	
rot	Bb / Bb	B	b
Allele	B	BB	Bb
	b	Bb	bb

F₂-Generation
rote Blüten: 3 Mal
weiße Blüten: 1 Mal

B

2 Kreuzungsschema: **A** P-Generation, **B** F_1-Generation

1 Die Erbsenpflanzen können auch unterschiedlich groß sein (→ Bild 3). Groß ist dominant. Führe die Kreuzung mit reinerbigen Pflanzen nach dem Schema bis zur F_2-Generation durch.

ÜBEN UND ANWENDEN

A Rückkreuzung gibt Aufschluss über den Genotyp

Ein Gärtner möchte wissen, ob seine gelben Erbsen reinerbig oder mischerbig sind. Um das herauszufinden, kreuzt er seine Pflanze mit einer Pflanze, die grüne Erbsen hat.
Diese Kreuzung mit einem reinerbig rezessiven Partner heißt **Rückkreuzung.**

4 Ist die Pflanze reinerbig oder mischerbig?

1 Führe zwei Kreuzungen bis zur F_1-Generation durch. Nutze dafür die Methode „Ein Kreuzungsquadrat erstellen".
a) Kreuze eine reinerbig gelbe Erbse mit einer grünen Erbse.
b) Kreuze eine mischerbig gelbe Erbse mit einer grünen Erbse.
c) Vergleiche die Ergebnisse in der F_1-Generation beider Kreuzungen.

2 ‖ Begründe, warum der Gärtner mit dieser Methode herausfinden kann, ob seine Pflanze reinerbig oder mischerbig ist.

Starthilfe zu 2:
Ergänze dazu folgende Satzanfänge:
Wenn die Pflanze reinerbig ist...
Wenn die Pflanze mischerbig ist...

B Aus rot und weiß wird rosa

Nicht immer ist in einem Erbgang ein Allel dominant und das andere Allel rezessiv.
Bei der Wunderblume zum Beispiel sind die beiden Allele für die Blütenfarbe gleich stark.
Bei einer Kreuzung von reinerbig roten mit reinerbig weißen Pflanzen, haben in der F_1-Generation alle Pflanzen rosa Blüten.
Ein solcher Erbgang, bei dem zwei verschiedene Phänotypen zu einem dritten Phänotyp führen, heißt **intermediärer Erbgang.**

1 Erkläre anhand von Bild 5 den intermediären Erbgang.

2 Begründe, ob auch hier die erste MENDELsche Regel zutrifft.

3 **a)** Führe die Kreuzung von Pflanzen der F_1-Generation durch. Nutze dafür die Methode „Ein Kreuzungsquadrat erstellen".
b) Erkläre dein Ergebnis.

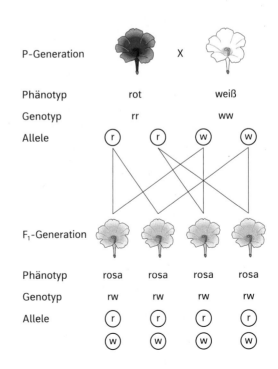

5 Intermediäre Vererbung der Blütenfarbe

Digital+
Film
Animation

1 Verschiedene Phänotypen bei Erbsen

Kreuzung mit zwei Merkmalen

Erbsen in unterschiedlichen Farben und Formen

MENDEL entdeckte bei seinen weiteren Versuchen, dass Erbsen in gelb und grün auch mit unterschiedlichen Formen vorkommen. Manche sind rund, bei anderen ist die Schale eingedellt und die Erbse sieht dadurch runzlig aus. Es gibt sowohl grüne als auch gelbe Erbsen in jeweils runder und runzliger Form.

MENDEL beschäftigte die Frage, welche dieser Merkmale bei den Erbsen dominant und welche rezessiv vererbt werden.

Kreuzung mit zwei Merkmalen

Für seine Experimente nutzte MENDEL reinerbige Pflanzen. Eine Sorte hatte gelbe, runde Erbsen und eine andere grüne, runzlige Erbsen. Bei der Kreuzung der beiden reinerbigen Sorten entstanden nur Pflanzen mit gelben, runden Erbsen (→ Bild 2).

MENDEL konnte daraus schlussfolgern, dass das Allel für die Farbe Gelb gegenüber dem Allel für die Farbe Grün dominant ist. Ebenso ist das Allel für die runde Form der Erbse gegenüber dem Allel für die runzlige Form dominant. MENDEL konnte damit zeigen, dass die erste Vererbungsregel auch auf einen Erbgang mit zwei untersuchten Merkmalen zutrifft.

Die P-Generation

Bei einer Kreuzung mit zwei Merkmalen ergeben sich für die reinerbigen Pflanzen der P-Generation die Genotypen "GGRR" und "ggrr" (→ Bild 3). Bei der Bildung der Keimzellen enthält jede ein Allel für die Erbsenfarbe und ein Allel für die Erbsenform. Daher muss immer ein "G" oder "g" und ein "R" oder "r" in jeder Keimzelle sein.

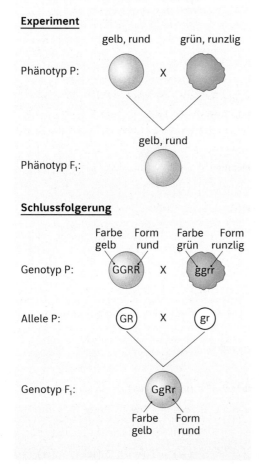

2 Phänotypen von Erbsen bei der Kreuzung mit zwei Merkmalen.

Die F₁-Generation

Für die Pflanzen der P-Generation mit den gelben, runden Erbsen und dem Genotyp "GGRR" ergeben sich nur Keimzellen mit dem Genotyp "GR" (→ Bild 3).
Entsprechend ergeben sich für die anderen Pflanzen der P-Generation mit den grünen, runzligen Erbsen und dem Genotyp "ggrr" nur die Keimzellen mit dem Genotyp "gr".
Bei der Befruchtung entstehen in der F₁-Generation also nur Pflanzen mit dem Genotyp "GgRr". Ihre Erbsen sind alle gelb und rund.

Die F₂-Generation

Bei der Bildung von Keimzellen beim Genotyp "GgRr" der F₁-Generation gibt es vier Möglichkeiten der Allel-Kombination: "GR", "gR," "Gr" und "gr". Bei der Kreuzung von Pflanzen aus der F₁-Generation entstehen in der F₂-Generation vier unterschiedliche Phänotypen: "gelb und rund", "gelb und runzlig", "grün und rund" und "grün und runzlig". Diese Phänotypen treten in einem Verhältnis von 9:3:3:1 auf.

> **Die dritte MENDELsche Regel (Unabhängigkeitsregel):**
> Werden Individuen, die sich in zwei reinerbigen Allelen unterscheiden, gekreuzt, werden die einzelnen Allele unabhängig voneinander vererbt und in der F₂-Generation neu kombiniert.

Merkmal 1: Farbe
Allele: gelb – G, grün – g

Merkmal 2: Form
Allele: rund – R, runzlig – r

F₁-Generation: GG RR X gg rr

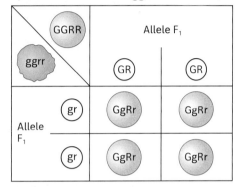

F₂-Generation: Gg Rr X Gg Rr

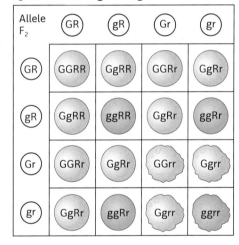

3 Kreuzungsquadrate eines Erbgangs mit zwei Merkmalen

---

① Erkläre, warum für einen Erbgang mit zwei Merkmalen jeder Genotyp mit vier Buchstaben dargestellt werden muss.

② a) Kreuze reinerbig gelbe, runzlige Erbsen mit reinerbig grünen, glatten Erbsen.
b) Führe auch die Kreuzung der F₁-Generation durch.

Starthilfe zu 3:
Gehe genauso vor wie in Bild 2 und 3 dargestellt.

③ Erläutere die Unabhängigkeitsregel am Beispiel von gelben und grünen Erbsen mit runzliger und runder Form.

④ ▌ Nenne die Phänotypen von Erbsen mit dem Genotyp "GgRr" und "GGRR".

⑤ ▌▌ Gib die möglichen Genotypen für gelbe, runzlige Erbsen und für grüne, runde Erbsen an.

● ● **ÜBEN UND ANWENDEN**

A Die Fellfarbe bei Rindern

P-Generation: X

F₁-Generation: X

1 Kreuzung von Rindern

Die Vererbung der Fellfarben wird bei Rindern durch zwei Merkmale bestimmt. Das eine Merkmal ist die Fellfarbe. Das Fell ist entweder schwarz oder braun. Das zweite Merkmal ist die Scheckung des Fells. Ein Rind kann gescheckt oder einfarbig sein. Wenn es gescheckt ist, ist es entweder schwarz-weiß oder braun-weiß gescheckt.

Die Allele für die Fellfarbe Schwarz beziehungsweise Braun bekommen den Buchstaben F. Das dominante Allel "F", das rezessive Allel "f".

Die Allele für die Scheckung des Fells, also einfarbig oder gescheckt, bekommen den Buchstaben M. Das dominante Allel "M", das rezessive Allel "m".

1 Bestimme die Genotypen der Rinder in der P-Generation und der F₁-Generation. Nutze dazu ein Kreuzungsquadrat wie in Bild 2. Die Rinder in der P-Generation sind reinerbig.

> **Starthilfe zu 1:**
> Nutze die erste MENDELsche Regel, um herauszufinden, welche Merkmale dominant und welche rezessiv sind.

2 **a)** Kreuze nun Rinder mit dem Genotyp der F₁-Generation untereinander. Nutze dafür ein Kreuzungsquadrat wie in Bild 3.
b) Bestimme die Anzahl der verschiedenen Phänotypen.

Merkmale	schwarz gescheckt	Keimzellen	
braun einfarbig			
Keimzellen			

2 Kreuzungsquadrat für die F₁-Generation

Merkmale	schwarz einfarbig	Keimzellen	
schwarz einfarbig			
Keimzellen			

3 Kreuzungsquadrat für die F₂-Generation

ÜBEN UND ANWENDEN

B Vererbung der Hautfarbe beim Menschen

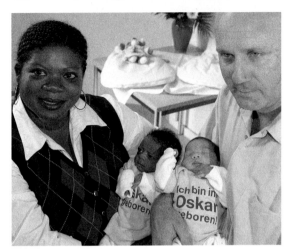

4 Eltern mit Zwillingen

Allel	Menge an Melanin in der Hautzelle
A	viel
a	wenig
B	viel
b	wenig

5 Zwei Gene mit verschiedenen Allelen für das Merkmal Hautfarbe

Die Hautfarbe beim Menschen gibt es in vielen Abstufungen. Daher kann nicht nur ein einziges Gen daran beteiligt sein. Am Beispiel von zwei Genen kann das Zusammenspiel der Allele gezeigt werden.

Bei der Hautfarbe spielt der Farbstoff Melanin eine große Rolle. Je mehr Melanin wir in den Hautzellen haben, desto dunkler ist unsere Haut. Die Menge des Melanins in den Hautzellen wird durch zwei Gene (A und B) unabhängig voneinander bestimmt (→ Bild 5).

Für die Phänotypen gilt: Je mehr Allele es im Genotyp gibt, die viel Melanin in die Hautzelle bringen, desto dunkler ist die Haut.
Daher ist der Genotyp "AABB" der dunkelste Phänotyp, also schwarz. "AaBB" ist genauso dunkel wie "AABb", weil jedes Mal drei Allele vorhanden sind, die für viel Melanin in den Hautzellen verantwortlich sind. Nur jeweils ein Allel steht für wenig Melanin in den Zellen.
So können mit zwei Genen und vier Allelen fünf verschiedene Hautfarben entstehen: hell, hellbraun, braun, dunkelbraun und schwarz (→ Bild 5).

1 **a)** Beschreibe Bild 4.
b) Erkläre, warum dieses Bild häufig für Verwunderung sorgt.

2 **Ⅱ** Schreibe mithilfe von Bild 5 die möglichen Allelkombinationen für jeden Hautfarbentyp auf.

Starthilfe zu 2:

Hautfarbe	Allelkombinationen Die Zahlen geben die verschiedenen Möglichkeiten an
schwarz	(1) AABB
dunkelbraun	(2)
braun	(3) AaBb, ...
hellbraun	(2)
hell	(1)

3 **Ⅲ** Erkläre, wie die Frau mit der dunkelbraunen Hautfarbe und der Mann mit der hellen Hautfarbe in Bild 4 ein braunes und ein hellbraunes Kind bekommen können.

Starthilfe zu 3:
Nutze dafür ein Kreuzungsquadrat.

Digital+
Film

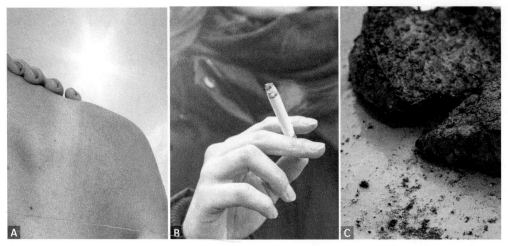

1 Mutagene können Mutationen auslösen: **A** Sonnenlicht, **B** Zigarettenrauch, **C** verbranntes Fett

Mutationen verändern die Erbinformation

Vorsicht bei Sonnenbrand

Wer zu lange ohne Sonnenschutz in der Sonne liegt, bekommt einen Sonnenbrand. Häufiger Sonnenbrand kann viele Jahre später zu Hautkrebs führen. Die ungefilterten Sonnenstrahlen erzeugen möglicherweise Veränderungen der DNA in den Hautzellen.

> Veränderungen der Erbinformationen werden **Mutationen** genannt.

Auch Stoffe wie Nikotin oder verbranntes Fett können Mutationen verursachen. Solche Einflüsse heißen **Mutagene.**

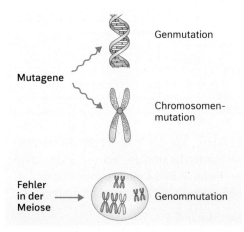

2 Mutationstypen

Genmutationen

Mutationen, die die DNA innerhalb eines Gens verändern, heißen **Genmutationen.** In vielen Fällen hat eine einzelne Mutation keine Auswirkung auf die Funktion eines Gens. Wenn aber wichtige Teile eines Gens von der Mutation betroffen sind, kann schon die Veränderung einer einzigen Base schlimme Folgen haben.

Chromosomenmutationen

Es gibt auch Mutationen, die größere Teile von Chromosomen mit mehreren Genen betreffen. Solche Mutationen, bei denen große Stücke mit mehreren Genen verloren gehen oder ausgetauscht werden, heißen **Chromosomenmutationen.**

Genommutationen

Manchmal gehen ganze Chromosomen verloren oder kommen mehrfach vor. So lösen drei Chromosomen bei einer Trisomie 21 das Down-Syndrom aus.
Solche **Genommutationen** entstehen nicht durch Mutagene, sondern bei der Keimzellenbildung in der Meiose.

Mutationen können zu Erbkrankheiten führen

Mutationen können in Körperzellen oder in Keimzellen auftreten. Nur Mutationen in Keimzellen werden an die nächste Generation weitergegeben. Dort können Sie zu Erbkrankheiten führen.

Mukoviszidose ist eine häufige Erbkrankheit, die durch eine solche Genmutation ausgelöst wird. Das defekte Gen enthält normalerweise den Code für ein wichtiges Protein, das nun nicht mehr gebildet werden kann. In allen Schleimhäuten der Erkrankten entsteht daher zäher Schleim, der nicht gut abgeführt werden kann. Das führt zu Lungenschäden und Entzündungen vieler Organe.

3 Kind mit Mukoviszidose inhaliert.

Mutationen schaffen auch Vielfalt

Die meisten Mutationen in Keimzellen sind schädlich. Sie erzeugen Erbkrankheiten oder sorgen dafür, dass sich die befruchtete Eizelle erst gar nicht entwickelt.

Sehr selten treten aber auch Mutationen in Keimzellen auf, die unschädliche Veränderungen im Phänotyp hervorrufen und damit Vielfalt erzeugen.

Die verschiedenen Farben der Bänderschnecken und die Vielfalt unserer einheimischen Meisenarten sind Beispiele dafür (→ Bild 4). Manchmal führen die Mutationen sogar dazu, dass ihre Träger besser an ihre Umwelt angepasst sind. Durch solche Mutationen sind in der Evolution nach und nach neue Arten und die Vielfalt der Lebewesen entstanden.

4 Vielfalt durch Mutationen: **A** Farben bei Bänderschnecken, **B** einheimische Meisenarten

1. Nenne Beispiele für Mutagene.

2. Erkläre die Begriffe Genmutation, Chromosomenmutation und Genommutation.

3. Erläutere den Unterschied zwischen Mutationen in Körperzellen und in Keimzellen.

   Starthilfe zu 3:
   Denke dabei an die Bedeutung der Zellen für die nächste Generation.

4. Erkläre den Zusammenhang zwischen Mutationen und der Vielfalt der Lebewesen.

5. ❙❙ Beschreibe unterschiedliche Auswirkungen von Mutationen auf Lebewesen.

Ⓐ Familienmerkmale in Stammbäumen darstellen

Mutationen können zu Erbkrankheiten in Familien führen. Solche Krankheiten können in einer Familie von Generation zu Generation verfolgt werden. Einige Familienmitglieder haben sie, andere nicht. In Stammbäumen können solche Generationenfolgen dargestellt werden.
Für das Erstellen von Stammbäumen gibt es festgelegte Regeln: Männliche Personen werden als Quadrat, weibliche als Kreis dargestellt. Wenn eine Person das Merkmal zeigt, wird das Quadrat oder der Kreis ausgefüllt dargestellt. Zwei Personen, die gemeinsame Kinder haben, werden mit einer Linie verbunden. Darunter werden die Kinder gezeichnet (→ Bild 1).

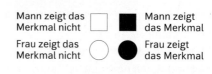

Mann zeigt das Merkmal nicht □   Mann zeigt das Merkmal ■
Frau zeigt das Merkmal nicht ○   Frau zeigt das Merkmal ●

Mann mit dem Merkmal und Frau ohne das Merkmal haben zwei Töchter, bei denen sich das Merkmal nicht zeigt.

1 Regeln für das Erstellen von Stammbäumen

① Zeichne den Stammbaum einer Familie, bei der beide Eltern die Erbkrankheit haben. Sie haben vier Kinder, die beiden Jungen sind krank, die beiden Mädchen nicht.

Ⓑ Stammbäume für dominant vererbte Merkmale

Die Kurzfingrigkeit ist eine dominant vererbte Krankheit. Menschen, bei denen ein Allel von der Mutation betroffen ist, haben sehr kurze Finger (→ Bild 2 A).
Dominante Allele für ein Merkmal werden mit einem großen Buchstaben im Stammbaum gekennzeichnet (A), rezessive Allele mit einem kleinen Buchstaben (a).
Eine Person mit Kurzfingrigkeit kann also die Allelkombination "Aa" oder "AA" haben. Personen mit normal langen Fingern haben die Mutation nicht. Bei ihnen liegen die Allele "aa" vor.

2 Kurzfingrigkeit: **A** Person mit dem dominanten Allel, **B** Person ohne das dominante Allel

① Erkläre die unterschiedlichen Buchstabenkombinationen der einzelnen Personen im Stammbaum in Bild 3.

② **a)** Gib die Buchstabenkombinationen der übrigen Familienmitglieder an.
|| **b)** Begründe, warum für Person 10 zwei mögliche Allel-Kombinationen in Frage kommen.

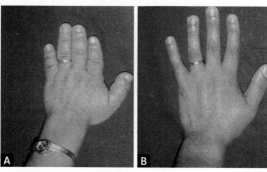

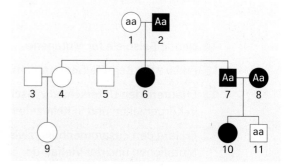

3 Stammbaum einer Familie mit Kurzfingrigkeit

C Stammbäume für rezessiv vererbte Merkmale

Mukoviszidose ist eine rezessiv vererbbare Krankheit. In Familien gibt es immer wieder Generationen, in denen niemand krank ist. In einer der nächsten Generationen taucht die Krankheit dann plötzlich wieder auf.
Wer an Mukoviszidose erkrankt, hat die Mutation auf beiden Allelen. Menschen, die ein mutiertes und ein normales Allel haben, sind gesund. Sie können die Krankheit aber an die eigenen Kinder übertragen.

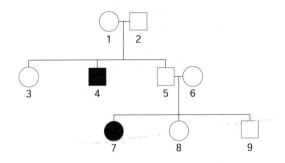

4 Stammbaum einer Familie mit Mukoviszidose

1️⃣ Erkläre, warum beide Eltern von Kindern mit Mukoviszidose gesund sein können.

2️⃣ Gib bei dem Stammbaum in Bild 4 für jede Person an, welche Allele sie hat.

Starthilfe zu 2:
Das mutierte Allel, das die Krankheit auslöst, wird mit "a" bezeichnet. Bei manchen Personen sind auch zwei Genotypen möglich.

D Geschlechtsgebundene Vererbung

Eine Rot-Grün-Sehschwäche ist bei Männern viel häufiger als bei Frauen. Betroffene können die Farben Rot und Grün nicht so gut oder gar nicht unterscheiden (→ Bild 5). Das betroffene Gen liegt auf dem X-Chromosom. Die Mutation, die zu der Sehschwäche führt, wird rezessiv vererbt. Weil Jungen nur ein X-Chromosom haben und das Allel auf dem Y-Chromosom nicht vorhanden ist, prägt sich die Fehlsichtigkeit bei ihnen immer dann aus, wenn sie ein X-Chromosom mit der Mutation von ihrer Mutter bekommen haben.

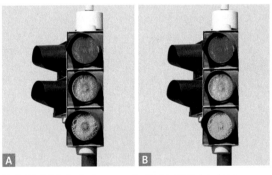

5 Fehlsichtigkeit: **A** normale Sicht, **B** Sicht eines Menschen mit Rot-Grün-Sehschwäche

1️⃣ Erkläre, warum bei Jungen häufiger eine Rot-Grün-Sehschwäche auftritt als bei Mädchen.

2️⃣ Erkläre, warum Väter die Rot-Grün-Schwäche nur an ihre Töchter weitergeben können.

3️⃣ Die Personen 9 und 10 haben zwei Töchter (→ Bild 6). Stelle im Stammbaum dar, in welcher Form sie von der Rot-Grün-Schwäche betroffen sein können.

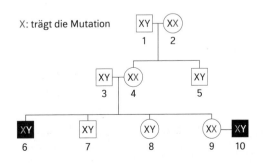

6 Stammbaum einer Familie mit Rot-Grün-Schwäche

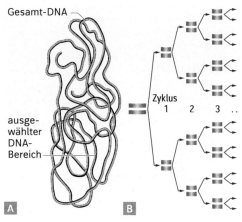

1 PCR: **A** Auswahl des Genabschnittes, **B** DNA-Vervielfältigung

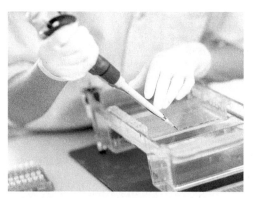

2 Gel-Elektrophorese: Einfüllen von DNA-Proben

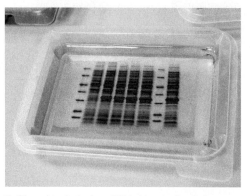

3 Charakteristisches DNA-Muster im Gel

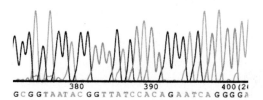

4 Basensequenz eines Genabschnitts

Gene testen und verändern

Gentests

Mithilfe von Gentests oder DNA-Tests lassen sich Personen über den genetischen Fingerabdruck identifizieren, Vaterschaftstests durchführen, Erbkrankheiten diagnostizieren und Erreger von Infektionskrankheiten bestimmen. Die Anwendung ist auch in anderen Bereichen vielfältig. Die Methoden entwickeln sich rasant weiter.

DNA vervielfältigen

Grundlage der meisten Gentests ist die Polymerase-Kettenreaktion, kurz **PCR.** Sie ermöglicht es, DNA-Abschnitte zu vervielfältigen. Bei dieser Methode wird das Enzym DNA-Polymerase eingesetzt, das auch bei der natürlichen Replikation die DNA in den Zellen verdoppelt. Mit dieser Methode gelingt es, aus kleinsten DNA-Spuren in zum Beispiel einer Speichelprobe so viel DNA herzustellen, dass sie untersucht werden kann. (→ Bild 1B)

DNA sichtbar machen

Um die unterschiedlich langen DNA-Stücke aufzutrennen und sichtbar zu machen, wird die Methode der **Gel-Elektrophorese** eingesetzt. Dazu werden die DNA-Proben angefärbt und auf ein Gel aufgetragen (→ Bild 2). An das Gel wird elektrische Spannung angelegt. Kürzere DNA-Stücke bewegen sich schneller durch das Gel als längere. So entsteht das typische Bandenmuster (→ Bild 3).

DNA sequenzieren

Mithilfe ähnlicher Methoden lässt sich die Reihenfolge der Basen in einer DNA bestimmen (→ Bild 4). Das gesamte Vorgehen wird auch als **DNA-Sequenzierung** bezeichnet. So können einzelne Gene oder sogar das gesamte Erbgut, das Genom, von Organismen beschrieben werden.

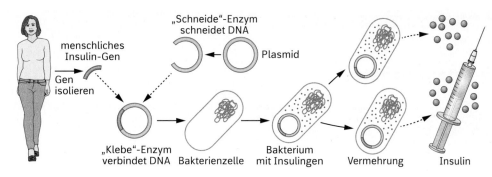

5 Verwendung der klassischen Gentechnik zur Produktion eines Proteins

Klassische Gentechnik

In den 1970iger Jahren gelang es erstmals, Gene aus einem Organismus in einen anderen zu übertragen. Auch der sogenannte **horizontale Gentransfer** zwischen verschiedenen Arten wurde möglich. Dies gelang mit Plasmiden als Gen-Taxis. Plasmide sind kleine DNA-Ringe, die auch in der Natur Gene zwischen Bakterien übertragen. Mithilfe von „Schneide"-Enzymen wird ein Plasmidring aufgeschnitten. Mit einem „Klebe"-Enzym lässt sich ein beliebiges anderes DNA-Stück in das Plasmid einbauen und in Bakterienzellen übertragen. Die Bakterien vermehren sich und produzieren das Protein, das auf der DNA codiert ist (→ Bild 5). Sie produzieren zum Beispiel menschliches Insulin, wenn ein Insulin-Gen aus menschlichen Zellen in Bakterienzellen übertragen wurde. Das gentechnisch produzierte Insulin ist ein wichtiges Medikament für Diabetes-Patienten.

Risiken und Nutzen

Anfangs gab es Ängste in der Gesellschaft, ob von **gentechnisch veränderten Organismen (GVO)** Gefahren ausgehen könnten. In Bezug auf ökologische Auswirkungen gibt es weiterhin Vorbehalte. Für die Produktion von Proteinen ist die Gentechnik aber inzwischen unverzichtbarer Alltag. Neben Insulin werden zum Beispiel auch das Wachstumshormon oder das Blutbildungshormon EPO so hergestellt. Um Antigene für die Impfstoffproduktion zu gewinnen, müssen heute keine gefährlichen Viren wie Corona-Viren gezüchtet werden. Die Hüllproteine der Viren werden als Antigene gentechnisch hergestellt.

Moderne Gentechnik

Seit etwa zehn Jahren entwickelt sich eine weitere Methode der Gentechnik. Mithilfe der **Genschere CRISPR/Cas** lassen sich Gene noch einfacher und gezielter verändern.

1 Erkläre, warum für Gentests bereits ganz geringe DNA-Spuren ausreichen.

2 Erkläre, wie ein Bandenmuster wie das in Bild 3 entsteht.

3 Beschreibe, wie Insulin gentechnisch produziert wird.

Starthilfe zu 3:
Orientiere dich an Bild 5

4 I Erkläre, warum eine Zigarettenkippe oft reicht, um einen Täter zu überführen.

5 II Bei Gentests und in der Gentechnik werden verschiedene Enzyme verwendet. Nenne solche Enzyme und beschreibe ihre Funktionen.

6 III Auch die Enzyme der Gentechnik sind Proteine. Beschreibe, wie beispielsweise DNA-Polymerase gentechnisch produziert werden könnte.

»

● ● ● **ÜBEN UND ANWENDEN**

Ⓐ Vaterschaftstest

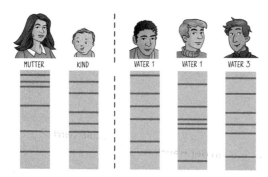

1 Wer ist der Vater?

Zur Identifizierung von Personen reicht eine Speichelprobe. Über eine gezielte PCR und anschließende Gel-Elektrophorese ergeben sich Bandenmuster, die charakteristisch für eine Person sind. Bild 1 zeigt solche Bandenmuster. In der Praxis erfolgen die Tests heute in Automaten, die die Ergebnisse meist als Buchstaben und Ziffern ausgeben.

① **a)** Ermittele aus Bild 1, wer der Vater des Kindes ist.
b) Begründe dein Ergebnis.

> **Starthilfe zu 1 b):**
> Bedenke, dass ein Kind seine gesamte DNA erbt. Es erhält Teile von der Mutter und Teile vom Vater.

② Ⅱ **a)** Begründe anhand einzelner Banden (z. B. „Die 3. Bande von oben beim Kind ..."), wie sich zwei der Männer als Väter ausschließen lassen.
b) Erkläre die unterste Bande des Kindes, die beim wahrscheinlichen Vater nicht auftritt.

③ Ⅱ Begründe, warum für einen eindeutigen Vaterschaftstest auch der Gentest der Mutter vorliegen muss.

Ⓑ DNA-Barcoding schafft Ordnung

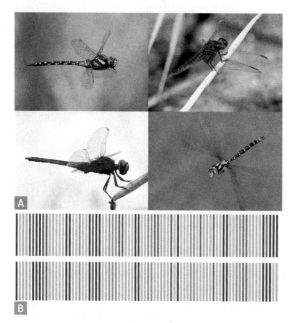

2 Artenbestimmung: **A** Aussehen, **B** DNA-Barcodes

Die Artenbestimmung aufgrund äußerer Merkmale ist oft schwierig (→ Bild 2A). Automatisierte Gentests liefern Ergebnisse, die an die Barcodes im Supermarkt erinnern (→ Bild 2B). Diese DNA-Barcodes werden über Computerprogramme ausgewertet. So lassen sich Arten identifizieren und evolutionäre Verwandtschaftsverhältnisse klären. Proben aus Wasser, Boden oder sogar Luft zeigen, ob eine Art im Ökosystem überhaupt noch vorkommt oder bereits ausgestorben ist. Die Bioinformatik als Wissenschaft entwickelt sich rasant.

① **a)** Begründe anhand von Bild 2A, warum die Artbestimmung oft schwierig ist.
b) Begründe, ob die beiden DNA-Barcodes in Bild 2B identische Arten, verwandte Arten oder völlig andere Arten zeigen.

Gentechnik ist schon Alltag

Herstellung von Käse

Für die Käseherstellung wird das Enzym Lab benötigt. Es lässt die Milch gerinnen. Lab kann aus den Mägen toter Kälber gewonnen werden. Heute wird allerdings bei den meisten Käsesorten Lab verwendet, das mithilfe gentechnisch veränderter Pilze hergestellt wurde.

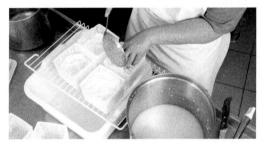

3 Käseherstellung benötigt Lab.

Waschmittel

Viele Waschmittel enthalten gentechnisch hergestellte Waschenzyme. Mit diesen Enzymen werden verschiedene Flecken entfernt. Dabei kann die Waschtemperatur sehr niedrig gehalten werden. Das spart Energie.

Früher enthielten die Waschmittel sehr viele Phosphate. Sie gelangten mit dem Abwasser in die Flüsse und führten zur Verschmutzung der Gewässer. Enzyme in Waschmitteln können allerdings auch allergische Reaktionen auslösen.

Tenside

unter 5% Seife, Polycarboxylate, Phosphonate, Enzyme (Protease, Amylase, Mannanase, Lipase, Cellulase), Duftstoffe

4 Waschmittel enthalten Enzyme.

Insulin bei Diabetes

Menschen mit der Krankheit Diabetes können in ihren Körperzellen Zucker nicht richtig verwerten, weil bei ihnen das Hormon Insulin nicht oder nicht ausreichend gebildet wird. Das kann zu lebensgefährlicher Unterzuckerung führen. Normalerweise wird Insulin in der Bauchspeicheldrüse gebildet. Diabetiker müssen es sich als Medikament spritzen.

Früher wurde Insulin aus den Bauchspeicheldrüsen toter Schweine gewonnen. Heute wird es gentechnisch mithilfe von Bakterien oder Hefezellen hergestellt. Dabei ist es sogar möglich, es technisch zu verbessern.

5 Insulin aus Gentechnik

1 Beschreibe, in welchen Bereichen Gentechnik heute eingesetzt wird.

2 Nenne Vorteile, die der Einsatz von Gentechnik in den einzelnen Fällen hat.

3 Recherchiere, welche Gefahren der Einsatz von Gentechnik in diesen Bereichen mit sich bringen kann.

4 Gerade bei Waschmitteln gibt es auch Alternativen zur Gentechnik. Recherchiere und berichte.

5 Viele Menschen sind sehr skeptisch gegenüber der Gentechnik eingestellt. Bewerte, ob diese Skepsis berechtigt ist.

1 Aus dem Auerochsen wurden unsere heutigen Milchkühe: **A** Nachzucht eines Auerochsen, **B** Milchkuh

Menschen züchten Lebewesen

Aus Wildtieren werden Nutztiere

Bevor die Menschen begannen, Tiere zu züchten, jagten sie wilde Auerochsen. Sie aßen ihr Fleisch und nutzten alle Teile der Tiere. Vor ungefähr 10 000 Jahren begannen die Menschen, diese Tiere zu züchten. Für diese Züchtung wählten sie die ruhigsten Tiere aus, die dann zahm wurden und bei den Menschen lebten. Oft hatten die zahmen Tiere auch ruhige Nachkommen, sodass mit dieser **Auslesezüchtung** nach und nach die Hausrinder entstanden. Manche der Hausrinder hatten viele Muskeln und einige Kühe gaben mehr Milch als andere. Durch weitere Auslesezüchtung wurden bestimmte Eigenschaften immer weiter verstärkt. Es entstanden spezielle Fleischrinder und Milchrinder. Heute gibt es viele Hundert Rinderrassen.

Aus Wildpflanzen werden Nutzpflanzen

Auch unsere Nutzpflanzen wie zum Beispiel der Weizen haben eine lange Geschichte. Ursprünglich sammelten die Menschen die Körner von weit verstreut wachsenden Pflanzen des wilden Emmers oder des Einkorns. Sie machten daraus Brot und Brei. Später lernten sie, große Körner aufzuheben und wieder auszusäen. Durch diese Auslesezüchtung bekamen die Pflanzen immer mehr große Samenkörner. Mithilfe gezielter Kreuzungen von Pflanzen mit vorteilhaften Eigenschaften konnten auch Merkmale miteinander kombiniert werden. Bei vielen Pflanzen lassen sich sogar nahe verwandte Arten miteinander kreuzen, sodass bei einer **Kreuzungszüchtung** aus Einkorn, Emmer und weiteren Arten der heutige Weizen entstand.

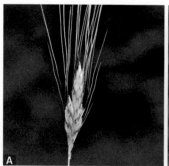

2 Getreide: **A** wilder Emmer, **B** wildes Einkorn, **C** heutiger Zucht-Weizen

Mutationen für die Züchtung nutzen

Veränderungen von Merkmalen werden durch Mutationen in der DNA hervorgerufen. So veränderten sich die Eigenschaften von Weizen dadurch, dass bestimmte Gene, die für die Größe der Samen verantwortlich sind, Mutationen hatten.
Nur eine von vielen Tausend Mutationen bringt allerdings einen gewünschten Effekt. Bei herkömmlichen Züchtungsmethoden dauert es deshalb oft viele Jahre, bis eine gewünschte Mutation auftritt und damit weitergezüchtet werden kann.

Züchtung mit Gentechnik

Mit Gentechnik lassen sich solche Mutationen sehr gezielt in der Pflanze erzeugen. So können die Gene, die eine Pflanze widerstandsfähig gegen Schädlinge machen, in die DNA einer anderen Pflanze eingefügt werden. Eine Methode, mit der solche Genübertragungen gemacht werden, heißt **CRISPR/Cas**.
Mit dieser Methode haben Forscherinnen und Forscher eine Genschere entwickelt, mit der sie Gene aus der DNA ausschneiden und andere Gene wieder einfügen können. So können neue Eigenschaften bei Pflanzen erzeugt werden (→ Bild 3).
Eine solche Genschere kann auch bei Tieren angewendet werden.
Einige Forscher sind daran interessiert, sie auch am Menschen einzusetzen. Das führt zu großen ethischen Bedenken.

Schädlinge fressen an einer Pflanze.

Im Erbgut einiger Zellen wird die richtige Stelle gesucht, damit keine anderen Gene ausgeschaltet werden.

CRISPR/Cas kann gezielt die Stelle aufschneiden.

Nun wird das Gen für das Insektengift eingebaut.

Kartoffelkäfer

Die Pflanze produziert das Gift und wird nicht mehr gefressen.

3 CRISPR/Cas verändert Lebewesen

① Beschreibe die Auslesezüchtung am Beispiel des Auerochsen.

② Erkläre, wie durch Auslesezüchtung und Kreuzungszüchtung der heutige Weizen gezüchtet wurde.

Starthilfe zu 2:
Nimm die Bilder 1 und 2 zu Hilfe.

③ Beschreibe mithilfe von Bild 3, wie durch die CRISPR/Cas-Methode Pflanzen verändert werden können.

④ Bewerte den Nutzen von Gentechnik bei der Züchtung von Pflanzen.

⑤ ▌ Erkläre Unterschiede zwischen der Auslesezüchtung, der Kreuzungszüchtung und der Züchtung mit Gentechnik.

A Aus Wildkohl wurden viele verschiedene Sorten

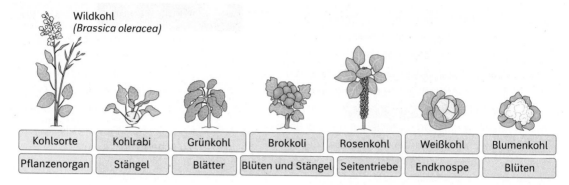

1 Unsere Kohlsorten sind das Ergebnis von Auslesezüchtung.

Heute gibt es viele verschiedene Kohlsorten. Jeder kennt Blumenkohl, Rosenkohl oder Weißkohl. Alle diese Kohlsorten stammen vom Wildkohl ab. Durch Auslesezüchtung wurden einzelne Pflanzenteile gezielt so verändert, dass die verschiedenen Kohlsorten daraus entstanden.

In Bild 1 ist abzulesen, welches Pflanzenorgan jeweils für welche Kohlsorte verändert wurde.

1 Beschreibe für jede Kohlsorte in Bild 1 die jeweils weitergezüchteten Organe.

2 ❚ Erkläre an einem Beispiel aus Bild 1, wie du bei einer solchen Auslesezüchtung vorgehen würdest.

B Heutige Milchkühe sind Hochleistungskühe

Ein Kalb, das bei seiner Mutter Milch trinkt, benötigt 6 bis 8 Liter Milch pro Tag. Eine Kuh hat eine natürliche Lebenserwartung von 20 Jahren. Heute lebt eine Milchkuh nur 5 bis 6 Jahre.

1 **a)** Beschreibe das Diagramm in Bild 2.
b) Nenne für 1950, 1970, 1990, 2000 und 2020 die durchschnittliche Milchleistung einer Milchkuh.
c) Gib an, nach wie vielen Jahren sich die Milchleistung einer Kuh jeweils verdoppelt.

2 Berechne die Milchleistung einer Kuh pro Tag für die Jahre 1950, 1970, 1990 und 2020.

3 Beschreibe, welche Zuchtziele bei Milchkühen in den letzten 70 Jahren verfolgt wurden.

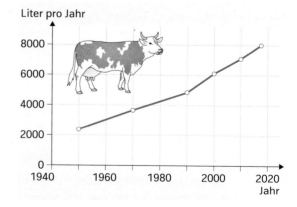

2 Durchschnittliche Milchleistung einer Milchkuh in Deutschland pro Jahr

4 Bewerte anhand deiner Berechnungen und des Textes die Zucht von Hochleistungskühen.

Gentechnik in der Landwirtschaft

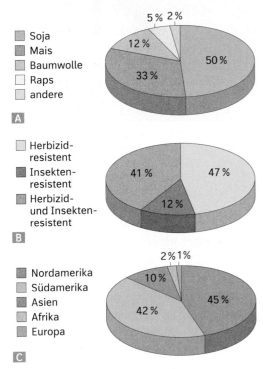

Soja
Mais
Baumwolle
Raps
andere

A

5 % 2 %
12 %
50 %
33 %

Herbizid-resistent
Insekten-resistent
Herbizid- und Insekten-resistent

B

41 % 47 %
12 %

Nordamerika
Südamerika
Asien
Afrika
Europa

C

2 % 1 %
10 %
45 %
42 %

3 Anbau gentechnisch veränderter Nutzpflanzen:
A Arten, **B** Eigenschaften, **C** Kontinente

Gentechnik auf dem Acker

Auf etwa 200 Millionen Hektar werden weltweit gentechnisch veränderte (gv) Nutzpflanzen angebaut. Das sind ca. 14 % der Ackerfläche. Die Tendenz ist steigend. In Deutschland gab es in den letzten 25 Jahren einige Versuchsfelder mit gv-Pflanzen. Der Anbau einiger gv-Sorten ist heute zwar genehmigt, findet aber kaum noch statt.

Soja

Soja ist ein hochwertiges Viehfutter. Es liefert den Tieren das notwendige Eiweiß zum Wachstum und zur Bildung von Milch und Eiern. Gv-Soja trägt eine Herbizidresistenz. Damit kann beim Anbau ein Unkrautvernich-tungsmittel gespritzt werden, ohne die Sojapflanzen zu schädigen.

4 Sojapflanzen und Sojabohnen

Kennzeichnung

Wegen der Um-welt- und Gesund-heitsauswirkungen des oft intensiven Spritzmitteleinsatzes lehnen viele Verbraucher Gentechnik ab. Um eine Entscheidung zu ermöglichen, gibt es die Kennzeichnungs-pflicht. Wenn eine Zutat mit mehr als 0,9 % gv-Anteil in einem Lebensmittel ist, muss dies ausgewiesen werden. Das freiwillige Label „Ohne GenTechnik" gibt unter ande-rem an, dass Tiere kein gv-Futter erhielten.

Ohne Gentechnik

5 Label

1 a) Nenne die gentechnisch veränderten Nutzpflanzen, die vermehrt angebaut werden, und beurteile, welche Rolle sie für die menschliche Ernährung spielen.
b) Nenne die Eigenschaften, die den Pflanzen durch Gentechnik hauptsächlich übertragen wurden, und erläutere die Vorteile und Nachteile für die Landwirte.
c) Nenne die Kontinente, in denen weltweit die meisten gv-Pflanzen angebaut werden.

2 a) Begründe, warum Eier nicht als gentechnisch verändert gekennzeichnet werden müssen, wenn die Hühner gv-Soja oder gv-Mais als Futter bekommen.
b) Erläutere den zusätzlichen Nutzen des Labels „Ohne GenTechnik".

1 Leukämie ist eine schwere Krankheit.

Krebs heilen mit Gentherapie

Leukämie ist Blutkrebs

Unser Blut enthält verschiedene Zelltypen mit unterschiedlichen Aufgaben. Die roten Blutkörpcherchen transportieren Sauerstoff. Die Blutplättchen verschließen Wunden. Die verschiedenen weißen Blutkörpcherchen sind für die Abwehr von Krankheitserregern zuständig. Damit sind sie ein wichtiger Bestandteil des Immunsystems.

Bei Blutkrebs, der **Leukämie,** werden im Knochenmark defekte weiße Blutkörperchen gebildet. Wenn sie sich unkontrolliert vermehren, können sie gesunde Blutzellen verdrängen. Betroffene sind deshalb anfällig für Infektionen und werden bei körperlicher Anstrengung schnell müde.

Der Körper wehrt sich

Die veränderten weißen Blutkörperchen, die Krebszellen, entstehen durch Mutationen in ihrer DNA. Normalerweise werden mutierte Zellen von bestimmten Zellen des Immunsystems, den T-Zellen, erkannt und vernichtet. Die T-Zellen gehören selbst auch zu den weißen Blutkörperchen. Die Krebszellen werden aber von den T-Zellen nicht erkannt und vermehren sich ungehindert (→ Bild 3). Mit einer Gentherapie können körpereigene T-Zellen so verändert werden, dass sie die mutierten Zellen wieder erkennen. Damit kann sich der Körper wieder selbst gegen die Krebszellen wehren.

2 Mehrere T-Zellen greifen eine Krebszelle an.

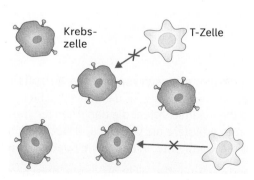

3 Krebszellen werden von den T-Zellen bei Leukämie nicht erkannt.

So funktioniert die Gentherapie

Bei einer Gentherapie werden in bestimmten Körperzellen Gene eines Menschen technisch so verändert, dass eine Krankheit bekämpft werden kann.

Einer Patientin oder einem Patienten mit Leukämie wird Blut entnommen. Aus dem Blut werden T-Zellen isoliert und mit gentechnisch veränderten Viren zusammengebracht. Diese Viren machen nicht krank, sondern werden als Gen-Taxis genutzt. Sie bringen ein wichtiges Gen in die T-Zellen hinein.

Die T-Zellen bauen das Gen dann in ihre DNA ein. Anschließend werden diese veränderten T-Zellen vermehrt und der Patientin oder dem Patienten zurück ins Blut gegeben. Im Körper bilden die T-Zellen nun eine Erkennungsstelle für Krebszellen. So können die T-Zellen die Krebszellen wieder erkennen und vernichten.

Erfolge und Risiken der Therapie

Diese Art der Gentherapie bei Leukämie wird schon vielfach erfolgreich angewandt. Bei ungefähr der Hälfte der Behandelten wirkt die Therapie. Sie haben auch nach einigen Jahren noch keine neuen Krebszellen. Allerdings ist die Therapie oft auch mit Nebenwirkungen wie Entzündungen oder hohem Fieber verbunden. Mögliche Langzeitfolgen sind noch nicht erforscht. Ähnliche Gentherapien gibt es auch gegen andere Krankheiten wie zum Beispiel Erbkrankheiten oder Immundefekte.

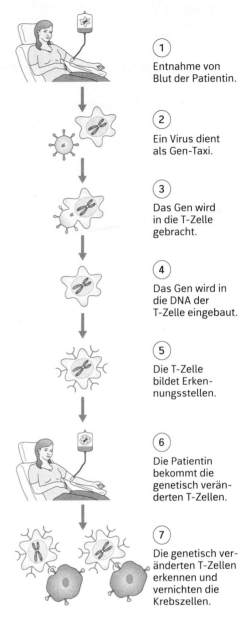

1 Entnahme von Blut der Patientin.

2 Ein Virus dient als Gen-Taxi.

3 Das Gen wird in die T-Zelle gebracht.

4 Das Gen wird in die DNA der T-Zelle eingebaut.

5 Die T-Zelle bildet Erkennungsstellen.

6 Die Patientin bekommt die genetisch veränderten T-Zellen.

7 Die genetisch veränderten T-Zellen erkennen und vernichten die Krebszellen.

4 Ablauf einer Gentherapie bei Leukämie

1 Erkläre, was Leukämie ist.

2 Beschreibe, wie sich der Körper normalerweise gegen mutierte Zellen wehrt.

3 Beschreibe anhand von Bild 4 und des Textes, wie eine Gentherapie bei Leukämie abläuft.

4 **I** Beschreibe, wie die Gentherapie die T-Zellen verändert.

Starthilfe zu 4:
Nimm Bild 4 und den Textabschnitt "So funktioniert die Gentherapie" zu Hilfe.

5 **II** Erkläre, wie sich der Körper bei Leukämie mithilfe einer Gentherapie wieder selbst helfen kann.

A Gentherapie ist nicht gleich Gentherapie

Somatische Gentherapie

Eine Gentherapie kann heute an Körperzellen vorgenommen werden. Damit können Zellen behandelt werden, die schon im Körper existieren. Manche davon können das neue Gen an weitere Zellen weitergeben, wenn sie sich teilen. Bei der somatischen Gentherapie sind niemals alle Zellen eines Körpers betroffen.

Keimbahntherapie

Eine Gentherapie könnte auch in Keimzellen oder in den Zellen eines frühen Embryos vorgenommen werden. Das ist bislang in Deutschland verboten. Wenn Keimzellen, also Spermienzellen oder Eizellen, genetisch verändert werden, bedeutet das, dass alle weiteren Zellen, die aus den Keimzellen entstehen, auch verändert sind. Alle Zellen des daraus entstehenden Menschen sind dann genetisch verändert.

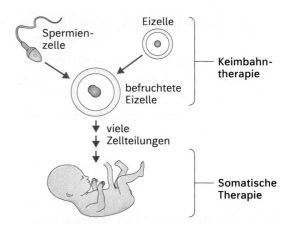

1 Keimbahntherapie und somatische Therapie

1 Vergleiche die somatische Gentherapie mit der Keimbahntherapie.

2 Stelle Vermutungen an, warum die Keimbahntherapie in Deutschland verboten ist.

B Wie die fremden Gene in den Körper kommen

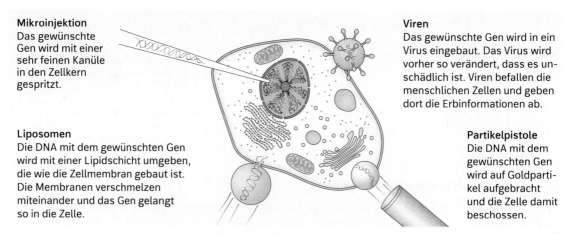

Mikroinjektion
Das gewünschte Gen wird mit einer sehr feinen Kanüle in den Zellkern gespritzt.

Liposomen
Die DNA mit dem gewünschten Gen wird mit einer Lipidschicht umgeben, die wie die Zellmembran gebaut ist. Die Membranen verschmelzen miteinander und das Gen gelangt so in die Zelle.

Viren
Das gewünschte Gen wird in ein Virus eingebaut. Das Virus wird vorher so verändert, dass es unschädlich ist. Viren befallen die menschlichen Zellen und geben dort die Erbinformationen ab.

Partikelpistole
Die DNA mit dem gewünschten Gen wird auf Goldpartikel aufgebracht und die Zelle damit beschossen.

2 Methoden, um fremde Gene in einen Zellkern einzufügen

Bei der Gentherapie gibt es viele Schwierigkeiten. Eine Schwierigkeit besteht darin, das neue Gen in den Zellkern einer Zelle zu bekommen. Dafür gibt es mehrere Methoden.

1 Beschreibe, welches der Verfahren bei der Therapie gegen Leukämie angewandt wird.

2 ❙❙ Vergleiche die einzelnen Methoden in Bezug auf die Hilfsmittel und das Verfahren.

Hoffnung auf „Heile Welt" durch Gentherapie?

Erbkrankheiten erkennen

Manche Familien, in denen schwere Erbkrankheiten vorkommen, setzen große Hoffnung auf die Gentherapie.

Sie könnte es ermöglichen, dass auch Paare, die schwere Krankheiten vererben könnten, gesunde Kinder bekommen.

3 Eigene Kinder trotz Erbkrankheiten in der Familie?

Nur einmal behandeln

Bei einer Gentherapie wäre der genetische Fehler mit einer einzigen erfolgreichen Behandlung für immer behoben. Das eingefügte Gen wird an alle weiteren Zellen vererbt und auch in den nächsten Generationen kommt die Krankheit nicht wieder vor.

Leiden verhindern

Ein Kind leidet an einer angeborenen, lebensbedrohlichen Krankheit. Vielleicht stirbt es auch sehr früh. Das führt zu großem Leid bei den Eltern.

Alle Gene sind veränderbar

Wer Gene verändert, greift in die Natur des Menschen ein. Auf diese Weise wäre auch die Veränderung der Augenfarbe oder die Veränderung von Charaktereigenschaften möglich.

Risiken der Behandlung

Die Gentechnik hat Risiken. Durch das Einbringen eines fremden Gens können andere Gene gestört werden. Das könnte zum Beispiel Krebs auslösen.

Abbruch einer Schwangerschaft

Eine Abtreibung ist in Deutschland dann erlaubt, wenn das Leben der Mutter in Gefahr ist oder der körperliche oder seelische Gesundheitszustand der Mutter so stark beeinträchtigt wird, dass es keine andere Lösung als einen Schwangerschaftsabbruch gibt. Ein sehr schwer krankes Kind zu haben und ein Kind sterben zu sehen, wird als eine solche seelische Belastung angesehen.

Auf Kinder verzichten

Wenn es eine hohe Wahrscheinlichkeit für eine Erbkrankheit gibt, sollte auf eigene Kinder verzichtet werden.

Das Gesetz

Eingriffe am Embryo oder in die Keimzellen sind in Deutschland grundsätzlich verboten. Sie unterliegen dem Embryonenschutzgesetz.

1 **a)** Sortiere die unterschiedlichen Argumente auf den gelben Zetteln nach Argumenten, die deiner Meinung nach für eine Gentherapie sprechen und Argumenten, die dagegen sprechen.
b) Bewerte die verschiedenen Argumente.
c) Diskutiert eure Meinungen.

1 Aktion zur Typisierung möglicher Spenderinnen und Spender von Stammzellen

Die Bedeutung von Stammzellen

Stammzellspender gesucht

Immer wieder gibt es in den Medien Aufrufe, Stammzellen zu spenden. Oft steht im Hintergrund ein an Leukämie erkrankter Mensch, dem nur noch durch eine Spende von Blutstammzellen geholfen werden kann. Bei der Krankheit Leukämie werden im Knochenmark defekte weiße Blutkörperchen gebildet. Nur bei einem Teil der Patienten kann die Krankheit mit Medikamenten oder Gentherapie behandelt werden.

Stammzellen

Stammzellen sind Zellen, aus denen andere Zellen gebildet werden. Die Blutstammzellen, die bei einer Leukämie defekt sind, liegen im **Knochenmark.** Dort bilden sie die Vorläufer aller Zellen, aus denen dann später weiße Blutkörperchen, rote Blutkörperchen und Blutplättchen werden. Aber nicht immer passen die Spender und Empfänger zusammen. Dazu müssen wichtige Merkmale auf den Zellen übereinstimmen. Bei einer Typisierung von möglichen Spendern wird dies geprüft.

Typisierung und Spende sind ungefährlich

Um einen einzigen Spender zu finden, müssen sich viele Menschen typisieren lassen. Das geschieht ganz einfach mit einem Abstrich von der Mundschleimhaut. Wenn die Merkmale zusammenpassen, muss die Spenderin oder der Spender ein Medikament einnehmen. Das Medikament bewirkt, dass sich viele Stammzellen im Blut befinden. Danach wird der Person Blut abgenommen. Aus dem Blut werden die Stammzellen gewonnen, die die erkrankte Person dann bekommt. Für die spendende Person ist das vollkommen ungefährlich.

2 Typisierung mit Wattestäbchen

Adulte Stammzellen

Es gibt aber nicht nur Stammzellen für unsere Blutzellen. Auch in vielen anderen Organen bilden Stammzellen dauernd neue Zellen, um abgestorbene Zellen zu ersetzen. So bilden Leberstammzellen neue Zellen für die Leber. In der Haut bilden Hautstammzellen neue Hautzellen.

> Stammzellen, die nur Zellen für ein bestimmtes Organ bilden können, kommen auch noch im erwachsenen Körper vor. Sie werden deshalb **adulte Stammzellen** genannt.

Embryonale Stammzellen

Es gibt aber auch Stammzellen, die viel mehr können. Aus der befruchteten Eizelle kann ein ganzer Mensch werden. Auch wenn die befruchtete Eizelle sich einige Male geteilt hat, können die Zellen noch zu jedem beliebigen Organ im Körper werden.

> Stammzellen, die zu einem ganzen Körper oder zu allen Organen werden können, gibt es nur in wenige Tage alten Embryonen. Daher heißen sie **embryonale Stammzellen.**

Forscherinnen und Forscher versuchen herauszufinden, wie genau die verschiedenen Zelltypen aus einer einzigen Zelle nach und nach entstehen. Sie hoffen, mit diesen Erkenntnissen Menschen heilen zu können, indem sie gezielt Organe oder Zellen nachzüchten.

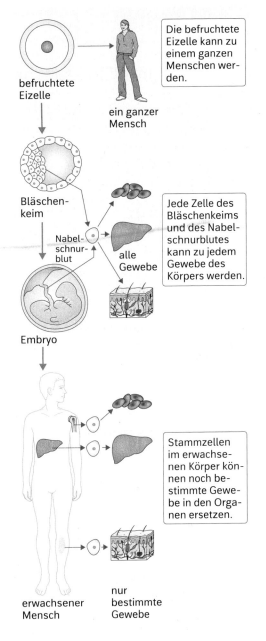

3 Die verschiedenen Stammzellen

① Erkläre, was eine Stammzelle ist.

② Erkläre den Unterschied zwischen adulten und embryonalen Stammzellen.

③ Begründe, warum Forscher an embryonalen Stammzellen interessiert sind.

④ Stelle eine begründete Vermutung auf, warum es ethische Probleme bei der Erforschung der embryonalen Stammzellen geben könnte.

Starthilfe zu 4:
Denke daran, dass es Stammzellen gibt, aus denen sich ein ganzer Mensch entwickeln kann.

⑤ ▍▍ Erkläre, warum es immer wieder Aktionen gibt, bei denen Stammzellspender gesucht werden.

A Mit Stammzellen Krankheiten heilen

Sehr viele Menschen in Deutschland warten auf eine Organspende. Aber auch, wenn ein Spender gefunden wurde, ist die Gefahr einer Abstoßung des Spenderorgans durch das eigene Immunsystem hoch. Wenn aus Stammzellen körpereigene Organe nachgezüchtet werden könnten, hätte dies viele Vorteile.

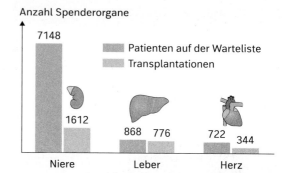

1 Organspenden im Jahr 2019 in Deutschland

1 a) Beschreibe das Diagramm in Bild 1.
b) Werte das Diagramm aus.
c) Erkläre, wie Stammzellen das Problem lösen könnten.

2 Erkläre, welche Art Stammzellen für die Nachzucht körpereigener Organe genutzt werden müssten.

3 ▐▐ Erläutere, welche Vorteile nachgezüchtete Organe aus Stammzellen hätten.

B Fleisch aus dem Stammzellenlabor?

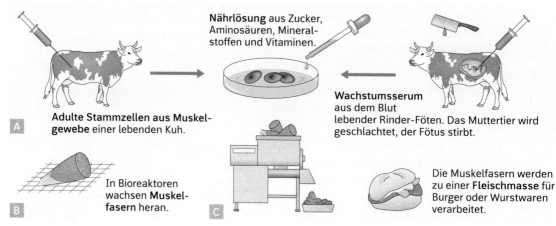

2 Herstellung eines Stammzell-Burgers

Im Hinblick auf den Tierschutz und Klimaschutz ist es wichtig, den Fleischkonsum möglichst einzuschränken.
Forscherinnen und Forscher haben aus Stammzellen Muskelfleisch von Rindern nachgezüchtet und daraus einen Burger hergestellt.

1 Beschreibe anhand von Bild 2, wie der Stammzell-Burger hergestellt wurde.

2 a) Formuliere Fragen, die du zu diesem Verfahren und dem Ergebnis hast.
b) Recherchiere zu deinen Fragen im Internet.

3 Diskutiert, ob der Stammzellen-Burger eine Idee ist, die man weiterverfolgen sollte.

Die Forschung an Stammzellen ist umstritten

Umstrittene Forschung an Stammzellen

Auf die Erforschung von Stammzellen werden viele Hoffnungen gesetzt. Sie könnte helfen, Krankheiten zu heilen, Organe nachzuzüchten und unseren Nahrungsbedarf zu decken. Andererseits ist Stammzellforschung auch umstritten. Sie könnte in Zukunft die Möglichkeit eröffnen, Menschen gezielt zu züchten. Deshalb wird sehr viel über die Stammzellforschung gestritten.

3 Aus Stammzellen können Klone entstehen.

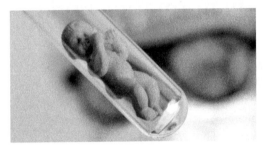

4 Selbst designtes Baby?

Stammzellen können Klone bilden

Stammzellen für die Forschung stammen aus Embryonen, also befruchteten Eizellen, die sich schon mehrfach geteilt haben. Diese Embryonen könnten ein ganzer Mensch werden. Auch aus Zellen, die den Embryonen entnommen werden, könnten ganze Menschen werden. Sie wären dann erbgleich, also Klone.

Designerbabys für die Zukunft?

Die Möglichkeit, Stammzellen zu untersuchen und zu verändern, kann dazu führen, dass in Zukunft Kinder nicht mehr mit zufälligen Eigenschaften auf die Welt kommen.
Es wäre dann möglich, dass sich Eltern gezielt Eigenschaften für ihre Kinder aussuchen können.

Eingeschränkte Forschung in Deutschland

Die Forschung an embryonalen Stammzellen ist in Deutschland stark eingeschränkt. Es dürfen dafür keine überzähligen Embryonen aus künstlichen Befruchtungen genutzt werden. In Deutschland dürfen auch keine Embryonen extra für die Forschung erzeugt werden. Deshalb wird an älteren Zellen aus dem Ausland geforscht.

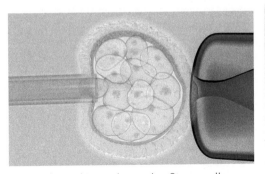

5 Entnahme einer embryonalen Stammzelle

---

1 a) Erkläre, warum Stammzellforschung in Deutschland umstritten ist.
b) Erkläre, welche Hoffnungen sie weckt.

2 ‖ Bewerte, welche Möglichkeiten die Stammzellforschung in Deutschland haben sollte.

1 Modifikation beim Löwenzahn: **A** Pflanze in einer Pflasterritze, **B** Pflanze auf einer Wiese

Erbinformation und Umwelt ergänzen sich

Die Umwelt hat Einfluss

Löwenzahn kann fast überall wachsen. Zwischen Pflasterritzen, an Wegrändern und auf Wiesen ist er zu finden. Ein Löwenzahn auf einer Wiese wächst auf lockerem Boden, seine Wurzeln nehmen viel Wasser und ausreichend Mineralstoffe auf. Auch Licht steht ohne Einschränkung zur Verfügung. Ein Löwenzahn, der in einer engen Pflasterritze wächst, ist vielen Schadstoffen ausgesetzt. Die Versorgung mit Wasser ist schlecht, der Boden ist stark verdichtet. Daher wird dieser Löwenzahn kleiner bleiben und weniger Blätter und Blüten entwickeln als ein Löwenzahn auf einer Wiese.

> Unterschiede im Aussehen, die auf Umwelteinflüsse zurückzuführen sind, heißen **Modifikationen.**

Modifikation ist nicht vererbbar

Weil Modifikationen nicht auf Unterschieden in der DNA beruhen, sind sie auch nicht vererbbar. Durch Modifikationen reagiert ein Organismus gezielt auf besondere Bedingungen, denen er ausgesetzt ist. **Mutationen** hingegen passieren zufällig und verändern die DNA.

Modifikation durch Genregulation

Modifikationen entstehen durch die unterschiedliche Regulation von Genen. Umweltbedingungen können dazu führen, dass bestimmte Gene eingeschaltet oder ausgeschaltet werden.

So führt Licht dazu, dass ein Gen für die Produktion von Chlorophyll eingeschaltet wird und die Pflanze dann auch den grünen Farbstoff bildet (→ Bild 2).

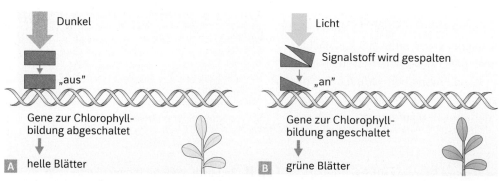

2 Regulation der Gene für Chlorophyll: **A** im Dunkeln, **B** bei Licht

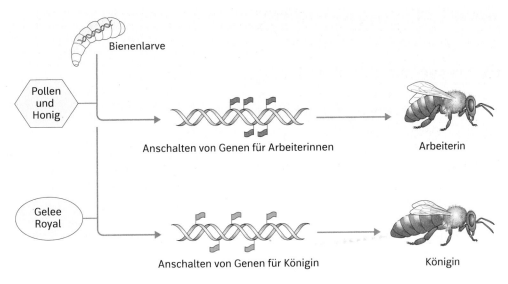

3 Aus einer Bienenlarve kann eine Königin oder eine Arbeiterin werden.

Königin durch spezielles Futter

Bienenweibchen eines Bienenvolkes sind sich genetisch sehr ähnlich. Sie stammen alle von derselben Königin ab. Ob sich aus einem Ei eine Königin oder eine Arbeiterin entwickelt, entscheiden nicht die Gene. Wird eine neue Königin herangezogen, wird die Larve mit einer speziellen Nahrung gefüttert, dem **Gelee Royal.** Die Arbeiterinnen bilden es aus Pollen und Nektar in ihrer Futtersaftdrüse. Gelee Royal schaltet in der jungen Larve Gene ein, die zur Entwicklung von Geschlechtsorganen führen. Bei Arbeiterinnen bleiben diese Gene ausgeschaltet. Die Königinnen vererben diese Eigenschaften aber nicht. Bei jedem abgelegten Ei muss neu entschieden werden, ob sich eine Arbeiterin oder eine Königin daraus entwickeln soll.

Die Menschen werden durch Gene und Umwelt geprägt

Auch Menschen werden durch ihre Gene und ihre Umwelt geprägt. Eineiige Zwillinge entstehen aus derselben befruchteten Eizelle. Ihr genetisches Erbe ist vollkommen gleich. Trotzdem gibt es schon bei der Geburt im Aussehen und in der Persönlichkeit viele Unterschiede. In ihrer weiteren Entwicklung nehmen diese Unterschiede noch zu.

Ein weiteres Beispiel für Modifikation ist die Tatsache, dass die Menschen seit dem Mittelalter immer größer geworden sind. Dies ist nicht nur auf Mutationen in den Genen, sondern auf die Umwelt zurückzuführen. Durch bessere Hygiene, medizinische Versorgung und Ernährung wurden die Menschen immer besser versorgt.

1. Stelle in einer Tabelle die Unterschiede zwischen Modifikation und Mutation dar.

2. Beschreibe die Modifikation bei Pflanzen an einem Beispiel.

3. ▎Erkläre, wie aus der gleichen Bienenlarve eine Arbeiterin oder eine Königin werden kann.

4. ▍Erkläre mithilfe von Bild 2, warum Pflanzenkeimlinge, die kein Licht bekommen, weiß bleiben und nicht grün werden.

Starthilfe zu 4:
Nutze die Begriffe: Licht, Gen für Chlorophyll, Signalstoff

Ⓐ Kresse mit und ohne Licht

Modifikation bei Pflanzen kannst du mit einem einfachen Experiment nachweisen.

Material:
2 Petrischalen, Watte, Kressesamen, Wasser, Pappe, Pappkarton, Glasschale, Smartphone

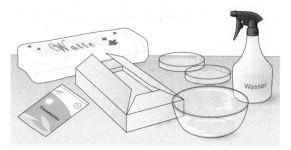

1 Materialien für den Versuch

Durchführung:

Schritt 1: Lege Watte in die beiden Petrischalen und feuchte sie an. Das Wasser sollte nicht in den Petrischalen stehen.

Schritt 2: Streue jeweils ungefähr 30 Kressesamen auf die feuchte Watte.

Schritt 3: Decke eine Petrischale mit dem Pappkarton, die andere mit der Glasschale ab.

Schritt 4: Achte darauf, die Watte über die gesamte Versuchsdauer feucht zu halten.

① Formuliere vor dem Versuch Vermutungen über das Ergebnis des Versuchs.

② Beobachte den Versuch über 8 bis 10 Tage, bis die Kresse hoch gewachsen ist.

③ Protokolliere täglich deine Beobachtungen.

④ Erkläre die Beobachtungen.

Ⓐ Schafgarbe im Versuch

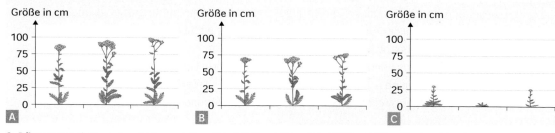

2 Pflanzenwachstum: **A** auf Meereshöhe, **B** in 1400 m Höhe, **C** in 3500 m Höhe (Hochgebirge)

In einem Experiment wurde die Wurzel einer Schafarbe so zerteilt, das neun neue Pflanzen daraus heranwachsen konnten. Die neuen Pflanzen wurden in drei Versuchsgruppen eingeteilt und in verschiedenen Höhenlagen ausgepflanzt. Nach zwei Monaten wurde die Größe der Pflanzen gemessen.

① a) Beschreibe den Ablauf des Versuchs, der in Bild 2 dargestellt ist.
b) Erkläre das Ergebnis des Versuchs.

② ▋ Erkläre, warum alle Pflanzen aus einer Wurzel gezüchtet wurden.

• • ⬤ ÜBEN UND ANWENDEN ⬤

B Fellfarbe und Temperatur

Das Russenkaninchen ist eine kleine Kaninchen-rasse mit weißem Fell und schwarzen Flecken an Ohren, Pfoten und Nase. Diese schwarzen Flecken sind aber nicht bei jedem Kaninchen zu jeder Zeit da. Die Kaninchen werden mit ganz weißem Fell geboren (→ Bild 3).
Die schwarzen Flecken kommen durch die Bildung des Farbstoffs Eumelanin zustande. Dieser Farbstoff wird in mehreren Schritten in speziellen Pigmentzellen aus der Aminosäure Tyrosin gebildet.
Dabei ist die Tyrosinase ein wichtiges Enzym. Die Tyrosinase reagiert empfindlich auf Wärme. Bei über 35 °C zerfällt sie und kann ihre Aufgabe nicht mehr erfüllen (→ Bild 4).

3 Russenkaninchenmutter mit zwei Jungtieren

1 Beschreibe, wie sich die Jungtiere der Russenkaninchen vom Muttertier unter-scheiden.

2 Erkläre, warum bei höherer Temperatur in den Pigmentzellen der Russenkaninchen kein Farbstoff gebildet wird.

Starthilfe zu 2:
Nutze dazu auch Bild 4.
Folgende Begriffe kannst du verwenden:
aktiv, inaktiv, Tyrosin, Tyrosinase, Eumelanin

3 **a)** Nenne Körperteile der Kaninchen, an denen die Haut Pigmentzellen enthält.
b) Erläutere, warum diese Körperteile des Russenkaninchens gefärbt sind.

Starthilfe zu 3b:
Nicht alle Körperteile eines Kaninchens sind gleich warm.

4 ‖ Erläutere mithilfe von Bild 4, wie es zu den unterschiedlich gefärbten Kaninchen in verschieden warmen Ställen kommt.

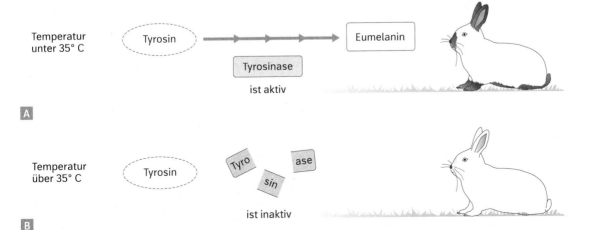

A

Temperatur unter 35° C — Tyrosin → Eumelanin — Tyrosinase ist aktiv

B

Temperatur über 35° C — Tyrosin — Tyro sin ase ist inaktiv

4 Fellfarbe bei Russenkaninchen: **A** in Umgebung unter 35° Celsius, **B** in Umgebung über 35° Celsius

Auf einen Blick: Gene und Vererbung

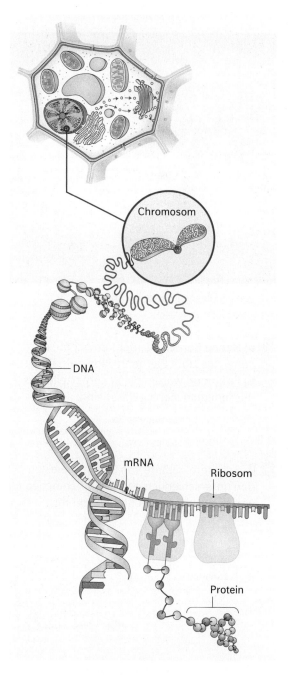

Chromosom

DNA

mRNA

Ribosom

Protein

Zelle und Zellteilung

Das Innere von Zellen ist durch Membranen in verschiedene Zellorganellen unterteilt.
Der Zellkern ist die Steuerzentrale der Zelle. Im Zellkern sind die Erbinformationen in den Chromosomen gespeichert. Einzelne Abschnitte auf den Chromosomen werden Gene genannt. Bevor sich eine Zelle teilt, verdoppelt sich die DNA identisch (Replikation). Damit liegen alle Erbinformationen zweimal vor. Bei der Mitose werden die Erbinformationen identisch auf zwei Tochterzellen verteilt.

Die Erbinformation

Die DNA ist ein gewundener Doppelstrang. Er besteht aus Phosphorsäure, Zucker und den vier Basen Adenin, Cytosin, Guanin und Thymin. In der Reihenfolge der Basen auf den Chromosomen sind die Erbinformationen verschlüsselt. Die Zellkerne menschlicher Zellen enthalten 46 Chromosomen. Sie bilden 23 Paare, die homologen Chromosomen. Ein Paar davon sind die Geschlechtschromosomen. Jeweils eines der homologen Chromosomen haben wir vom Vater und eines von der Mutter erhalten.

Vom Gen zum Merkmal

Die DNA bildet die Grundlage für die Bildung von Proteinen in den Zellen. Dazu wird die DNA zunächst kopiert (Transkription). Anschließend wird die mRNA an den Ribosomen abgelesen. Entsprechend der Abfolge der Basen werden nun verschiedene Aminosäuren zu Proteinen verbunden (Translation). Der gesamte Prozess wird Proteinbiosynthese genannt. Die Proteine sorgen für die Ausprägung von Merkmalen.

WICHTIGE BEGRIFFE

- Zelle, Zellorganellen
- Zellteilung, Mitose
- Chromosom, Gen, DNA-Doppelstrang
- Basen: Adenin, Thymin, Cytosin, Guanin
- homologe Chromosomen

WICHTIGE BEGRIFFE

- Proteinbiosynthese: Transkription, Translation
- mRNA, tRNA
- Aminosäuren, Proteine

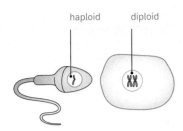

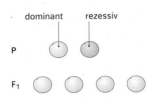

Meiose und Befruchtung

Fast alle unsere Zellen sind diploid. Nur die Keimzellen sind haploid. Während der Meiose werden zuerst die homologen Chromsomenpaare auf zwei Tochterzellen aufgeteilt. Anschließend werden die Chromatiden der Chromosomen getrennt. So entstehen haploide Keimzellen. Bei der Befruchtung einer Eizelle mit einer Spermienzelle werden die beiden haploiden Chromsomensätze wieder zu einem diploiden verdoppelt. Dabei kommt es zur Neukombination der Gene von Mutter und Vater. Bei jeder Befruchtung entstehen neue Gen-Kombinationen.

Genotyp und Phänotyp

Kinder erhalten für jedes Merkmal Informationen sowohl von der Mutter als auch vom Vater. Diese Kombination von Erbinformationen ist der Genotyp. Die sichtbare Ausprägung eines Merkmals im Phänotyp hängt davon ab, welches der beiden Allele sich durchsetzt.

MENDELsche Regeln

GREGOR MENDEL entdeckte, dass sich dominante Allele für ein Merkmal gegenüber rezessiven Allelen im Phänotyp durchsetzen. Trotzdem kann auch das rezessive Allel vorhanden sein und weitervererbt werden. Unterschiedliche Merkmale werden unabhängig voneinander neu kombiniert und vererbt.

Mutationen

Mutationen sind Veränderungen der DNA. Sie können durch Mutagene verursacht werden. Erbkrankheiten werden durch Mutationen in den Keimzellen verursacht. Mutationen sorgen aber auch für Vielfalt und sind für die Evolution der Lebewesen verantwortlich.

In der Landwirtschaft werden Mutationen für die Züchtung genutzt. In der Gentechnik werden Veränderungen der DNA technisch herbeigeführt, um Lebewesen gezielt zu verändern und für den Menschen nutzbar zu machen.

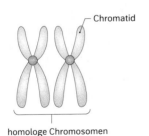

homologe Chromosomen

Röntgenbild

WICHTIGE BEGRIFFE

- haploid, diploid
- Keimzelle, Spermienzelle, Eizelle
- Meiose, Neukombination
- Allel
- Genotyp, Phänotyp

WICHTIGE BEGRIFFE

- MENDELsche Vererbungsregeln
- dominant, rezessiv
- Mutation, Mutagen
- Züchtung
- Gentechnik, Stammzellen

Auf einen Blick

Lerncheck: Gene und Vererbung

Zelle und Zellteilung

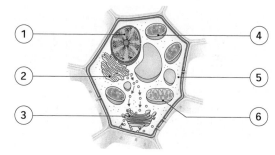

1 Benenne die nummerierten Zellorganellen und nenne jeweils eine Funktion für jedes Zellorganell.

2 a) Beschreibe den Prozess, der als Zellzyklus bezeichnet wird.
b) Beschreibe die Phasen der Mitose.

3 a) Erkläre, warum sich die DNA vor jeder Mitose identisch verdoppeln muss.
b) Begründe, warum es notwendig ist, dass beide Tochterzellen vor der Zellteilung die identischen Erbinformationen haben.

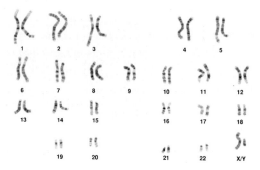

4 a) Beschreibe das dargestellte Karyogramm.
b) Beurteile, welches Geschlecht im Karyogramm dargestellt ist.

DU KANNST JETZT ...

- ... den Bau einer Zelle erklären.
- ... die Funktionen von Zellorganellen erläutern.
- ... beschreiben, wie sich Zellen teilen.
- ... die Bedeutung von Chromosomen für die Vererbung erklären.

Vom Gen zum Merkmal

5 Erkläre die Begriffe Chromatid, Centromer, Chromosom.

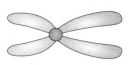

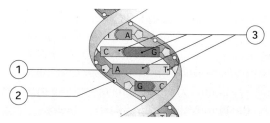

6 a) Benenne die nummerierten Bestandteile der DNA.
b) Erläutere den Begriff „komplementäre Basen".

7 a) Nenne die beiden zentralen Vorgänge bei der Proteinbiosynthese.
b) Beschreibe, wie die Information der DNA in Proteine übersetzt wird.

8 Beschreibe mögliche Folgen von Mutationen.

9 Erläutere, was eine veränderte Base innerhalb eines Basentripletts für Auswirkungen bei der Proteinbiosynthese haben kann.

10 a) Gib drei Beispiele für Funktionen, die Proteine haben können.
b) Farbstoffe in Blüten werden mithilfe von Enzymen gebildet. Erkläre einen möglichen Zusammenhang zwischen einem Gen und einer roten Blüte.

DU KANNST JETZT ...

- ... ein Karyogramm beschreiben.
- ... den Aufbau der DNA erläutern.
- ... erklären, wie von der DNA ausgehend Proteine entstehen.
- ... die Folgen von Mutationen beschreiben.

Meiose und Befruchtung

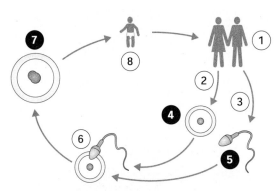

⑪ Ordne den Zahlen in der Abbildung folgende Begriffe zu: Eltern, Meiose, Meiose, Spermienzelle, Eizelle, Befruchtung, befruchtete Eizelle, Kind. Füge den schwarzen Zahlen „haploid" oder „diploid" hinzu.

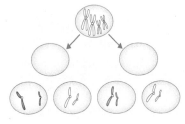

⑫ a) Beschreibe die Schritte der Meiose.
b) Zeichne die Abbildung ab und ergänze die richtigen Farben für die Chromosomen.
c) Beschrifte deine Abbildung mit folgenden Begriffen: Urkeimzelle, Meiose I, Meiose II, Keimzellen, diploid, haploid

⑬ Erkläre, wie durch die Meiose Vielfalt entstehen kann. Nutze dazu die Abbildung aus Aufgabe 12 und zeichne eine Meiose, die zu anderen Keimzellen führt.

DU KANNST JETZT ...

- ... die Entstehung von Keimzellen beschreiben.
- ... den Unterschied zwischen Keimzellen und Körperzellen erklären.

MENDELsche Vererbungsregeln

Die Meerschweinchen sind reinerbig.
Das Allel für schwarze Fellfarbe ist dominant.
Geschecktes Fell ist dominant über einfarbiges Fell.

⑭ a) Bestimme die Genotypen der Meerschweinchen. Nutze für die Allele der Farben den Buchstaben „S" für Schwarz und „s" für Braun. Bezeichne das Allel für gescheckt mit „G" und für einfarbig mit „g".
b) Führe die Kreuzung bis zur F_2-Generation durch.

Züchtung und Gentechnik

⑮ Erkläre die Begriffe Auslesezüchtung und Kreuzungszüchtung.

⑯ Beschreibe, wie du mithilfe der Auslesezüchtung aus mittelgroßen Tomaten
Riesentomaten züchten könntest.

⑰ Erkläre an einem Beispiel, wo heute Gentechnik genutzt wird.

⑱ Beurteile, ob auf Gentechnik verzichtet werden sollte.

DU KANNST JETZT ...

- ... die MENDELschen Regeln nennen und anwenden.
- ... Methoden der Züchtung erklären.
- ... erklären, was Gentechnik ist.
- ... die Bedeutung von Stammzellen erläutern.

Lerncheck

Evolution

Wie entstehen eigentlich neue Arten?

Sind Affen die Vorfahren der Menschen?

Hat sich das Verhalten im Laufe der Evolution verändert?

1 Fossil eines *Tyrannosaurus rex*

Fossilien sind Zeugen der Erdgeschichte

Fossilien belegen die Evolution

Im Laufe vieler Millionen Jahre sind immer wieder neue Arten von Lebewesen entstanden. Diese Entwicklung in der Erdgeschichte heißt **Evolution.** Die meisten Arten, die im Laufe der Evolution entstanden, sind wieder ausgestorben (→ Bild 1).

> Die Überreste ausgestorbener Lebewesen bezeichnen wir als **Fossilien.**

Oft ähneln Fossilien heute lebenden Arten. Zum Beispiel sieht das etwa 153 Millionen Jahre alte Fossil eines jungen Urkrokodils dem Skelett heutiger Krokodile sehr ähnlich (→ Bild 2). Mithilfe solcher Fossilien kann die Geschichte heute lebender Tiere oft weit in die Vergangenheit verfolgt werden.

2 Babykrokodil aus der Urzeit

Dinosaurier in Deutschland

In den Jahren 2007 und 2008 stießen Wissenschaftler in Obernkirchen in Niedersachsen bei einer Ausgrabung auf eine Vielzahl unterschiedlicher Saurierspuren. Vor mehr als 100 Millionen Jahren lebten dort Saurier. Das damals tropische Klima bot den Reptilien ideale Lebensbedingungen. Die Ausgrabungsarbeiten brachten Fußspuren von einigen Raubsauriern und Pflanzenfressern an die Oberfläche. Die Spuren der Pflanzenfresser belegen, dass Arten wie das *Iguanodon* im Rudel lebten.

Altersbestimmung von Fossilien

Anhand der Gesteinsschichten, in denen Fossilien gefunden werden, kann deren Alter bestimmt werden. Weiter oben liegende Schichten sind jünger als die darunter liegenden. Werden Fossilien aus einer bekannten Gesteinsschicht in Amerika auch in Afrika entdeckt, kann daraus das ungefähre Alter der Gesteinsschicht und der darin liegenden Fossilien abgeleitet werden. Solche Fossilien werden als **Leitfossilien** bezeichnet.
Für eine exaktere Altersbestimmung nutzen Wissenschaftler physikalische und chemische Untersuchungsmethoden.

Wie Fossilien entstanden

Funde von vollständigen Skeletten sind sehr selten. Wissenschaftler vermuten, dass solche Tiere beispielsweise am Rand eines flachen Gewässers gestorben sind. In kurzer Zeit wurden ihre Körper von Schlick und Sand bedeckt (→ Bild 3 B). Die so abgedeckten Körper hatten keinen Kontakt mit Sauerstoff. Die Weichteile der Tiere verfaulten. Aber die Körper wurden nicht vollständig zersetzt. Hartteile wie Zähne und Knochen blieben erhalten. Immer neue Schichten aus Schlamm und Sand lagerten sich über den toten Sauriern ab. Je feiner dieses abgelagerte Material war, desto mehr Einzelheiten sind heute an den Fossilien erkennbar.

Durch Mineralsalze aus eindringendem Wasser, durch zunehmenden Druck und hohe Temperaturen veränderte sich die Beschaffenheit der Knochen. Bei diesem Prozess der **Versteinerung** blieb die Form der Körperteile jedoch erhalten.

Wie Fossilien wieder auftauchen

Durch Bewegungen in der Erdkruste kamen die Fossilien wieder an die Erdoberfläche. Dort werden sie auch heute noch durch Regen und Wind wieder freigelegt. Häufig handelt es sich bei den Fossilien um Abdrücke von versteinerten Hartteilen wie Panzern oder Knochen. Auch Abdrücke von Pflanzen werden gefunden. Solche Funde werden auf der ganzen Welt gemacht.

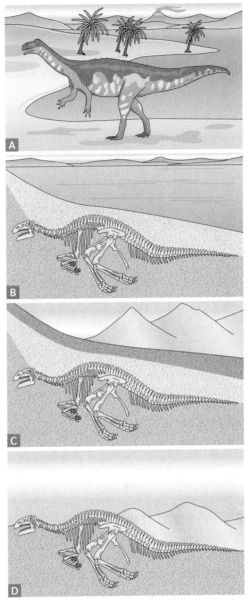

3 Versteinerung eines *Iguanodons*

1. Erkläre den Begriff Evolution.

2. Beschreibe an einem Beispiel die Bedeutung von Fossilien für die Wissenschaft.

3. Beschreibe mithilfe der Bilder 3 A – D, wie ein Fossil entsteht.

4. Erkläre den Prozess der Versteinerung eines Lebewesens.

Starthilfe zu 4:
Folgende Begriffe sollten in deiner Erklärung vorkommen: Schlick und Sand, kein Sauerstoff, Mineralsalze, Druck, Temperatur

5. Ⅰ Nenne zwei Beispiele für Tiere, die im Lauf der Evolution wieder ausgestorben sind.

6. Ⅱ Stelle eine begründete Vermutung auf, weshalb Fossilien von Tieren, die im oder am Wasser gelebt haben, häufiger gefunden werden, als solche von Landtieren.

Ⓐ Die Entstehung eines Abdrucks

1 Der Abdruck eines Trilobiten

Nach dem Tod des Trilobiten (→ Bild 1) wurde das Tier mit Schlamm und Sediment bedeckt. Der harte Panzer hinterließ Abdrücke im Sediment. Nach der Zersetzung des Tieres blieben die Abdrücke erhalten und versteinerten.
Es gibt Abdrücke des Panzers von der Außenseite und von der Innenseite.

① Beschreibe, wie der Abdruck des Trilobiten entstanden ist.

② Fossilien gibt es nicht nur in Form von Abdrücken.
a) Informiere dich über die folgenden Fossilien-Arten: Steinkerne, versteinertes Holz, Mumifizierung oder Bernstein-Einschlüsse.
b) Stelle deine Ergebnisse vor.

Ⓐ Wie entsteht ein Fossilien-Modell?

2 Herstellung eines Fossilien-Modells

Material: zum Beispiel ein Schneckengehäuse, ein Tetra-Pak, Schnellgips, Gipsbecher, Wasser, Löffel, Seidenpapier, Hammer, Meißel

① **a)** Plant die Durchführung zur Herstellung eines Fossilien-Modells mithilfe einer Muschelschale oder eines Schneckengehäuses und Gips.
Tipp: Mit den gegebenen Materialien könnt ihr zwei Arten von Fossilien-Modellen herstellen.
b) Stellt euer Fossilien-Modell her.
c) Präsentiert es nach der Fertigstellung der Klasse und erklärt eure Vorgehensweise. Berichtet auch von euren Schwierigkeiten.
d) Erklärt, welchen Vorgang der Fossilien-Bildung ihr bei der Herstellung eures Modells nachvollzogen habt.

Die Rekonstruktion eines Dinosauriers

3 Fund eines *Plateosaurus*

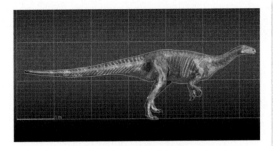

5 Modell der Muskulatur von *Plateosaurus*

Die Rekonstruktion des Skeletts

Die Funde von Fossilien werden zunächst vorsichtig aus dem Gestein herausgelöst und gut verpackt in ein wissenschaftliches Institut gebracht. Meist werden nur wenige versteinerte Knochen gefunden, die oft verstreut im Gestein liegen. Die **Rekonstruktion** der Skelette ist die Aufgabe von **Präparatorinnen** und **Präparatoren.** Sie sortieren die Knochen, bauen fehlende Skelettteile nach und rekonstruieren das ursprüngliche Aussehen des Sauriers.

Dazu werden die vorhandenen Knochen mit Lasern vermessen. Mithilfe der Daten werden die Größe und die Lage der fehlenden Knochen ermittelt. Diese Knochen werden aus speziellen Kunststoffen nachgebildet oder mit 3D-Druckern angefertigt.

Die Herstellung von Modellen

Die lebensnahe Darstellung eines Dinosauriers ist sehr schwierig, da Weichteile wie die Muskulatur fast nie vorhanden sind. Um Aussagen über das Aussehen der Tiere zu machen, wird das fossile Skelett mit dem Knochenbau lebender Tieren verglichen. Außerdem wird die Muskelmasse von großen Wirbeltieren, wie zum Beispiel Elefanten, mit Laserscannern ermittelt. Diese Daten werden anschließend am Computer auf das Skelett eines Dinosauriers mit vergleichbarer Körpergröße übertragen.

Über die Farbe der Haut oder deren Musterung ist bis heute nichts bekannt. Bei der Rekonstruktion lebensechter Modelle wird daher darauf geachtet, wie der Lebensraum der Tiere beschaffen war, an den sie angepasst waren.

4 Rekonstruktion eines *Plateosaurus*

6 Modell eines *Plateosaurus*

1 Beschreibe die Herstellung von Modellen.

2 Erkläre, wie Wissenschaftler vorgehen könnten, wenn sie die Farbe und die Musterung der Haut eines Dinosauriers rekonstruieren wollen.

《

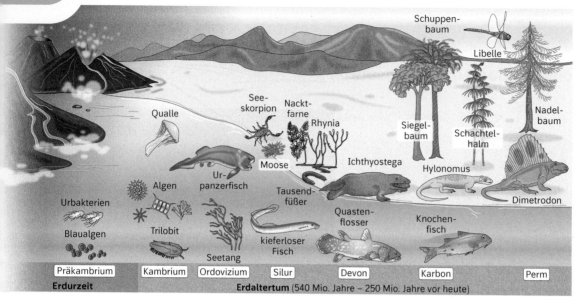

1 Die Entwicklung der Lebewesen im Laufe der Evolution: Erdurzeit und Erdaltertum

Digital+
Film

Die Erdzeitalter und ihre Lebewesen

Die Entstehung der Erde

Vor etwa 4,5 Milliarden Jahren entstand die Erde. Sie war ein glühender Gasball, der über viele hundert Millionen Jahre abkühlte. Meteoriteneinschläge, extreme Regenfälle und Vulkanausbrüche prägten die Entstehungszeit der Erde.

Die „Uratmosphäre" bestand vermutlich aus Stickstoff, Kohlenstoffdioxid, Wasserdampf, Schwefelwasserstoff, Methan und Spuren von Ammoniak. Sauerstoff gab es noch nicht.

Die Erdurzeit

Urbakterien gab es schon vor 3,8 Milliarden Jahren. Andere Bakterien konnten etwa 600 Millionen Jahre später bereits Fotosynthese betreiben und ihre Nährstoffe selbst bilden. Der bei der Fotosynthese entstandene Sauerstoff war für die damaligen Lebewesen giftig. Diese deutliche Umweltveränderung überlebten nur wenige Organismen. Vor 1,5 Milliarden Jahren nutzten erste höher entwickelte Zellen den Sauerstoff bei der Zellatmung.

Das Erdaltertum

Im **Kambrium** entwickelten sich viele mehrzellige Lebewesen im Wasser. Zum Beispiel Algen, Quallen und Gliederfüßer wie die Trilobiten. Panzerfische waren im **Ordovizium** die ersten Wirbeltiere im Wasser. Im **Silur** besiedelten Nacktfarne als erste höhere Pflanzen das Land. Lungenfische lebten im **Devon.** Sie waren Vorfahren der ersten Landwirbeltiere. Urlurche wie *Ichthyostega* konnten sich bereits an Land auf vier Beinen fortbewegen. Bei der Fortpflanzung waren sie jedoch noch auf das Wasser angewiesen. Erste Pflanzen wie *Rhynia* besiedelten die Ufer.

Erst die Reptilien konnten vollständig an Land leben. Im **Karbon** war es zum Beispiel *Hylonomus*. Zudem entstanden im Karbon riesige Sumpfwälder. Hier wuchsen Siegelbäume, Schuppenbäume und baumhohe Schachtelhalme. Ein typisches Reptil im **Perm** war der Fleisch fressende *Dimetrodon*. In dieser Zeit entwickelten sich auch die ersten Nadelbäume.

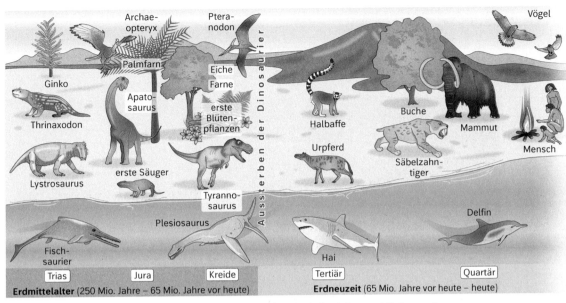

2 Die Entwicklung der Lebewesen im Laufe der Evolution: Erdmittelalter und Erdneuzeit

Das Erdmittelalter

Im Erdmittelalter beherrschten laufende, fliegende und schwimmende Saurier die meisten Lebensräume auf der Erde.

Zu Beginn des **Trias** waren Pflanzenfresser wie *Lystosaurus* und Fleischfresser wie *Thrinaxodon* häufige Reptilienarten.

Im **Jura** entwickelten sich die größten und schwersten Landlebewesen, wie der *Apatosaurus*. Im Jura lebten auch schon wenige kleine Säugetiere.

Am Ende der **Kreidezeit** starben die Saurier aus. Die Ursachen sind bisher noch ungeklärt. Die Vögel gelten heute als die direkten Nachfahren der Dinosaurier. Neben Farnen und Bärlappgewächsen entwickelten sich die ersten Laubbäume und Blütenpflanzen.

Die Erdneuzeit

Auch Wechselwirkungen zwischen den Lebewesen beeinflussen die Evolution. Solange die Saurier alle Lebensräume besetzten, gab es nur wenige Säugetiere. Erst nach dem Aussterben der Saurier konnten sich die Säugetiere in großer Artenvielfalt entwickeln.

Im **Tertiär** wuchsen bei tropischem Klima Wälder fast bis zum Nordpol. Als es trockener und kühler wurde, entstanden Laubwälder aus Eichen und Buchen. Am Ende des Tertiärs hatten sich erste menschenähnliche Lebewesen entwickelt.

Im **Quartär** wurden die Tiere und Pflanzen den heutigen Lebewesen immer ähnlicher. Erste Menschen wie *Homo erectus* lebten vor etwa zwei Millionen Jahren.

① Beschreibe die Auswirkung, die das Auftreten von Sauerstoff auf die Entwicklung der Lebewesen hatte.

② Ordne in einer Tabelle jedem Erdzeitalter typische Lebewesen dieser Zeit zu.

Starthilfe zu 2:

Erdzeitalter	Pflanzen	Tiere
Erdaltertum	Algen,...	Qallen,...

③ ▮▮ Erkläre den Zusammenhang zwischen dem Aussterben der Dinosaurier und der anschließenden Artenvielfalt bei den Säugetieren.

④ ▮▮ Erläutere, welche entscheidenden Entwicklungen sich bei den Lebewesen vom Silur bis in das Karbon vollzogen.

A Giganten der Weltmeere

1 Ein Plesiosaurier bei der Jagd

Im Erdzeitalter des Jura gab es Saurier an Land, in der Luft und im Wasser. Die Plesiosaurier lebten in Meeren. Sie wurden bis zu 15 m lang und wogen bis zu 100 t. Plesiosaurier waren Fleischfresser. Für die Fortbewegung nutzten sie ihre vier flügelförmigen Flossen und den kräftigen Schwanz. Plesiosaurier legten im Gegensatz zu vielen Reptilien keine Eier. Sie brachten vollentwickelte lebende Junge zur Welt.

❶ Beschreibe, wie Plesiosaurier lebten.

❷ ‖ Stelle eine begründete Vermutung auf, weshalb die Plesiosaurier vermutlich keine Eier legten.

Starthilfe zu 2:
Vergleiche ihre Fortpflanzung mit der Fortpflanzung bei den Walen.

❸ Recherchiere zu weiteren Giganten der Meere aus dem Erdmittelalter. Stelle deine Ergebnisse vor.

B Der Siegeszug der Säugetiere

2 Die ersten Säugetiere waren mausgroß.

Erste säugetierähnliche Lebewesen gab es bereits vor 220 Millionen Jahren im Trias. Fossilien-Funde belegen, dass sie mit den heutigen Spitzmäusen Ähnlichkeit hatten. Die Säugetiere entwickelten sich über lange Zeit und über viele Übergangsformen aus frühen Reptilien. So lange, wie die Dinosaurier die meisten Lebensräume besetzten, spielten die Säugetiere eine geringe Rolle. Erst, als die Saurier ausstarben, änderte sich das.

❶ Erkläre, warum sich die Säugetiere erst nach dem Aussterben der Saurier in großer Vielfalt entwickelten.

C So starben die Dinosaurier vermutlich aus

3 Meteoriten-Einschlag

4 Die Halbinsel Yukatan

Vor etwa 66 Millionen Jahren traf ein riesiger Meteorit die Erde. Der Einschlag auf der Halbinsel Yukatan erzeugte einen Krater von fast 200 km Durchmesser.
Mit diesem Ereignis könnte das Aussterben der Dinosaurier begonnen haben. Durch den Aufprall des Meteoriten entstanden riesige Flutwellen, die viele Saurier töteten. Zudem kam es zu weiträumigen Buschbränden und es gelangten gewaltige Mengen Asche und Schwefel in die Luft. Dadurch verdunkelte sich lange Zeit der Himmel.
Da die Sonne kaum noch die Erdoberfläche erreichte, wurde das Klima deutlich kälter.

Viele Pflanzen konnten aus Lichtmangel keine Fotosynthese mehr betreiben und starben.
In der Folge starben viele Pflanzenfresser und schließlich auch die Fleisch fressenden Dinosaurier aus.

1 Erkläre, wie es zum Aussterben der Dinosaurier vor rund 65 Millionen Jahren kam.

2 **‖** Stelle eine begründete Vermutung auf, warum die viel kleineren Säugetiere die Auswirkungen des Meteoriten-Einschlags überleben konnten.

D Artensterben am Ende der Eiszeit

Wollnashörner lebten vor 500 000 bis etwa 12 000 Jahren in den eiszeitlichen Steppen Westeuropas und Ostasiens. Sie zählten zu den häufigsten Säugetierarten der letzten Eiszeit. Wollnashörner waren Einzelgänger oder lebten in kleinen Gruppen. Zum Schutz vor der Kälte hatten sie ein sehr dickes Fell. Als Pflanzenfresser ernährten sie sich überwiegend von Gras.
Vor etwa 12 000 Jahren verschwanden die Wollnashörner und viele andere große Tierarten. Die Wissenschaft sieht die Ursache dafür in den steigenden Temperaturen. Durch das wärmere Klima veränderte sich der Lebensraum der Wollnashörner. An die neuen Umweltbedingungen waren die Wollnashörner nicht angepasst. Sie starben aus.

5 Wollnashörner

1 Beschreibe die Lebensweise der Wollnashörner.

2 Erkläre, warum die Wollnashörner und viele andere Lebewesen am Ende der letzten Eiszeit ausstarben.

3 Recherchiere weitere Lebewesen, die am Ende der letzten Eiszeit ausstarben. Stelle deine Ergebnisse vor.

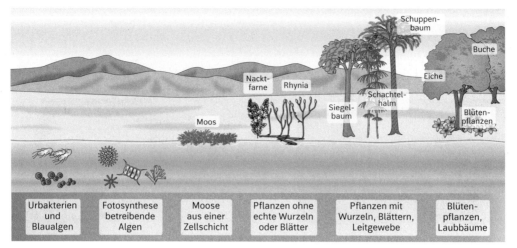

1 Die Entwicklung der Landpflanzen

Die Lebewesen erobern das Land

Das Leben begann im Wasser

Im Kambrium gab es noch keine Lebewesen an Land. In den Meeren war das Leben jedoch sehr vielfältig. Das belegen zahlreiche Fossilienfunde.

Pflanzen im Wasser

Die Pflanzenwelt bestand nur aus Algen. Die Algen waren sehr klein und lebten frei im Wasser. Später entstanden fadenförmige und kugelförmige pflanzliche Algen. Sie konnten bereits das Sonnenlicht zur Energiegewinnung nutzen. Dabei entstand Sauerstoff, der sich im Wasser anreicherte.

Tiere im Wasser

Im Wasser gab es bereits Vertreter aus fast jedem heute existierenden Tierstamm. Zahlreiche Würmer, Schwämme, Nesseltiere und Gliederfüßer mit Außenskeletten aus Kalk besiedelten die Ozeane.
Über ihre Körperoberfläche oder über Kiemen konnten die Tiere den im Meerwasser gelösten Sauerstoff aufnehmen. So konnten sich erste Tierarten entwickeln, die den Sauerstoff für ihre Lebensprozesse benötigten.

Die Pflanzen erobern das Land

Im Ordovizium entwickelten sich aus Algen die ersten einfachen Landpflanzen in Form von Moosen. Die ersten echten Landpflanzen wie *Rhynia* lebten im Devon. Sie hatte einen verzweigten Spross, aber noch keine Blätter. Mit einem wurzelartigen Erdspross hielt sie sich im Boden fest. Im Lauf vieler Millionen Jahre entwickelten sich echte Wurzeln zur Verankerung im Boden und zur Wasseraufnahme. Festigungsgewebe sorgten für Stabilität und einen aufrechten Stand. Durch Leitgewebe gelangten Wasser und Nährstoffe in alle Pflanzenteile. Zudem entwickelten die Landpflanzen Blätter. Mit ihnen konnten die Pflanzen das für die Fotosynthese nötige Kohlenstoffdioxid aus der Luft aufnehmen.
Im Karbon gab es dann Wälder mit Baumfarnen, Schuppenbäumen und Schachtelhalmen. Blütenpflanzen und Laubbäume entstanden erst in der Kreidezeit.

> Die ersten Pflanzen und Tiere entstanden im Wasser. Für das Leben an Land war die Entwicklung von Organen nötig, die Pflanzen und Tiere vom Leben im Wasser unabhängig machten.

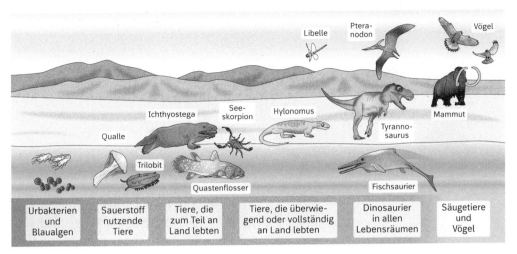

2 Die Entwicklung der Landtiere

Die ersten Tiere gehen an Land

Die ersten Gliederfüßer gab es bereits im Kambrium. Sie hatten einen Panzer aus Chitin. Dieser Panzer schützte die Tiere an Land vor der Austrocknung. Vermutlich waren Seeskorpione und Tausendfüßer die ersten Landtiere im Silur. Aus ihnen entwickelten sich später dann auch die Insekten, wie beispielsweise Libellen.

Die Fische gehen an Land

Vor 400 Millionen Jahren lebten Quastenflosser, die sich mit ihren Gliedmaßen auf dem Meeresboden fortbewegten. Bei einigen Arten der **Quastenflosser** entwickelte sich neben den Kiemen ein Schwimmblasen-Lungen-Organ. Damit konnten diese Fische Luft atmen und zeitweise am Ufer leben.

Das erste Landtier

Für die Fortbewegung an Land waren Veränderungen im Körperbau notwendig. Vorher nutzten die Tiere den Auftrieb des Wassers. An Land waren starke Muskeln und kräftige Beine nötig, um den schweren Körper zu tragen. *Ichthyostega* hatte noch einen Fischschwanz aber auch schon Beine. Er lebte wie die heutigen Amphibien.

Die ersten Reptilien

Vor etwa 300 Millionen Jahren entwickelten sich aus den Amphibien erste Reptilien wie *Hylonomus*. Sie legten Eier, deren Schale sie vor Zerstörung und Austrocknung schützten. So waren die Reptilien unabhängiger vom Wasser. Es begann das Zeitalter der Dinosaurier. Erst später entwickelten sich Vögel und Säugetiere.

① Beschreibe vier Angepasstheiten, die Pflanzen zur Besiedlung des Landes brauchten.

② Beschreibe, welche Entwicklungen bei den Organen notwendig waren, damit die ersten Wirbeltiere das Wasser verlassen konnten.

③ Nenne Merkmale von Reptilieneiern, die Angepasstheiten an das Ablegen der Eier an Land sind.

④ Ⅰ **a)** Beschreibe die Besonderheit in der Entwicklung der Atmungsorgane bei einigen Arten der Quastenflosser.
Ⅰ **b)** Erkläre, welche Vorteile sich daraus für diese Quastenflosser-Arten ergaben.

Starthilfe zu 1:

Angepasstheit	Funktion
Wurzeln	

Ⓐ Angepasstheiten an das Leben an Land

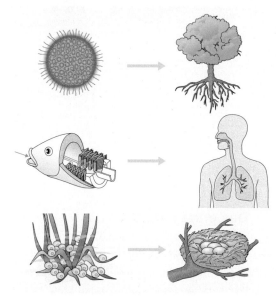

1 Angepasstheiten an das Leben an Land

Damit Pflanzen und Tiere das Land besiedeln konnten, mussten sich bestimmte Angepasstheiten entwickeln.

① Beschreibe mithilfe von Bild 1, welche grundsätzlichen Angepasstheiten die Pflanzen und die Tiere entwickeln mussten, um das Land besiedeln zu können.

② ‖ Erkläre, warum die Tiere für das Leben an Land starke Muskeln und kräftige Gliedmaßen brauchten.

Starthilfe zu 2:
Nutze den Textabschnitt „Das erste Landtier" auf der Basisseite.

③ ‖‖ Erkläre die Funktion der schützenden Außenhaut bei Landtieren.

Ⓑ Vom Land zurück ins Wasser

2 Eine Gruppe Schwertwale

Alle Wal-Arten sind Säugetiere und atmen mit Lungen. Durch Fossil-Funde ist belegt, dass ihre Vorfahren vor vielen Millionen Jahren an Land gelebt haben müssen. Die nächsten Verwandten der Wale sind wahrscheinlich die Flusspferde. Die Gründe für den Rückgang ins Wasser sind noch nicht völlig geklärt. Wissenschaftler vermuten eine mögliche Nahrungskonkurrenz mit anderen Säugetieren oder Nahrungsangebote im Meer, die sie besser nutzen konnten als die Fische.

① Nenne mögliche Gründe, weshalb bei Walen eine Entwicklung zurück ins Meer erfolgte.

② ‖ a) Recherchiere weitere Säugetierarten, bei denen eine Entwicklung vom Land zurück ins Wasser stattgefunden hat.
‖‖ b) Erläutere, welche ihnen gemeinsame körperliche Eigenschaft auf ihre frühere Lebensweise hindeutet.

ÜBEN UND ANWENDEN

C Der Stammbaum der Wirbeltiere

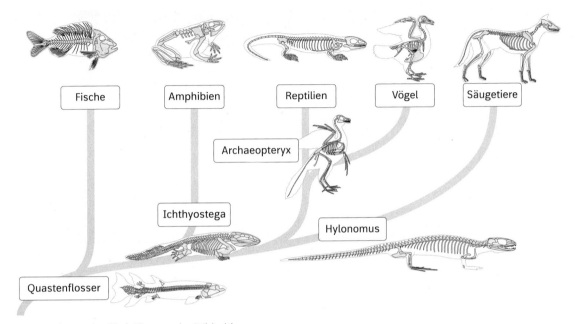

3 Stammbaum der fünf Klassen der Wirbeltiere

Stammesgeschichte der Wirbeltiere
Die fünf Klassen der Wirbeltiere haben sich zu unterschiedlichen Zeiten entwickelt.

Die Fische
Die Panzerfische waren die erste Gruppe der Wirbeltiere. Sie atmeten mit Kiemen. Mit den ersten Lungenfischen, wie den Quastenflossern, begann die Eroberung des Landes.

Die Amphibien
An die Stelle der Kiemenatmung trat bei den Amphibien die Lungenatmung. Damit konnten sie das Wasser längere Zeit verlassen. Sie hatten vier Beine mit Schultergürtel und Beckengürtel. *Ichthyostega* gilt als erstes Landtier. Es hatte Merkmale von Fischen und Reptilien.

Die Reptilien
Als erstes vollständig an das Landleben angepasste Wirbeltier gilt *Hylonomus*. Es legte Eier mit einer Schale und einer Eihaut. Dieses neue Merkmal führte zu den Vögeln und Säugetieren.

Die Vögel
Die ersten Vögel entwickelten sich aus Reptilien. Der bekannteste Beleg ist der *Archaeopteryx*. Er hatte eine gleichbleibende Körpertemperatur.

Die Säugetiere
Aus ersten Reptilien entwickelten sich auch gleichwarme Säugetiere. Sie waren unabhängiger von den Umweltbedingungen. Die neuen Merkmale waren ein Haarkleid, Milchdrüsen und das Gebären von lebenden Jungen.

1 Nenne Merkmale, die am Anfang der Evolution von Reptilien, Vögeln und Säugetieren jeweils neu entstanden sind.

2 Erkläre mithilfe des Stammbaums in Bild 3, zu welcher Tiergruppe die nächsten Verwandten der Vögel gehören.

Digital+
Film

1 Mensch und Delfin

Ähnlichkeiten und Verwandtschaft

Bau von Arm und Flosse

Die Arme beim Menschen und die Flossen eines Delfins haben äußerlich keine Gemeinsamkeiten. Auch ihre Funktionen sind sehr unterschiedlich. Die menschlichen Arme mit den Händen werden zum Greifen und Festhalten genutzt. Die Flossen des Delfins sind zum Schwimmen geeignet. Beim Vergleich des Knochenbaus von Arm und Flosse zeigt sich jedoch ein gemeinsamer Grundbauplan. Beide bestehen aus Oberarmknochen, Unterarmknochen und Handknochen (→ Bild 2).

Homologe Organe

Der Grundbauplan der Vordergliedmaßen ist bei allen Wirbeltieren gleich.

> Organe, die trotz ihrer oft unterschiedlichen Funktion einen **gemeinsamen Grundbauplan** haben, werden als **homologe Organe** bezeichnet.

Homologe Organe sind ein Hinweis auf gemeinsame Vorfahren. Im Laufe der Evolution wurde der ursprüngliche Bauplan immer wieder durch geringe, zufällige genetische Veränderungen abgewandelt.

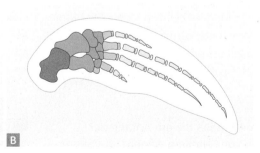

2 Vordergliedmaßen von Wirbeltieren: **A** Mensch, **B** Delfin

Analoge Organe

Ähnliches Aussehen oder vergleichbare Funktionen hingegen sind nicht immer ein Beleg für eine stammesgeschichtliche Verwandtschaft. Beispielsweise haben sowohl Vögel als auch Schmetterlinge Flügel, mit denen sie fliegen können. Die Flügel dienen dem gleichen Zweck. Sie haben jedoch einen vollkommen unterschiedlichen Aufbau. Vögel haben typische Wirbeltiergliedmaßen. Die Flügel bei Schmetterlingen sind hingegen aus einem festen Stoff, der Chitin heißt.

> Organe, die die gleiche Funktion erfüllen, aber einen **unterschiedlichen Grundbauplan** haben, werden als **analoge Organe** bezeichnet.

Solche Ähnlichkeiten in der Funktion von Organen sind das Ergebnis von Angepasstheiten unterschiedlicher Lebewesen an den gleichen Lebensraum.

3 Analoge Organe (Flügel): **A** Vogel, **B** Schmetterling

Rudimentäre Organe

Einige Tierarten besitzen stark zurückgebildete Organe, die keine Funktion mehr erfüllen. So haben Wale Reste von Beckenknochen und Oberschenkelknochen, obwohl ihnen die hinteren Gliedmaßen fehlen. Solche Organreste werden als **rudimentäre Organe** bezeichnet. Sie belegen, dass die Vorfahren der Wale im Laufe der Evolution einmal vierbeinige Landsäugetiere waren.

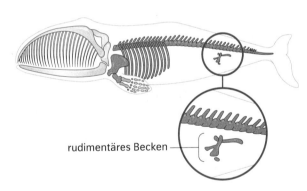

rudimentäres Becken

4 Rudimentäre Knochen beim Wal

① Betrachte die Vordergliedmaßen von Mensch und Delfin in Bild 2. Begründe, warum es sich um homologe Organe handelt.

Starthilfe zu 1:
Beachte die Farbgebung der einzelnen Knochen bei Mensch und Delfin.

② Erkläre, warum homologe Organe auf gemeinsame Vorfahren hinweisen.

③ Erkläre an einem Beispiel, weshalb ein ähnliches Aussehen oder eine vergleichbare Funktion nicht immer ein Beleg für eine stammesgeschichtliche Verwandtschaft sind.

④ ❙❙ Vergleiche die Vorderflosse des Wals in Bild 4 mit den Vordergliedmaßen in Bild 2. Beurteile, ob es sich um homologe oder um analoge Organe handelt.

⑤ ❙❙❙ Seelöwen haben auf ihren Flossen Reste von Fingernägeln oder Fußnägeln. Stelle eine begründete Vermutung über die Entwicklungsgeschichte dieser Tiere auf.

»

A Homologe Organe bedeuten gemeinsame Vorfahren

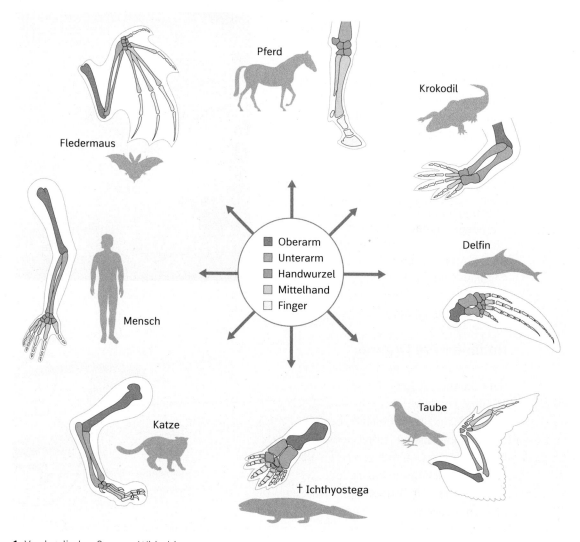

1 Vordergliedmaßen von Wirbeltieren

1 **a)** Wähle aus dem Bild 1 vier Wirbeltiere mit ihren Vordergliedmaßen aus.
b) Beschreibe den jeweiligen Lebensraum der vier Wirbeltiere.
c) Vergleiche die Vordergliedmaßen der vier Wirbeltiere und begründe, warum es sich um homologe Organe handelt.

> **Starthilfe zu 1c:**
> Betrachte dazu den Grundbauplan der Vordergliedmaßen in Bezug auf ihre Funktion.

2 **a)** Vergleiche den Fledermausflügel mit der Katzenpfote.
b) Nenne Gemeinsamkeiten und Unterschiede.
c) Stelle eine begründete Vermutung auf, wie sich die Unterschiede im Bau entwickelt haben könnten.

3 **III** Erläutere an einem Beispiel, dass homologe Organe durchaus unterschiedliche Funktionen haben können.

Ⓑ Maulwurf und Maulwurfsgrille

Der Maulwurf und die Maulwurfsgrille graben beide mithilfe ihrer vorderen Gliedmaßen Gänge unter der Erde.
Maulwürfe haben die typischen Gliedmaßen eines Wirbeltiers. Die Maulwurfsgrille hat keine Knochen, sondern die vorderen Gliedmaßen sind ein abgewandeltes Insektenbein aus Chitin.

❶ Die abgebildeten Tiere zeigen Ähnlichkeiten im Körperbau. Entscheide, ob es sich dabei um homologe oder analoge Organe handelt.

❷ ‖ Stelle eine begründete Vermutung über die Entwicklungsgeschichte der ähnlich aussehenden Vordergliedmaßen bei Maulwurf und Maulwurfsgrille auf.

2 Grabbeine: **A** Maulwurf, **B** Maulwurfsgrille

Ⓒ Hai und Delfin

Haie und Delfine sind schnell schwimmende Raubtiere im Meer. Sie haben eine ähnliche Körperform, sind aber nicht eng verwandt. Haie gehören zu den Knorpelfischen und Delfine sind Säugetiere.
Die ähnliche Körperform hat sich im Verlauf der Stammesgeschichte bei beiden Tierarten unabhängig voneinander entwickelt. Sie ist eine Angepasstheit an ähnliche Umweltbedingungen. Eine solche Entwicklung wird als **Konvergenz** bezeichnet. Sie liefert keine Belege für eine stammesgeschichtliche Verwandtschaft.

❶ Nenne Gemeinsamkeiten und Unterschiede im Körperbau von Hai und Delfin.

❷ Begründe, warum Hai und Delfin nicht eng miteinander verwandt sind.

❸ ‖ Nenne Umweltbedingungen, die zur konvergenten Entwicklung der Körperform bei Haien und Delfinen geführt haben.

3 Anpassungen an den Lebensraum Wasser: **A** Hai, **B** Delfin

❹ ‖ Erkläre an einem Beispiel, wie sich bei nicht verwandten Tierarten im Laufe der Evolution Ähnlichkeiten im Körperbau entwickeln konnten.

Digital+
Film

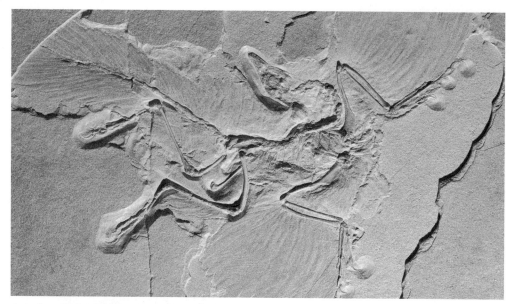

1 *Archaeopteryx*: Ein Fossil aus Solnhofen

Belege für die Evolution

Der Archaeopteryx

1861 wurde im bayrischen Solnhofen das versteinerte Skelett eines rabenähnlichen Tieres aus dem Jura gefunden.

Neben Federn, Flügeln und einem vogelartigen Kopf, hatte es Zähne, Krallen an den Flügeln und einen knöchernen Schwanz, wie bei den Reptilien. Weitere typische Merkmale von Reptilien sind eine Wirbelsäule mit nicht verwachsenen Wirbeln und Bauchrippen. Untersuchungen zeigten zudem einen vogeltypischen Schultergürtel und die zu einem Gabelbein verwachsenen Schlüsselbeine. Diese Merkmale sind typisch für heutige Vögel.

2 Rekonstruktion eines *Archaeopteryx*

Der Archaeopteryx ist eine Mosaikform

Dieses ungewöhnliche Tier schien wie ein Mosaik aus Einzelteilen eines Reptils und eines Vogels zusammengesetzt. Es wurde *Archaeopteryx* genannt.

Die bisher elf Fossil-Funde von *Archaeopteryx* sind von wissenschaftlich großer Bedeutung. Sie zeigen alle Merkmale von zwei benachbarten Tierklassen: den Reptilien und den Vögeln.

> Lebewesen, die Merkmale verschiedener systematischer Gruppen aufweisen, heißen **Mosaikformen.**

Mosaikformen belegen, dass es eine Evolution von einer Tierklasse zu einer anderen Tierklasse gegeben haben muss. Sie werden daher auch Brückentiere genannt. Zwischen den Dinosauriern und den heutigen Vögeln gab es vermutlich viele Mosaikformen, die alle ausgestorben sind. Die Vögel sind die einzigen Nachkommen der Dinosaurier, die heute noch leben.

3 *Ginkgo biloba*

4 Schnabeltier

Der Ginkgobaum ist ein lebendes Fossil

Die bis zu 40 Meter hohen Ginkgobäume gab es schon vor 250 Millionen Jahren auf der Erde. Bis zur Kreidezeit existierten weltweit viele unterschiedliche Arten. Während der Eiszeit wurde der Ginkgo jedoch aus Europa verdrängt. Erst im Jahr 1730 brachten ihn Seefahrer aus Japan nach Europa zurück.
Ginkgo biloba ist die einzige heute noch vorkommende Art. Sie gilt als **lebendes Fossil,** da ihre Merkmale in der Erdgeschichte fast unverändert geblieben sind. *Ginkgo biloba* ist weder ein Laubbaum noch ein Nadelbaum, sondern bildet eine eigene Pflanzenklasse.

Das Schnabeltier ist ein lebendes Fossil

Schnabeltiere leben in Australien. Sie besitzen als Mosaikform körperliche Merkmale von Vögeln, Reptilien und Säugetieren. Ihre Eier haben wie bei Reptilien eine ledrige Schale. Die Ausgänge von Darm, Harnleiter und Geschlechtsorganen enden in nur einer Öffnung, der Kloake. Die Kloake ist ein typisches Merkmal bei Reptilien und Vögeln. Schnabeltiere haben außerdem ein Fell und füttern ihre Jungen mit Milch, die aus Poren auf der Bauchseite kommt. Schnabeltiere entwickelten sich vor 166 Millionen Jahren aus reptilienähnlichen Säugetieren. In ihrer Entwicklung haben sie bestimmte Merkmale von Reptilien, Vögeln und Säugetieren behalten.

1. Nenne die Besonderheiten im Körperbau von *Archaeopteryx*.

2. Erkläre, warum Tiere wie *Archaeopteryx* als Mosaikform bezeichnet werden.

Starthilfe zu 2:
Bedenke, dass *Archaeopteryx* Merkmale von zwei Tierklassen aufweist.

3. Erkläre an einem Beispiel, warum die Bezeichnung „lebendes Fossil" in sich widersprüchlich ist.

Starthilfe zu 3:
Als Fossilien werden Lebewesen bezeichnet, die nicht mehr leben..

4. ‖ „Das heutige Schnabeltier ist eine Mosaikform." Nimm begründet Stellung zu dieser Aussage.

5. ‖ Erläutere, welche Bedeutung Funde wie der *Archaeopteryx* für das Verständnis von Evolutionsprozessen haben.

● ● ⬤ **ÜBEN UND ANWENDEN**

Ⓐ Halb Reptil und halb Vogel

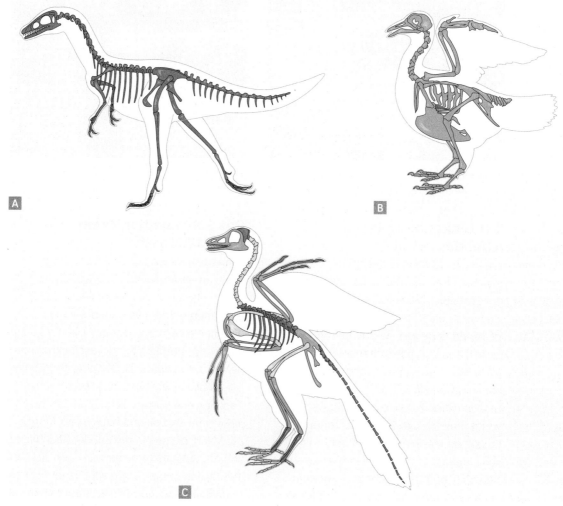

1 Skelette: **A** Reptil, **B** Vogel, **C** *Archaeopteryx*

Die Fossilfunde von *Archaeopteryx* waren das erste entdeckte Bindeglied zwischen zwei Wirbeltierklassen.

① *Archaeopteryx* (→ Bild 1 C) hat Merkmale von Reptilien (→ Bild 1 A) und von Vögeln (→ Bild 1 B) Erstelle eine Tabelle und ordne die jeweiligen Merkmale zu.

② Nenne körperliche Merkmale des *Archaeopteryx*, die nicht mithilfe des Skeletts ermittelt werden können.

③ a) Recherchiere, wo in Deutschland Fossilien von *Archaeopteryx* gefunden wurden.
b) Recherchiere weltweite Fundorte. Stelle deine Ergebnisse vor.

④ Ⅱ a) Der Quastenflosser ist ein Lebewesen, das Merkmale von Fischen und Amphibien aufweist. Recherchiere, welche Merkmale das sind.
Ⅲ b) Erläutere die wissenschaftliche Bedeutung der Entdeckung lebender Quastenflosser.

Ⓑ Vom Urpferd zum heutigen Pferd

Leben im Wald

Als vor etwa 55 Millionen Jahren die Entwicklung der Pferde begann, waren große Bereiche auf der Erde von dichten Wäldern bedeckt. Hier lebte das Urpferd **Hyracotherium.** Es war nur so groß wie ein Schäferhund. Seine Nahrung waren weiche Blätter und Früchte. Mit seinen 4 Zehen an den Vorderpfoten war es gut an den weichen Waldboden angepasst. Vor etwa 35 Millionen Jahren hatte sich das etwa 60 cm große **Mesohippus** entwickelt. Es hatte noch drei Zehen. Mit seinem Gebiss konnte es schon festere Blätter zerkauen.

Leben in der Steppe

Als das Klima kälter und trockener wurde, breiteten sich Grasflächen aus. Dies beeinflusste auch die Entwicklung der Pferde. Das ponygroße **Merychippus** entwickelte sich vor etwa 25 Millionen Jahren. Seine Beine waren länger und der deutlich größere Mittelzeh hatte bereits eine Hufform. Die Zähne waren zum Zerreiben harter Gräser gut geeignet. Mit **Pliohippus** hatte sich vor etwa 7 Millionen Jahren das Pferd zu einem schnellen Steppentier weiterentwickelt. Dadurch war es vor Raubtieren relativ sicher.

Heutige Pferde

Viele Pferdeartige starben in Folge der Eiszeit vor etwa 12 000 Jahren aus. Die damals lebenden Menschen zähmten vor etwa 10 000 Jahren Wildpferde und züchteten sie gezielt weiter. Welche Wildpferdeart der Urahn unserer **heutigen Pferde** ist, konnte wissenschaftlich noch nicht belegt werden. Zu den Pferdeartigen gehören auch die Esel und die Zebras.

1 Beschreibe die Entwicklung der Pferde.

2 **a)** Erkläre an einem Beispiel, wie die Pferdeartigen an ihre Umwelt angepasst waren.
b) Begründe, warum die vorgestellten Pferdeartigen keine gerade Entwicklungslinie darstellen.

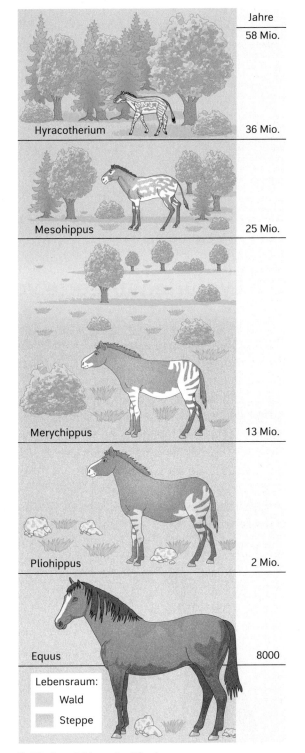

Jahre
58 Mio.

Hyracotherium   36 Mio.

Mesohippus   25 Mio.

Merychippus   13 Mio.

Pliohippus   2 Mio.

Equus   8000

Lebensraum:
Wald
Steppe

2 Die Entwicklung der Pferde

1 Giraffen in Afrika

Die Evolutionstheorie von CHARLES DARWIN

DARWINS Theorie zur Entstehung von Arten

Bis ins 19. Jahrhundert waren viele Menschen der Ansicht, dass jede einzelne Art der Lebewesen von Gott erschaffen wurde und alle Arten unveränderlich sind. CHARLES DARWIN fand heraus, dass sich die Arten im Laufe der Evolution immer wieder verändern. Er vertrat die Ansicht, dass sich alle Arten aus früheren Formen entwickelt haben.

2 CHARLES DARWIN (1809 – 1882)

Die Tiere innerhalb einer Art unterscheiden sich

Eine Forschungsreise um die Welt und zahlreiche Beobachtungen brachten DARWIN zu seiner Vorstellung über die Entwicklung der Arten. Am Beispiel der Giraffen lässt die Entwicklung des langen Halses gut erklären.

Innerhalb einer Art gleicht kein Tier dem anderen in jedem Detail. Es gibt eine große **Variabilität,** also Vielfalt. Die Giraffen haben etwas unterschiedlich lange Hälse, Beine oder eine leicht andere Fellmusterung. Diese Merkmale geben sie durch Vererbung an ihre Nachkommen weiter. Heute ist bekannt, dass die Unterschiede durch ungerichtete und zufällige Veränderungen des Erbmaterials entstehen, die **Mutationen.** Durch **sexuelle Fortpflanzung** kommt es zur **Rekombination,** der Neukombination des Erbmaterials, Die zufälligen neuen Eigenschaften können für ein Lebewesen je nach den Umweltbedingungen von Vorteil oder von Nachteil sein.

Angepasstheit bringt Vorteile

Die Vorfahren der Giraffen lebten in Wäldern und fraßen Blätter von Büschen und Bäumen. Sie hatten kurze Hälse, aber die Tiere unterschieden sich leicht in der Länge ihrer Hälse. Durch Veränderungen des Klimas gab es irgendwann nur noch höhere Bäume. Die Tiere mit etwas längeren Hälsen hatten nun einen Vorteil. Durch ihre **Angepasstheit** an hohe Bäume kamen sie besser an das Futter heran.

Die natürliche Auslese

Die Giraffen bekamen reichlich Nachwuchs. Diese **Überproduktion von Nachkommen** führte zur **Konkurrenz** um das begrenzte Nahrungsangebot. Die Tiere mit den längeren Hälsen konnten sich besser ernähren. Dadurch hatten sie auch mehr **Erfolg bei der Fortpflanzung.** Ihr Nachwuchs erbte den langen Hals der Eltern. Über viele Generationen hinweg gab es so nach und nach immer häufiger Giraffen mit längeren Hälsen. Giraffen mit kurzen Hälsen wurden dagegen immer seltener, da sie durch die schlechte Ernährung weniger Nachkommen hatten. Sie starben schließlich aus. Durch diese **natürliche Auslese** entwickelten sich die Giraffen zu einer Art mit langen Hälsen.

> Die natürliche Auslese, bei der sich durch bessere Angepasstheit ein Merkmal durchsetzt, wird **Selektion** genannt.

3 DARWINS Evolutionstheorie zur Entstehung des langen Giraffenhalses

① Beschreibe die Vorstellungen der Menschen zur Entstehung der Arten im 19. Jahrhundert.

② Erkläre die Entstehung der langen Hälse bei den Giraffen mit der Theorie von DARWIN. Erstelle dazu ein Flussdiagramm.

Starthilfe zu 2:

> Giraffen haben unterschiedlich lange Hälse (Variabilität)
> ↓

③ ‖ Nenne die entscheidenden Faktoren, die nach DARWIN zur Entwicklung der langen Hälse bei den Giraffen geführt haben.

④ ‖ Im Lauf der Evolution wurden die Hälse der Giraffen immer länger. Stelle eine begründete Vermutung auf, weshalb die Hälse der heutigen Giraffen nicht haushoch sind.

Ⓐ LAMARCKS Theorie zur Entstehung von Arten

A

B

C

1 A - C LAMARCKS Theorie zur Entstehung der Arten

JEAN BAPTISTE LAMARCK (1744 – 1829) entwickelte als einer der ersten Forscher eine Theorie zur Entstehung der Arten. Nach seiner Theorie passten sich die Lebewesen nach und nach den wechselnden Umweltbedingungen an.

Nach LAMARCK sollen die langen Hälse der Giraffen dadurch entstanden sein, dass die Vorfahren der heutigen Giraffen ihre Hälse zum Fressen nach oben streckten. Dadurch sollen die Hälse immer länger geworden sein.

LAMARCK erkannte zwar den Wandel der Arten, konnte ihn aber nicht richtig erklären. Seine Theorie von der Vererbung erworbener Eigenschaften wird als **Lamarckismus** bezeichnet. LAMARCKS Theorie gilt heute als widerlegt.

❶ Beschreibe die Unterschiede in den Theorien von LAMARCK und DARWIN zur Entstehung der Arten.

❷ **Ⅲ** Erkläre, warum die Theorie von LAMARCK nach heutigen Erkenntnissen falsch ist.

Ⓑ Vorteile durch fehlende Flügel?

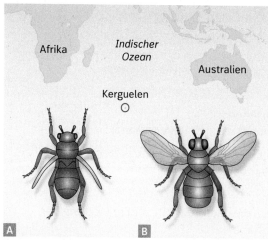

Afrika

Indischer Ozean

Australien

Kerguelen

○

A

B

2 Kerguelen-Inseln: **A** Kerguelen-Fliege, **B** normale Fliegenart

Die auf den Kerguelen-Inseln lebenden Kerguelen-Fliegen haben keine oder stark zurückgebildete Flügel. Daher können sie nicht fliegen. Auf den Inseln herrschen ständig starke Winde und die Fliegen haben ein sehr geringes Körpergewicht.

❶ **a)** Erkläre, warum die fehlenden Flügel für die Kerguelen-Fliegen einen Selektionsvorteil darstellen.
b) Erkläre, warum fehlende Flügel für andere Arten von Fliegen in Lebensräumen ohne starke Winde ein Nachteil wären.

❷ **Ⅲ** Erläutere die Entstehung der flügellosen Kerguelen-Fliegen mithilfe der Theorie von CHARLES DARWIN.

IM ALLTAG

Religiöse Mythen über die Entstehung des Lebens

3 Uluru (Ayers Rock): Der heiliger Berg

4 MICHELANGELO: Die Erschaffung Adams

Naturreligionen

Theorien über die Entstehung des Lebens sind schon sehr alt. In vergangenen wie gegenwärtigen Kulturen gab und gibt es Vorstellungen über ein schöpferisches Wesen. Die Regenbogenschlange ist beispielsweise für die Aborigines Australiens die Quelle allen Lebens. In ihrem Glauben erschufen die Ahnen alle Lebewesen und sind damit die eigentlichen Schöpfer der Welt. Die Aborigines behandeln die Erde mit Respekt und Verantwortung. Sie wollen die Welt im Urzustand der Schöpfung erhalten und so an ihre Nachkommen weitergeben.

Auch bei den Indianern in Nordamerika ist die gesamte Umwelt beseelt. Deshalb wird von jedem Menschen erwartet, dass er mit der Natur respektvoll umgeht.

Christliche Schöpfungsmythen

Nach christlichem Glauben schuf Gott die Welt mit allen Lebewesen. Demnach sind alle Lebewesen seit Anbeginn der Welt unverändert vorhanden. Daraus leiten einige Anhänger dieses Glaubens ab, dass sich die Arten seit dem Beginn des Lebens auf der Erde nicht mehr verändert haben.

Seit dem 20. Jahrhundert leugnet eine Bewegung aus Nordamerika die Evolutionstheorie. Ihre Anhänger verfolgen das Ziel, den Schöpfungsbericht der Bibel als einzig gültige Grundlage eines Weltbildes wieder einzusetzen. Diese Richtung wird als Kreationismus bezeichnet. Die Kreationisten halten es für wissenschaftlich belegbar, dass alle Lebewesen als sogenannte Grundtypen von einem Schöpfer geschaffen wurden.

1 Beschreibe die wesentlichen Aspekte der dargestellten Schöpfungstheorien.

2 Informiere dich über Schöpfungsmythen aus anderen Kulturen wie beispielsweise den Mayas, Azteken, alten Ägyptern, Römern oder Germanen.

3 Recherchiere, welchen Einfluss der Kreationismus auf den Biologieunterricht in Nordamerika hat. Stelle deine Ergebnisse vor.

4 ‖ Viele Menschen können ihren Glauben mit der Evolutionstheorie vereinbaren. Der Kreationismus beansprucht für sich, die einzige und auch bessere Wissenschaft zu sein. Bewerte mögliche Gefahren, die von Glaubensgruppen dieser Art ausgehen können.

Ähnlich dem Urfinken

1 Finkenarten auf Galapagos: **A** Großer Grundfink frisst harte Samen. **B** Kleiner Grundfink frisst weiche Samen. **C** Vegetarischer Fink frisst Blüten.

Die Entstehung neuer Arten

Die Galapagos-Finken

Die entscheidenden Ideen für seine Evolutionstheorie erhielt DARWIN durch den Besuch der Galapagos-Inseln vor Südamerika (→ Bild 2). Ihm fiel die große Ähnlichkeit der dort lebenden Finken-Arten auf. Oft unterschieden die Finken sich nur in der Form ihrer Schnäbel.

DARWIN vermutete, dass alle 13 Finken-Arten, die auf verschiedenen Inseln lebten, von einem „Urfinken" abstammten (→ Bild 1A). Diese Urfinken mussten vom Festland Südamerikas auf die Inseln gelangt sein. Alle heutigen Galapagos-Finken haben sich aus diesen Urfinken entwickelt.

Galapagos-Inseln

Amazonas

SÜDAMERIKA

Anden

Pazifischer Ozean

2 Südamerika, Heimat des „Urfinken"

Die Evolutionsfaktoren Mutation und Rekombination

Bei den auf den Galapagos-Inseln lebenden Urfinken hatten sich nach einiger Zeit etwas unterschiedliche Schnabelformen entwickelt. Die veränderten Schnabelformen waren das Ergebnis zufälliger und ungerichteter Veränderungen des Erbmaterials. Solche Veränderungen werden **Mutationen** genannt. Bei der sexuellen Fortpflanzung der Finken kam es zur **Rekombination**, also der Neukombination des veränderten Erbmaterials. Dadurch entstand eine Vielfalt, eine sogenannte **Variabilität,** bei den Schnabelformen.

Der Evolutionsfaktor Selektion

Die unterschiedlichen Schnabelformen brachten den Finken bessere oder schlechtere Überlebenschancen. Gab es in einem Lebensraum beispielsweise viele harte Samen, dann hatten Finken mit einem kräftigen Schnabel Vorteile gegenüber anderen Finken-Arten. Sie konnten sich besser ernähren, vermehrten sich stärker und vererbten die Anlagen für kräftige Schnäbel an ihre Nachkommen.

Die Auswahl der am besten angepassten Lebewesen wird als **Selektion** bezeichnet.

3 Finkenarten auf Galapagos: **A** Kaktusfink frisst Blütennektar. **B** Kleiner Baumfink frisst Insekten.
C Spechtfink stochert nach Insektenlarven.

Der Evolutionsfaktor räumliche Isolation

Auf den verschiedenen Inseln entwickelten sich die Finken sehr unterschiedlich. Die räumliche Trennung führte dazu, dass sich die Vögel über die Inseln hinweg nicht mehr paarten. Zwischen den Finken der einzelnen Inseln wurden keine Erbinformationen mehr ausgetauscht.
Je länger diese räumliche Trennung dauerte, desto größer wurden die Unterschiede zwischen den Finken auf den verschiedenen Inseln. Diese **räumliche Isolation** führte deshalb über lange Zeiträume hinweg zur Entwicklung unterschiedlicher Arten.

> Zu einer **Art** gehören alle Individuen, die sich miteinander über Generationen hinweg fortpflanzen können.

Der Evolutionsfaktor ökologische Isolation

Neben der räumlichen Isolation entwickelte sich noch eine **ökologische Isolation.**
Eine starke Vermehrung führt in der Regel schnell zur Konkurrenz um das begrenzte Nahrungsangebot. Aufgrund der Variabilität der Schnabelformen konnten die Finken-Arten aber unterschiedliche Nahrungsquellen nutzen. Die meisten Arten mit spitzen Schnäbeln fraßen Insekten, die mit kräftigen Schnäbeln harte Samen. Durch die Angepasstheit an verschiedene Nahrungsquellen, konnten auch auf einer Insel mehrere Arten entstehen.

> Neue Arten entstehen durch das Zusammenwirken der Faktoren Mutation, Rekombination, Selektion und Isolation.

① Nenne die entscheidenden Faktoren, die die Entstehung neuer Arten ermöglichen.

② Erkläre, wie die Evolutionsfaktoren bei der Entstehung neuer Arten wirken.

③ Erkläre, wie die große Variabilität bei den Schnabelformen der Galapagos-Finken entstehen konnte.

Starthilfe zu 3:
Bedenke das begrenzte Angebot der unterschiedlichen Nahrungsquellen.

④ ▌ Der Große Grundfink und der Kaktusfink ernähren sich beide von Pflanzen. Stelle eine begründete Vermutung auf, warum die beiden Finkenarten keine Nahrungskonkurrenten sind.

⑤ ▍▍▍ „Mutationen sind Veränderungen, die sich im Erbmaterial von Lebewesen einstellen, damit sie besser an ihren Lebensraum angepasst sind." Nimm begründet Stellung zu dieser Aussage.

»

Ⓐ Aus einer Urform entwickeln sich viele Arten

1 Galapagos-Riesenschildkröten: **A** Schildkröte mit sattelförmigem Panzer, **B** Schildkröte mit kuppelförmigem Panzer

Auf den Galapagos-Inseln leben verschiedene Arten von Riesenschildkröten. Durch Mutationen und Neukombinationen des Erbmaterials entwickelten sich bei den Schildkröten unterschiedlich geformte Panzer. Das Klima auf der Insel Espanola ist heiß und trocken. Daher gibt es wenig Bodenbewuchs. Bei den hier lebenden Schildkröten entwickelte sich ein sattelförmiger Panzer. Durch die größere Beweglichkeit des Halses können die Tiere Pflanzenteile in größerer Höhe erreichen (→ Bild 1A). Auf der Nachbarinsel Santa Cruz herrscht feuchteres Klima. Hier entwickelte sich durch die Isolation eine Art der Riesenschildkröten mit einem kuppelförmigen Panzer. Sie ernähren sich vom hier reichlich vorhandenen Bodenbewuchs (→ Bild 1B).

① Beschreibe die unterschiedlichen ökologischen Bedingungen auf den Inseln „Espanola" und „Santa Cruz".

② ❙❙ Belege am Beispiel der Galapagos-Schildkröten, dass unterschiedliche Umweltbedingungen einen Selektionsfaktor darstellen.

Ⓑ Weißes Fell durch Mutation

2 Löwen mit weißem Fell und normal gefärbtem Fell

Ein entscheidender Evolutionsfaktor ist die Mutation. Durch sie wird das Erbmaterial ungezielt verändert. Für ein Lebewesen kann eine Mutation Vorteile, Nachteile oder auch keine Bedeutung haben. Sichtbare Mutationen bei verschiedenen Tierarten sind beispielsweise einzelne Tiere, deren Körperfarbe weiß ist.

① **a)** Erkläre mithilfe von Bild 2, in welchen Lebensbereichen sich die Mutation „weißes Fell" negativ auswirken könnte.
b) Stelle eine begründete Vermutung auf, wann sich eine Mutation wie ein weißes Fell als Vorteil erweisen würde.

IM ALLTAG

Sexualität als Selektionsfaktor

Sexuelle Selektion

Bei der sexuellen Selektion erhöhen bestimmte Merkmale oder Verhaltensweisen die Chance, einen Partner zur Fortpflanzung zu finden.

Auf diese Weise werden besondere Verhaltensweisen oder Merkmale wie beispielsweise Stärke und körperliche Fitness bei der Fortpflanzung an die Nachkommen weitergegeben.

4 Kämpfende Moschusochsen

Moschusochsen

Männliche Moschusochsen können bis zu 400 kg schwer werden. In der Paarungszeit kämpfen die Männchen um die Weibchen. Dabei rennen die Bullen mehrmals aufeinander zu und stoßen ihre Köpfe mit voller Wucht gegeneinander. Zudem stoßen sie ihrem Gegner die Hörner in die Körperseite. Bei diesen Rangkämpfen kann es zu tödlichen Verletzungen kommen.

Der größte und stärkste Bulle paart sich mit mehreren Weibchen. Dieser Leitbulle ist der Vater der meisten Jungtiere in der Herde. Die schwächeren Bullen haben kaum Chancen, sich mit einem Weibchen zu paaren. Daher verlassen sie oft die Herde.

3 Laubenvogel beim Bau einer Laube.

Laubenvögel

Die Laubenvögel leben in Australien und auf Papua-Neuguinea. Männliche Laubenvögel bauen am Waldboden eine große Laube, um Weibchen anzulocken.

Einige Arten erstellen einen offenen Gang aus pflanzlichem Material. Der Boden vor dieser „Allee" wird mit bunten Dingen geschmückt. Das können Federn, Früchte und Blätter, aber auch Plastikteile oder Glasscherben sein. Diese sammelt das Männchen in der Umgebung.

Das Weibchen entscheidet sich für das Männchen mit der größten und prächtigsten Laube. Eine prachtvoll geschmückte Laube zeigt dem Weibchen, dass das Männchen gesund ist und sich zur Paarung eignet.

1. Beschreibe, wie Laubenvögel und Moschusochsen um Weibchen werben.

2. Erkläre, welche Vorteile beide Partner von der sexuellen Selektion haben.

3. Recherchiere weitere Beispiele für sexuelle Selektion. Stelle deine Ergebnisse vor.

4. ‖ Pfauenmännchen haben ein sehr auffälliges Gefieder, mit dem sie um die Weibchen werben. Recherchiere, warum das Gefieder des Pfauenmännchens nicht nur Vorteile hat. Stelle deine Ergebnisse vor.

Digital+
Film

1 Schimpansen sind unsere nächsten Verwandten.

Mensch und Affe sind verwandt

Menschen sind Menschenaffen

Auch wir Menschen sind Ergebnis der Evolution. Wir gehören zu den Primaten und innerhalb dieser Ordnung zu den Menschenaffen. Mit den heute lebenden Menschenaffen Schimpanse, Gorilla und Orang-Utan sind wir unterschiedlich nah verwandt.

Diese Verwandtschaft wurde mit körperlichen Vergleichen und genetischen Vergleichen festgestellt. Besonders genau sind dabei die genetischen Vergleiche. Dabei sind Arten umso näher mit anderen Arten verwandt, je höher die Übereinstimmungen in ihrer DNA sind (→ Bild 2).

Verwandtschaft im Stammbaum darstellen

Unsere Verwandtschaft mit den anderen Menschenaffen lässt sich in einem **Stammbaum** darstellen. Dort ist auch abzulesen, wann in der Evolution sich die Arten voneinander getrennt haben. Je mehr Übereinstimmungen in der DNA es gibt, desto später haben sich die Arten voneinander getrennt und desto später hat der letzte gemeinsame Vorfahre der heutigen Arten gelebt. So lebte der letzte gemeinsame Vorfahre von Schimpansen und Menschen vor ungefähr sechs Millionen Jahren (→ Bild 3).

Arten im Vergleich	Ähnlichkeit der DNA
Mensch – Schimpanse	98,8 %
Mensch – Gorilla	98,4 %
Mensch – Orang Utan	96,9 %
Schimpanse – Gorilla	98,2 %

2 Ähnlichkeit der DNA von Mensch und Menschenaffen

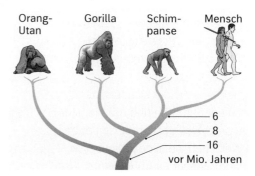

Orang-Utan   Gorilla   Schimpanse   Mensch

6
8
16
vor Mio. Jahren

3 Stammbaum von Mensch und Menschenaffen

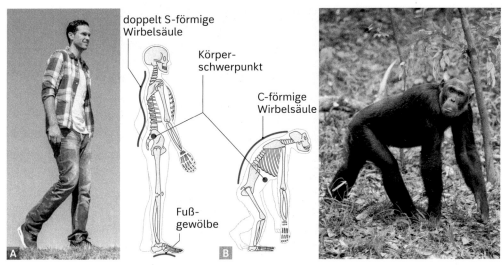

4 Skelettvergleich von Mensch und Schimpanse: **A** Mensch, **B** Schimpanse

Menschen und Schimpansen

Trotz gemeinsamer Vorfahren, haben sich Menschen und Schimpansen seit langer Zeit unabhängig voneinander entwickelt. So sind Unterschiede entstanden (→ Bild 4).

Wirbelsäule und Becken

Wir Menschen gehen aufrecht. Dies ermöglicht unsere doppelt-S-förmig gebogene Wirbelsäule. Schimpansen können nur für kurze Zeit auf zwei Beinen laufen. Ihr Körperschwerpunkt liegt weiter vorn als der des Menschen. Meist stützen sie sich mit den Händen ab oder sind kletternd unterwegs. Ihre Wirbelsäule ist C-förmig gebogen. Unser Becken ist schüsselförmig. Beim aufrechten Gang muss es die Organe abstützen. Das Becken des Schimpansen dagegen ist langgestreckt.

Arme und Beine

Unsere Beine sind länger als unsere Arme. So können wir große Schritte mchen. Die Schimpansen hingegen haben längere Arme, die ihnen beim Klettern in den Bäumen helfen.

Unsere Füße sind an den aufrechten Gang angepasst. Bei uns Menschen hat sich dazu ein **Fußgewölbe** entwickelt (→ Bild 4 A). Schimpansen haben einen Greiffuß, aber kein Fußgewölbe.

An den Händen kann unser Daumen jedem anderen Finger gegenübergestellt werden. So können wir sehr genau greifen. Dieser **Präzisionsgriff** fehlt den Schimpansen.

> Die Körpermerkmale von Menschen und Schimpansen sind an ihre unterschiedliche Lebensweise angepasst.

1 a) Beschreibe die Ergebnisse aus der Tabelle in Bild 2.
b) Erkläre, warum der Mensch mit dem Schimpansen am nächsten verwandt ist.

2 Beschreibe mithilfe von Bild 3, wann sich die Entwicklungslinien der dargestellten Arten jeweils voneinander getrennt haben.

3 Beschreibe die Unterschiede zwischen Menschen und Schimpansen.

Starthilfe zu 3:
Beachte dazu die Art der Fortbewegung, den Bau der Wirbelsäule, den Bau des Beckens, den Bau der Füße, den Bau der Hände und die Länge der Arme und Beine.

4 ▌ Erkläre, warum es bei der Frage nach der Evolution des Menschen sinnvoll ist, Menschen mit Schimpansen zu vergleichen.

»

ÜBEN UND ANWENDEN

Ⓐ Unterschiede im Körperbau bei Menschen und Schimpansen

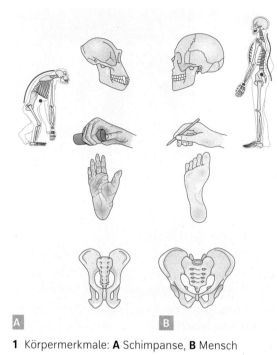

1 Körpermerkmale: **A** Schimpanse, **B** Mensch

... haben Greiffüße.

...haben eine doppelt S-förmige Wirbelsäule.

... haben ein Fußgewölbe.

... haben ein schüsselförmiges Becken.

... haben nur kleine Eckzähne.

...haben längere Arme als Beine.

... haben einen Präzisionsgriff.

...haben eine Knochenwulst über den Augen.

① **a)** Ordne die Beschreibungen der Körpermerkmale mithilfe von Bild 1 und der Basisseite den Schimpasen oder den Menschen zu. Erstelle dazu eine Tabelle.
b) Vervollständige die fehlenden Eintragungen mithilfe von Bild 1 und der Basisseite.

FORSCHEN UND ENTDECKEN

Ⓐ Der aufrechte Gang

Mithilfe eines Drahtmodells könnt ihr die Tragfähigkeit unterschiedlich geformter Wirbelsäulen untersuchen.

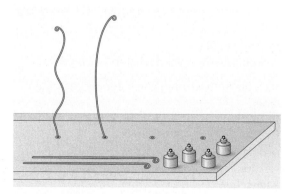

2 Versuchsaufbau

Material:
Holzplatte mit Löchern, Drahtstücke mit Schlaufe, Gewichte mit gleicher Masse

Durchführung:
Schritt 1: Spannt zwei Drahtstücke senkrecht auf die Unterlage ein (→ Bild 2).
Schritt 2: Biegt einen Draht C-förmig und einen Draht doppelt S-förmig. Hängt jeweils ein Gewicht an das obere Ende.

① **a)** Beschreibt eure Beobachtungen.
b) Testet die Tragfähigkeit der Drahtmodelle mit unterschiedlichen Gewichten.
c) Testet weitere Draht-Modelle.

B Beobachtungen an Schimpansen im Zoo

Bei einem Zoobesuch könnt ihr Schimpansen beobachten und mit dem Menschen und anderen Affenarten vergleichen.
Bildet kleine Gruppen, die abwechselnd die Schimpansen und die anderen Affenarten beobachten.

Material:
Pro Gruppe ein Smartphone

Durchführung:

Schritt 1: Beobachtet einen Schimpansen und notiert euch Stichworte zu seiner Körperhaltung. Achtet dabei auf die Stellung der Beine, den Rücken und die Haltung des Kopfes.

Schritt 2: Vergleicht die Länge der Arme und der Beine beim Schimpansen. Macht dazu auch ein Foto von einem Schimpansen.

Schritt 3: Beobachtet die Fortbewegungsweise der Schimpansen. Filmt dazu verschiedene Fortbewegungsweisen.

3 Schimpanse klettert im Baum.

4 Der Schimpanse geht aufrecht.

1 **a)** Beschreibt anhand eurer Notizen und eurer Fotos die Körperhaltung eines Schimpansen.
b) Messt mithilfe eurer Fotos eines Schimpansen die Länge seiner Arme und seiner Beine. Berechnet dann das Verhältnis von Armlänge zu Beinlänge indem ihr Armlänge in cm durch Beinlänge in cm teilt.
c) Beschreibt, wie ein Schimpanse sich auf vier Füßen fortbewegt und wie er sich auf zwei Beinen fortbewegt.

2 **a)** Vergleicht die Körperhaltung eines Schimpansen mit eurer eigenen.
b) Bestimmt euer eigenes Verhältnis von Armlänge zu Beinlänge und vergleicht das Ergebnis mit dem des Schimpansen.
c) Vergleicht eure eigene Fortbewegung mit der eines Schimpansen.

A   **B**

5 Hand und Fuß eines Schimpansen

3 **a)** Ordnet die Bilder 5 A und 5 B mithilfe eurer Beobachtungen der Hand oder dem Fuß eines Schimpansen zu.
b) Vergleicht Hände und Füße mit euren eigenen Händen und Füßen.

4 ❚❚ Erläutert die unterschiedlichen Ausprägungen der Gliedmaßen von Schimpanse und Mensch aufgrund ihrer unterschiedlichen Funktionen mithilfe der Bilder 3-5.

Digital+
Film

1 Fossiler menschlicher Schädel

2 Rekonstruktion eines menschlichen Vorfahren

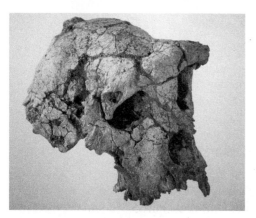

3 Schädel von *Sahelanthropus tschadensis*

Auf dem Weg zum Menschen

Schwierige Deutung der Funde

Wenn Fossilien von früheren Menschentypen gefunden werden, ist das immer eine Sensation. Solche Funde sind sehr selten und sie richtig einzuordnen ist sehr schwierig. Ob die Forscher es bei unterschiedlichen Merkmalen mit Variationen innerhalb einer Art oder mit verschiedenen Arten zu tun haben, lässt sich oft nicht eindeutig klären. Daher gibt es immer wieder unterschiedliche Angaben dazu, welche Funde zu welcher Art gehören und wie viele verschiedene Menschenarten es überhaupt gegeben hat. Einig sind sich alle aber darüber, dass alle heutigen Menschen zu einer Art gehören, dem *Homo sapiens*.

Menschenaffen und Menschen

Der letzte gemeinsame Vorfahre aller Menschenaffen und Menschen lebten wahrscheinlich vor ungefähr 20 Millionen Jahren in Afrika.
Sie waren durchschnittlich so groß wie ein Pavian. Sie gingen auf vier Füßen, hielten sich aber wahrscheinlich sowohl in den Bäumen als auch auf dem Boden auf
(→ Bild 2).

Ein früher Vorfahre

Ein fossiler Schädel aus Zentralafrika könnte der erste Hinweis auf die Entwicklung der Menschen sein. Er stammt vermutlich von einem der frühesten Vorfahren der Menschen, der Art *Sahelanthropus tschadensis*. Diese affenähnlichen Menschen lebten vor sechs bis sieben Millionen Jahren in Afrika. Sie hatten einen länglichen Schädel und Überaugenwülste ähnlich wie bei heutigen Gorillas. (→ Bild 3).
Sahelanthropus tschadensis ging eventuell schon aufrecht, sichere Hinweise darauf fehlen allerdings bisher.

Die Gattung Australopithecus

Fossile Fußabdrücke von Frühmenschen von vor 3,5 Millionen Jahren geben die ersten gesicherten Belege für einen aufrechten Gang einer Menschenart (→ Bild 4). Sie stammen von Individuen der Art *Australopithecus afarensis* und wurden in Tansania in Afrika entdeckt.

Funde wie diese zeigen, dass in der Evolution des Menschen zuerst der aufrechte Gang entstanden ist. Das Gehirn von *Australopithecus afarensis* hatte noch ein Volumen von 500 cm^3. Das ist nur geringfügig größer als das des heutigen Schimpansen. Aufgrund der gebogenen Handknochen und der Länge der Arme wird vermutet, dass *Australopithecus* noch viel Zeit auf Bäumen verbrachte, auf dem Boden aber schon aufrecht ging.

Das Klima verändert die Landschaft

Australopithecus afarensis lebte vor 3,5 Millionen Jahren. Eine Klimaveränderung sorgte zu dieser Zeit dafür, dass sich Wald zu einer offenen Landschaft mit Büschen und Bäumen veränderte. Die Vorfahren des Menschen, die zuvor vorwiegend auf Bäumen gelebt hatten, entwickelten Angepasstheiten an das Leben am Boden. So entstand der aufrechte Gang.

Außer der Art *Australopithecus afarensis* lebten zur gleichen Zeit noch weitere Arten von Vorfahren der Menschen.

4 Fußabdrücke von *Australopithecus afarensis*

5 Zeichnung von *Australopithecus afarensis*

1. Erkläre, warum der genaue Ablauf der menschlichen Evolution unklar ist.

2. Beschreibe, wann und wie die letzten gemeinsamen Vorfahren von Affen und Menschen vermutlich gelebt haben.

3. Beurteile die Ansicht, dass *Australopithecus afarensis* auf Bäumen und auf dem Boden lebte.

4. Begründe, weshalb eine Klimaveränderung vor 3,5 Millionen Jahren zum aufrechten Gang der Vorfahren der Menschen beigetragen haben könnte.

Starthilfe zu 4:
Benutze die folgenden Begriffe:
Wald, offene Landschaft, Boden

5. ▌ Erkläre, woraus die Wissenschaftlerinnen und Wissenschaftler schließen, dass sich der aufrechte Gang vor der Volumenzunahme des Gehirns entwickelt hat.

Ⓐ War Lucy noch Affe oder schon Mensch?

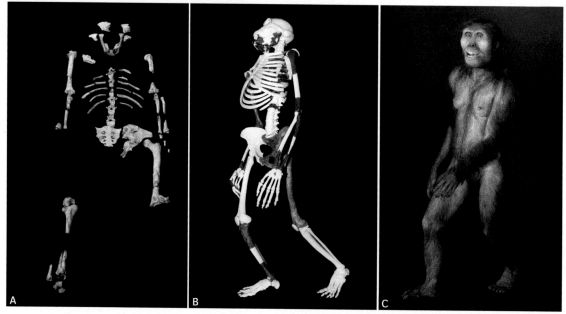

1 Lucy: **A** fossile Knochen, **B** Skelett (braune Teile gefunden, weiße Teile ergänzt), **C** Rekonstruktion

In der Evolution zum Menschen muss es viele Zwischenstufen zwischen Affen und Menschen gegeben haben.

Ein wichtiger Fund ist das Skelett von **Lucy**, das der Paläontologe DONALD JOHANSON 1974 in Ostafrika fand. Die Knochen von Lucy sind ungefähr 3,5 Millionen Jahre alt.

Inzwischen gibt es von der Art *Australopithecus afarensis,* zu der Lucy gehörte, über 400 weitere Funde. Sogar Fußabdrücke wurden gefunden.

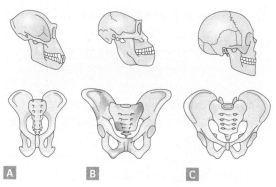

2 Schädel und Beckenknochen: **A** Schimpanse, **B** *Australopithecus afarensis*, **C** Mensch

1 **a)** Vergleiche den Schädel von Lucy mit den Schädeln von Schimpansen und Menschen.
b) Vergleiche das Becken von Lucy mit dem Becken von Schimpansen und Menschen.
c) Vergleiche den Fußabdruck von *Australopithecus afarensis* mit dem Fußabdruck eines Affen und eines Menschen.
d) Beurteile auf der Grundlage der Aufgaben 1 a – c, ob Lucy ein Mensch oder ein Affe war.

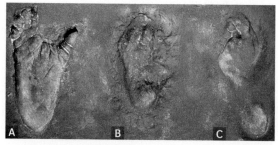

3 Fußabdrücke: **A** Affe, **B** *Australopithecus afarensis*, **C** Mensch

B Vielfalt von Australopithecus

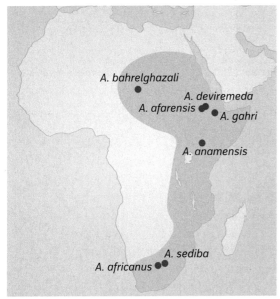

4 Verbreitung von *Australopithecus*

Die ersten Frühmenschen entstanden in Afrika. Fossile Funde zeigen, dass vor 4 bis 1,5 Millionen Jahren dort mehrere Arten der Gattung *Australopithecus* parallel lebten.

① Beschreibe das Verbreitungsgebiet der Frühmenschengattung *Australopithecus*.

② ‖ Erkläre, warum es zu dieser Zeit noch keine Menschenarten außerhalb von Afrika gab.

② ‖‖ Von einigen dieser Arten wurden nur ein oder sehr wenige Exemplare gefunden. Bewerte dazu die Aussage: „Alle Funde könnten auch einer einizigen Art angehören."

C Vom kletternden Vierfüßer zum aufrechten Gang

5 Fortbewegung: **A** in Bäumen, **B** in offener Landschaft

Frühe Affen-Vorfahren lebten in dichten Wäldern. Als sich durch Klimaveränderungen der Lebensraum teilweise in offene Landschaften mit Büschen und Bäumen veränderte, veränderten einige Affen auch ihre Art der Fortbewegung.

① **a)** Beschreibe die Fortbewegung der Affen in dichten Wäldern und die in einer offenen Landschaft mithilfe von Bild 5.
b) Nenne Angepasstheiten, die für die jeweilige Fortbewegung notwendig waren.
c) Nenne Vorteile beider Fortbewegungsarten und vergleiche sie.

② ‖ Erläutere, warum der aufrechte Gang eine Angepasstheit an die offenen Savannenlandschaften darstellt.

③ ‖‖ Stelle begründete Vermutungen an, warum der aufrechte Gang eine Weiterentwicklung für die Frühmenschen darstellte.

Digital+
Film

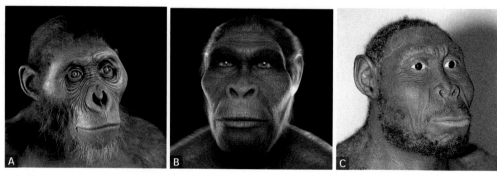

1 Frühmenschen: **A** *Australopithecus afarensis*, **B** *Homo habilis*, **C** *Homo rudolfensis*

Die Entwicklung des modernen Menschen

Die Gattung Homo entsteht

Die meisten Forscher sind sich einig, dass sich aus der Art *Australopithecus afarensis* die Gattung *Homo* entwickelte (→ Bild 2). Die Gattung *Homo* entstand vor etwa zwei Millionen Jahren in Afrika. Zu der Zeit lebten verschiedene Arten dieser Gattung.

Homo habilis

Homo habilis hatte noch viel Ähnlichkeit mit der Gattung *Australopithecus* wie beispielsweise ein kleines Gehirn von 600 cm³. Er lebte vor 2,4 bis 1,4 Millionen Jahren und stellte schon einfache Werkzeuge her.

Homo rudolfensis

Homo rudolfensis lebte ungefähr zur gleichen Zeit wie *Homo habilis* in Afrika. Die Art hatte mit 730 cm³ ein etwas größeres Gehirn als *Homo habilis*. *Homo rudolfensis* nutzte schon vielfältigere Werkzeuge. Damit konnten sich diese frühen Menschen schon ein umfangreiches Nahrungsangebot erschließen.

> Die Entwicklung von Werkzeugen ermöglichte die Verarbeitung von Pflanzenteilen, das Schneiden von Fleisch und die Herstellung weiterer Werkzeuge.

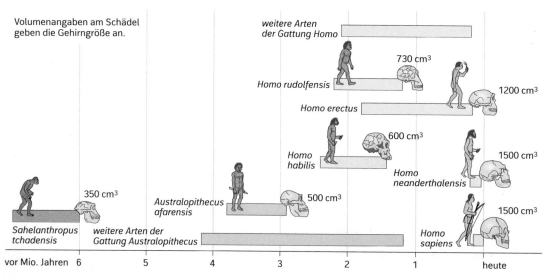

2 Der Stammbaum des Menschen

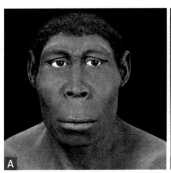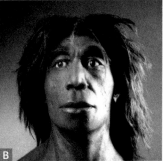

3 Frühmenschen und Jetztmensch: **A** *Homo erectus*, **B** *Homo neanderthalensis*, **C** *Homo sapiens*

Homo erectus

Homo erectus entwickelte sich in Afrika. *Homo erectus* war die erste Menschenart, die aus Afrika auswanderte und auch Europa und Asien besiedelte. Durchschnittlich hatten die Funde von *Homo erectus* ein Gehirnvolumen zwischen 800 cm³ und 1 200 cm³. Die Art beherrschte schon das Feuer und stellte aufwändige Steinwerkzeuge her.

Homo neanderthalensis

Aus Nachfahren des *Homo erectus* entwickelten sich in Europa vor 300 000 Jahren die Neandertaler. Sie hatten mit einem Gehirnvolumen von bis zu 1 500 cm³ ein sehr großes Gehirn. Neandertaler waren kräfig gebaut und hatten einige geistige und handwerkliche Fähigkeiten. Einige Stämme waren zumindest zeitweise sesshaft und bauten eigene Behausungen.

Homo sapiens

Ungefähr zur gleichen Zeit entwickelte sich in Afrika der *Homo erectus* zu unserer Art, dem *Homo sapiens,* weiter. In einer zweiten Auswanderungswelle nach dem *Homo erectus* besiedelte *Homo sapiens* nach und nach die ganze Welt. Bevor der Neandertaler ausstarb, vermischte sich *Homo sapiens* mit ihm, was heute noch in der menschlichen DNA nachgewiesen werden kann.

Viele offene Fragen

Laufend stoßen Wissenschaftlerinnen und Wissenschaftler durch weitere fossile Funde und neue Untersuchungsmethoden auf neue Erkenntnisse zur Evolution des Menschen. Sicher ist, dass es auch bei der Entwicklung des modenen Menschen viele „Sackgassen" gab. Einige Menschentypen starben wieder aus, andere entwickelten sich weiter und einige vermischten sich miteinander.

① Erkläre, wie die Gattung *Homo* entstanden ist.

② Erkläre, warum einige Forscher *Homo habilis* zur Gattung *Australopithecus* rechnen.

③ **a)** Nenne mithilfe von Bild 2 für alle aufgeführten Arten, wann sie gelebt haben.
b) Gib eine Zeit an, zu der die meisten Menschenarten gleichzeitig gelebt haben.

Starthilfe zu 3a:
Beispiel: Der Balken von *Australopithecus afarensis* geht von 4,2 Millionen bis 3,1 Millionen Jahre. Also hat *Australopithecus afarensis* in dieser Zeit gelebt.

④ ▌ Erstelle eine Tabelle mit Lebenszeiten, Menschenarten, Gehirnvolumen und Verbreitung der im Text genannten Arten.

⑤ ▌▌ Stelle eine begründete Vermutung auf, warum das Beherrschen des Feuers und die Herstellung von Werkzeugen wichtige Meilensteine in der Entwicklung der Menschen waren.

»

A Die Gattung *Homo* breitet sich aus

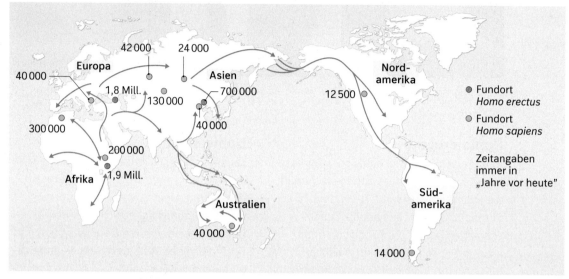

1 Funde von *Homo erectus* und *Homo sapiens*

Wissenschaftlerinnen und Wissenschaftler gehen davon aus, dass zuerst *Homo erectus* aus Afrika auswanderte.
In einer zweiten Welle soll dann auch *Homo sapiens* ausgewandert sein.

❶ Beschreibe den Weg, wie *Homo erectus* die Erde erobert hat. Nenne Regionen und Zahlen der Reihe nach.

❷ Beschreibe den Weg, wie *Homo sapiens* die Erde erobert hat.

B *Homo erectus* nutzte das Feuer

Homo erectus benutzte Waffen und Werkzeuge. Er nutzte als erster Frühmensch auch das Feuer. Durch das Feuer konnten die Nährstoffe in der Nahrung besser genutzt werden. Das Feuer spendete Wärme und gab Schutz vor wilden Tieren. Auf diese Weise war es *Homo erectus* auch möglich, in die kälteren Regionen in Asien und Europa auszuwandern.

2 *Homo erectus* konnte Feuer für sein Leben nutzen.

❶ Begründe, warum es *Homo erectus* als erstem Frühmensch möglich war, Afrika zu verlassen.

❷ ‖ Stelle eine begründete Vermutung auf, warum *Homo erectus* Afrika verlassen haben könnte.

●● ÜBEN UND ANWENDEN

C Die Erforschung des Neandertalers

Über viele Jahre wurde der Neandertaler durch Vergleiche seiner fossilen Knochen mit den Knochen heutiger Menschen erforscht. Dabei wurde lange vermutet, dass der Neandertaler ein primitiver Vormensch ohne Kultur war.
Der Forscher SVANTE PÄÄBO entwickelte ein Verfahren, alte DNA aus Fossilien zu gewinnen und zu untersuchen. Seine DNA-Vergleiche veränderten die Sicht auf den Neandertaler vollkommen.

3 Gewinnung von DNA aus alten Knochen

1 **a)** Vergleiche die Schädel und Gesichter von *Homo sapiens* und *Homo neanderthalensis* in Bild 4 A und B miteinander.
III **b)** Begründe, ob die beiden Menschentypen zur gleichen Art oder zu unterschiedlichen Arten gehörten.

2 **a)** Beschreibe die Karte in Bild 5.
II **b)** Formuliere Schlussfolgerungen aus den Ergebnissen der DNA-Forschung.

> **Starthilfe zu 2b:**
> Suche die Regionen, in denen bei heutigen Menschen keine oder wenig Anteile von Neandertaler-DNA festgestellt wurden.
> Überlege, welche Schlussfolgerung du daraus für die Verbreitung der Neandertaler ziehen kannst.

3 **II** Beurteile, ob Neandertaler und heutige Menschen zu einer Art gehören.

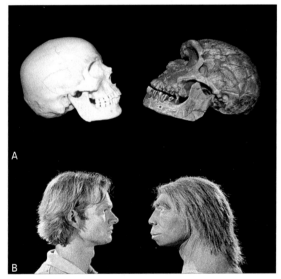

4 *Homo sapiens* (links) und *Homo neanderthalensis* (rechts): **A** Schädel, **B** Rekonstruktion

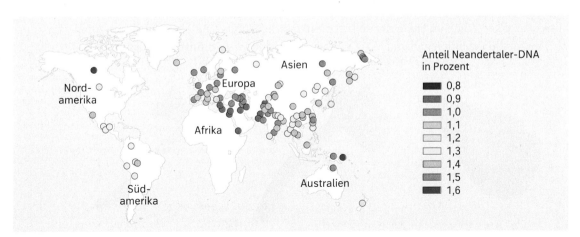

Anteil Neandertaler-DNA in Prozent

■ 0,8
■ 0,9
■ 1,0
□ 1,1
□ 1,2
□ 1,3
■ 1,4
■ 1,5
■ 1,6

5 Anteil von Neandertaler-DNA in Prozent bei heutigen Menschen in verschiedenen Regionen der Erde

1 Schöninger Speere im Museum

Kulturelle Evolution

Wichtiger Fund in Schöningen

Von 1994 bis 1999 wurden im Braunkohletagebau bei Schöningen fünf Holzspeere gefunden. Dieser Fund war deshalb so bedeutend, weil es die ältesten Speere sind, die jemals gefunden wurden. Mithilfe der Funde konnte bewiesen werden, dass Menschen schon vor 300 000 Jahren zu Zeiten des *Homo erectus* Werkzeuge herstellten und gemeinsam auf die Jagd gingen. Auch schon vor dieser Zeit haben Menschen Werkzeuge hergestellt, Techniken verfeinert, Erfahrungen weitergegeben und somit eine **Kultur** entwickelt. Diese Entwicklung von Kultur im Laufe der Zeit wird **kulturelle Evolution** genannt.

Von der Steinzeit ins Anthropozän

Die Werkstoffe, die Menschen zu verschiedenen Zeiten neu entdeckten, geben den ersten Zeitabschnitten der kulturellen Evolution ihre Namen. So ist die **Steinzeit** die Zeit, in der Menschen Werkzeuge aus Stein fertigten. Später in der **Kupferzeit,** der **Bronzezeit** und der **Eisenzeit** lernten die Menschen, die verschiedenen Metalle zu gewinnen und zu Werkzeugen und Waffen zu verarbeiten. So entstanden bis heute immer bessere und haltbarere Werkzeuge und Waffen. Die Zeit, in der wir heute leben und in der wir Menschen massiven Einfluss auf alle Prozesse auf der Erde ausüben, wird **Anthropozän** genannt.

A   B   C

2 Werkzeugentwicklung: **A** Faustkeil, **B** Steinaxt, **C** Axt mit Eisenklinge

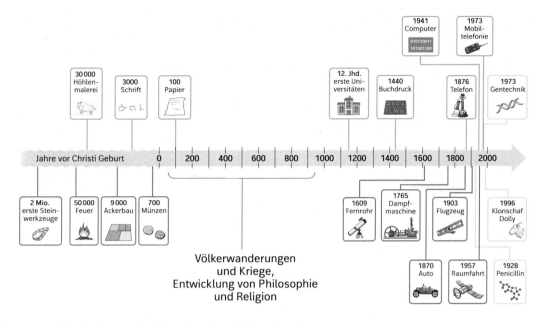

3 Ausgewählte Ereignisse der kulturellen Entwicklung des Menschen

Von der Schrift zum Internet

Die kulturelle Evolution ist auf die Sprache und die Schrift angewiesen. Vor 3000 Jahren wurde in Mesopotamien die Schrift erfunden. So konnten Menschen das, was sie wussten, auf Dauer an die nachfolgenden Generationen weitergeben. Als im 15. Jahrhundert der Buchdruck entwickelt wurde, konnten viel mehr Menschen als zuvor Wissen erwerben und es damit auch weitergeben. Nur mithilfe des Buchdruckes konnte sich auch die Wissenschaft entwickeln.

Heute erhalten wir Information auch über das Internet, das alle Menschen weltweit miteinander vernetzt.

Kunst und Religion

Schon in der Steinzeit drückten Menschen ihre Erfahrungen in Bildern und Musik aus. Die ersten Höhlenmalereien sind über 45000 Jahre alt. Ungefähr genauso alt sind auch die ältesten Musikinstrumente. Aus den Knochen von Geiern stellten die Menschen damals einfache Flöten her. Auch heute drücken viele Menschen in unterschiedlichen Formen der Kunst und Musik ihre Persönlichkeit aus. Grabbeigaben in Steinzeitgräbern lassen vermuten, dass schon die Menschen der Steinzeit die Fragen nach dem Tod stellten und Hoffnung auf ein Weiterleben und ein Wiedersehen hatten.

1. Erkläre den Begriff „Kulturelle Evolution".

2. Beurteile die Bedeutung der Schöninger Speere.

3. Beschreibe die kulturelle Evolution anhand des Textes und Bild 3.

4. ❙ Erkläre die Begriffe Steinzeit, Bronzezeit und Eisenzeit.

5. ❙❙ Erkläre, warum die Schrift und der Buchdruck die kulturelle Evolution vorangetrieben haben.

Starthilfe zu 3:
Die farbigen Striche an der Zeitleiste geben die Zeitpunkte der Ereignisse an. Die farbigen Umrandungen der Ereignisse gruppieren sie in Werkeuge und Handel (lila) Kommunikation (grün), Mobilität und Industrie (blau) und Medizin (gelb).

Starthilfe zu 5:
Bedenke, dass erworbenes Wissen immer weitergegeben werden muss.

Ⓐ Werkzeuge in der Steinzeit

Zeit vor heute in Mio. Jahren	2,6 – 2	2 – 1	1,5 – 0,5	0,35 – 0,2	100000 – 30000	35000 – 15000	bis 12000	10000 – 2000
typische Werkzeuge	Hackgeräte, Abschläge	Geröllgeräte, Abschläge	Faustkeile einfach	aufwändig	Abschläge, Klingen	Klingen	Werkzeuge aus Stein, Holz, Knochen	Ackerbaugeräte, erste Metallwerkzeuge
Vormenschen oder Frühmenschen, die die Werkzeuge nutzen	*Australopithecus H. rudolfensis*	*H. rudolfensis H. habilis*	*H. erectus*	*H. sapiens*	Neandertaler	*H. sapiens*	*H. sapiens*	*H. sapiens*
weitere kulturelle Neuerungen	erste Steingeräte, Verwertung von Kadavern	Steinabschläge als Schneidegeräte, Zertrümmerung von Markknochen	Gebrauch des Feuers, einfache Hütten	hüttenartige Behausungen, Kleidung, Jagdspeere	Bestattungen mit Grabbeigaben	Schmuck aus Tierzähnen, Muscheln und Elfenbein, Eiszeitkunst: Nähnadeln	Speerschleuder, Harpune, Pfeil und Bogen	Keramik, Städte mit Straßennetzen, Domestikation von Haustieren, Metallgewinnung

1 Die Entwicklung der Werkzeuge während der Steinzeit

Die Steinzeit ist die längste Epoche in der Geschichte der Menschen.

1 Beschreibe, wie sich in der Steinzeit die Werkzeuge weiterentwickelt haben.

2 a) Nenne weitere kulturelle Neuerungen, die das Leben der Menschen in der Steinzeit erleichterten. Nutze dazu Bild 1 und die Basisseite.
b) Beschreibe die Vorteile einer dieser weiteren kulturellen Neuerungen.

Ⓑ Die Beherrschung des Feuers

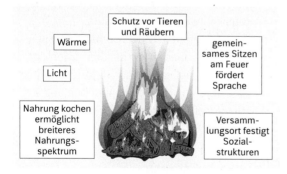

Wärme

Licht

Schutz vor Tieren und Räubern

gemeinsames Sitzen am Feuer fördert Sprache

Nahrung kochen ermöglicht breiteres Nahrungsspektrum

Versammlungsort festigt Sozialstrukturen

2 Bedeutung des Feuers für den Menschen

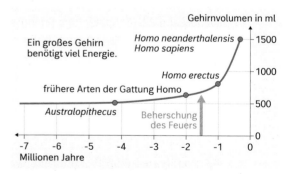

3 Entwicklung des Gehirnvolumens

Schon vor mindestens 1,5 Millionen Jahren nutzen Menschen das Feuer. Sie mussten lernen, Feuer selbst zu machen und es zu kontrollieren. Das Feuer zu nutzen war ein wesentlicher Antrieb in der Entwicklung des Menschen.

1 Beschreibe die Bedeutung des Feuers für den Menschen.

2 ‖ Beurteile, ob es einen Zusammenhang zwischen der Nutzung des Feuers und dem wachsenden Gehirnvolumen des Menschen geben kann.

ⓒ Der Fall Ötzi

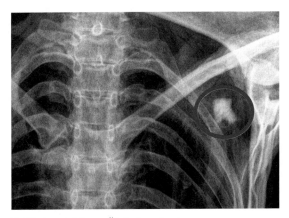

5 Röntgenbild von Ötzis Brustkorb

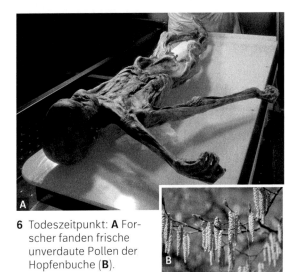

6 Todeszeitpunkt: **A** Forscher fanden frische unverdaute Pollen der Hopfenbuche (**B**).

4 Ötzi: **A** Rekonstruktion, **B** Steinklinge und Scheide, **C** Beil mit Kupferklinge, **D** Köcher und Pfeile

Wanderer fanden 1991 in den Alpen im Grenzgebiet zwischen Österreich und Italien den 5 300 Jahre alten Körper eines Menschen. Da der Fundort nahe dem Ötztal war, wurde er „Ötzi" genannt.

Ötzi war über 5 000 Jahre im Eis eines Gletschers eingefroren gewesen. Sein Körper war sozusagen tiefgefroren. Dabei blieben Haut, Haare und Gewebe zum Teil erhalten. Forscher konnten sogar herausfinden, was Ötzi zuletzt gegessen hatte.

Nah bei dem Körper wurden eine Reihe von Gegenständen bei Ötzi gefunden, die viel über sein Leben verraten.

❶ Nenne die Materialien, die du auf Bild 4 erkennen kannst.

❷ Benenne die Zeit, zu der Ötzi vermutlich gehört.

> **Starthilfe zu 2:**
> Nutze dazu Bild 1.

❸ **a)** Beschreibe Bild 5.
b) Stelle eine Vermutung zur Todesursache von Ötzi auf.

❹ Stelle mithilfe von Bild 6 eine Vermutung zur Jahreszeit des Todes von Ötzi auf.

1 Vielfalt

Menschen frei und gleich an Rechten und Pflichten

Menschen sind verschieden

Alle Menschen sind unterschiedlich. Wir unterscheiden uns äußerlich in der Größe, der Form der Nase, der Länge der Arme, der Hautfarbe oder der Schuhgröße. Aber Menschen macht auch aus, dass sie eigene Gedanken, Gefühle und Interessen haben. Auch hier sind alle Menschen verschieden. Diese Vielfalt macht uns als Menschen aus.

Wir sind alle Afrikaner

Forscher haben die genetischen Unterschiede zwischen den Menschen auf der ganzen Welt untersucht. Dabei haben sie festgestellt, dass die genetischen Unterschiede zwischen Afrikanern größer sind als zwischen allen anderen Menschen auf der Welt. Unterschiede zwischen Lebewesen bilden sich nach und nach in ihrer DNA ab. Das bedeutet, dass die Unterschiede in der DNA dort am größten sind, wo sich die Menschen entwickelt haben und auch heute noch leben. Das ist Afrika. Daher sind wir alle Afrikaner.

Keine genetischen Grenzen

Die genetischen Unterschiede zwischen den Menschen verschiedener Kontinente und Länder sind fließend und lassen Rückschlüsse auf die Wanderungsbewegungen bei der Besiedlung der ganzen Welt zu. Grenzen zwischen Ländern sind aber künstliche Barrieren.

Trennungen zwischen Menschen lassen sich also nicht biologisch oder genetisch begründen. Sie sind das Ergebnis menschlicher Willkür. Rassismus und Ausgrenzung haben keine biologische Grundlage.

2 Demonstration gegen Rassismus

Die Menschenrechte

Alle Menschen haben den gleichen Ursprung. Die genetischen Unterschiede rechtfertigen keine Trennung. Trotzdem haben Menschen in der Geschichte immer wieder versucht, eine Trennung zu rechtfertigen. Aufgrund von äußeren Unterschieden wie der Hautfarbe wurden Unterschiede im Wert des Menschen festgelegt.

So wurden und werden immer wieder in der Geschichte Menschen zum Beispiel wegen ihrer Hautfarbe, ihres Geschlechts oder ihrer Sexualität verfolgt, versklavt, gedemütigt und ermordet.

Weil Gleichberechtigung also nicht selbstverständlich ist, formulierten 1948 die Vereinten Nationen eine **allgemeine Erklärung der Menschenrechte** (→ Bild 4). Diese Menschenrechte sollen überall auf der Welt für jeden Menschen gelten und von jedem Menschen eingehalten werden.

Menschenrechte werden verletzt

Überall auf der Welt werden diese Menschenrechte immer wieder verletzt. In vielen Ländern werden Menschen wegen ihrer Hautfarbe diskriminiert. Frauen haben oft nicht die gleichen Chancen wie Männer. Einige Menschen behaupten, bestimmte Glaubensgemeinschaften gehörten nicht zu ihrer Gesellschaft dazu. Auch in der Schule werden die Grundrechte von Menschen manchmal verletzt (→ Bild 5).

> Unterschiedliche Kulturen, Religionen oder Wertvorstellungen rechtfertigen keine Diskriminierung zwischen Menschen. Alle Menschen müssen sich mit Respekt begegnen.

3 Menschen treten für ihre Rechte ein

ALLE MENSCHEN SIND FREI UND GLEICH AN WÜRDE UND RECHTEN GEBOREN. SIE SIND MIT VERNUNFT UND GEWISSEN BEGABT UND SOLLEN EINANDER IM GEISTE DER BRÜDERLICHKEIT BEGEGNEN.

ART. 1 DER ALLGEMEINEN ERKLÄRUNG DER MENSCHENRECHTE.

4 Artikel 1 der Menschenrechte

5 Die Verletzung der Menschenrechte beginnt am eigenen Handy.

1. Erkläre, warum wir alle Afrikaner sind.

2. Beurteile die Aussage „Rassismus hat keine biologische Grundlage".

3. Erkläre an einem Beispiel, warum Artikel 1 der Menschenrechte die Diskriminierung von Menschen ausschließt.

Starthilfe zu 3:
Nimm zum Beispiel Bild 4 zur Hilfe.

4. Erkläre anhand von Bild 5, wie in der Schule Menschenrechte verletzt werden.

Ⓐ Offiziell eine Schule ohne Rassismus werden

In Schulen leben und lernen Schülerinnen und Schüler mit verschiedenen kulturellen Hintergründen gemeinsam. In der Schule sollte Rassismus keine Chance haben.

Ihr könnt offiziell Schule ohne Rassismus werden und für euer Engagement ein Siegel bekommen. Dafür muss die Schule einige Bedingungen erfüllen.

1 Schüler demonstrieren mit ihrem Siegel als „Schule ohne Rassismus" gegen Ausgrenzung.

① **a)** Überlegt gemeinsam, ob und wo an eurer Schule Rassismus vorkommt.
b) Stellt Wünsche und Ideen zusammen, was dagegen unternommen werden könnte.

② Informiert euch auf der Homepage von schule-ohne-rassismus.org, wie eine Schule das Siegel bekommen kann.

Ⓑ Menschenrechte sind auch Kinderrechte

Die Erklärung der Menschenrechte gilt für alle Menschen. Kinder werden dabei allerdings oft vergessen.

Die UN-Kinderrechtskonvention hat die Rechte der Kinder festgeschrieben und Kinderrechtsorganisationen wie UNICEF setzen sich weltweit dafür ein, dass die Konvention umgesetzt und die Kinderrechte eingehalten werden.

Kinderrechte sind nicht in allem identisch mit den Rechten von Erwachsenen.

2 Kinder haben Rechte.

① Beurteile, welche Rechte in Bild 2 besonders für Kinder gelten.

② Recherchiere in Zeitungen und im Internet,
a) ... in welchen Ländern die aufgeführten Kinderrechte besonders geachtet werden.
b) ... in welchen Ländern die aufgeführten Kinderrechte missachtet werden.

Starthilfe zu 2:
Bei der Suche im Internet kannst du folgende Begriffe in unterschiedlichen Kombinationen die Suchmaschine eingeben: Kinderrechte - Missachtung - Einhaltung - weltweit - Vergleich

 IM ALLTAG

Organisationen kämpfen für Menschenrechte

Amnesty International

Amnesty International tritt in der ganzen Welt für Menschenrechte ein. Die Organisation lebt vom Engagement von über zehn Millionen Freiwilliger weltweit. Ermittlerinnen und Ermittler von Amnesty reisen in über 150 Länder und recherchieren vor Ort, wo Menschenrechte nicht eingehalten werden. Sie dokumentieren, berichten und decken auf. Mit der Macht der Öffentlichkeit erreichen sie oft Verbesserungen. Amnesty wird ausschließlich durch Spenden finanziert.

3 Amnesty International

UNICEF

UNICEF ist eine Organisation der Vereinten Nationen, die sich um Kinder in Not kümmert. Kinder sind von Krieg, Armut oder Umweltkatastrophen am meisten betroffen und am wenigsten dafür verantwortlich. UNICEF möchte dafür sorgen, dass alle Kinder mit den lebensnotwendigen Dingen versorgt werden, dass sie sicher sind und zur Schule gehen können. UNICEF finanziert sich durch freiwillige Beiträge von Regierungen und durch Spenden.

4 UNICEF

Ärzte ohne Grenzen

In der Organisation Ärzte ohne Grenzen arbeiten Menschen aus Gesundheitsberufen und aus anderen Berufsgruppen, wie zum Beispiel Fachkräfte für Wasser und Sanitär, gemeinsam. Sie fahren in Kriegsgebiete oder in Katastrophengebiete. Wenn die Gesundheitssysteme dort nicht ausreichen, versorgen sie Menschen mit der notwendigen medizinischen Betreuung. Dafür sind sie auf Spenden angewiesen.

5 Ärzte ohne Grenzen

1 Erkläre für jede Organisation, wie sie sich für Menschenrechte einsetzt.

2 Gemeinsam ist den Organisationen, dass sie vorwiegend über Spenden finanziert werden. Stelle eine Vermutung auf, warum das so ist.

3 Recherchiere genauer zu verschiedenen Menschenrechtsorganisationen. Präsentiere deine Ergebnisse in der Klasse.

1 Eine Gazelle auf der Flucht vor einem Geparden.

Evolution des Verhaltens

Verhalten ist artspezifisch

Ein Gepard jagt eine Gazelle, um Beute zu machen. Für dieses artspezifische Verhalten müssen die Augen, das Gehirn, die Muskeln und viele andere Organe zusammenarbeiten. Diese Abstimmung hat sich in der Evolution entwickelt. Die Gazelle flieht vor dem Geparden. Ohne dieses Verhalten hätten Gazellen in der Evolution nicht überlebt.

Verhalten ist genetisch bedingt

Für das Verhalten sind viele verschiedene Gene wichtig. Sie sind für die Ausprägung der Muskeln, die Ausschüttung von Hormonen oder auch die Funktionsweise des Gehirns verantwortlich. Diese Gene haben sich im Laufe der Evolution durch Mutationen so verändert, dass ein Gepard 120 $\frac{km}{h}$ schnell laufen und eine Gazelle verfolgen und erlegen kann.

Verhaltensweisen von Tieren unterschiedlicher Arten, die aufeinander reagieren, heißen interspezifisch. Das **interspezifische Verhalten** von Gazellen und Geparden ist genetisch bedingt. Verhalten ist aber nicht unbedingt vollständig genetisch festgelegt. Tiere können aus Erfahrung lernen und so flexibel auf ihre Umwelt reagieren. Dies gilt besonders für Tiere mit einem großen Gehirn wie die Primaten.

Menschliches Verhalten ist vielfältig

Insbesondere Menschen zeichnen sich durch ein ausgeprägtes und sehr vielfältiges **intraspezifisches Verhalten** aus. So werden Verhaltensweisen unter Artgenossen genannt. Auch das **Sozialverhalten** der Menschen hat sich in der Evolution entwickelt. Beim Vergleich mit Schimpansen fallen viele Ähnlichkeiten auf.

Übriggebliebene Reflexe

Menschliche Babys halten sich spontan an allem fest, was ihre Handflächen berührt. Dieser Reflex hat für sie keinen erkennbaren Nutzen. Bei Schimpansenbabys ist das anders. Für sie ist dieser Reflex überlebenswichtig. Sie halten sich damit am Fell der Mutter fest (→ Bild 2). Menschenbabys haben dieses Verhalten von gemeinsamen Vorfahren geerbt und beibehalten.

2 Schimpansenbaby krallt sich im Fell fest.

Lachen ist Kommunikation

Wenn Menschen gemeinsam lachen, stärkt das ihr Zusammengehörigkeitsgefühl und ihr Wohlbefinden. Ein gut platzierter Witz kann schwierige Situationen zwischen Menschen entschärfen.

Auch Schimpansen lachen gemeinsam (→ Bild 3). Die Mimik und Gestik, die sie dabei zeigen, hat große Ähnlichkeit mit der von vergnügten Menschen. Auch bei Schimpansen hat das Lachen eine verbindende und streitschlichtende Funktion.

3 Affen lachen gemeinsam.

Essen teilen unter Freunden

Gemeinsames Essen ist in vielen Familien ein fester Bestandteil des Tages. Auch zu einer großen Feier gehört meistens ein gemeinsames Essen. Das Essen miteinander zu teilen hat auch in der Gemeinschaft von Schimpansen eine wichtige Funktion. Eine besondere Nahrung wie Fleisch teilen sie nur mit Freunden oder anderen Schimpansen, die bei der Jagd dabei waren. Damit erhöhen sie die Chance, beim nächsten Mal vom Freund etwas zu bekommen.

4 Gemeinsames Essen

Krieg und Brutalität

Auch Brutalität und Krieg gegen Artgenossen haben nicht nur die Menschen erfunden. Bei Schimpansen wurden zum Beispiel gemeinsame Kriegszüge gegen benachbarte Schimpansengruppen beobachtet. Dabei wurden auch Schimpansen getötet.

5 Schimpansen verprügeln einen Artgenossen.

① Beschreibe, wie Gene für Verhalten verantwortlich sein können.

② Erkläre den Unterschied zwischen interspezifischem und intraspezifischem Verhalten.

③ Begründe, dass menschliches Verhalten ein Ergebnis der Evolution ist.

④ Beurteile, ob menschliches Verhalten beim Teilen von Nahrung mit dem Verhalten von Schimpansen vergleichbar ist.

⑤ **a)** Beschreibe die Mimik und Gestik der Schimpansen in Bild 3.
b) Vergleiche die Mimik und Gestik der Schimpansen mit der Mimik und Gestik der Menschen, wenn sie vergnügt sind.

A Der Mensch ist ein ganz besonderes Lebewesen

Schimpansen erzählen keine Fantasiege-
schichten und haben deshalb keine abstrak-
ten Ideen. Daher machen sie keine Pläne für
die Zukunft.

Schimpansen verfolgen nicht über längere
Zeit gemeinsame Ziele, bei denen enge
Kooperation und Aufgabenteilung notwendig
sind.

1 Schülerinnen und Schüler beim Experimentieren

Schimpansen geben ihr Wissen nicht aktiv
weiter. Junge Schimpansen lernen durch
Beobachten und Ausprobieren.

Schimpansen stellen nur einfache Werkzeuge für den direkten Gebrauch zum Beispiel
bei der Nahrungssuche her.

Schimpansen sind aggressiv. 30 Schimpansen in einem Klassenraum könnten nicht
lange friedlich bleiben. Sie würden sich
gegenseitig angreifen.

Schimpansen können ihre Gedanken nicht in
Sprache ausdrücken.

1 Erkläre anhand der Hinweise, warum eine
Gruppe Schimpansen keine Experimente im
Biologieunterricht durchführen könnte.

Das Verhalten von Schimpansen wird erforscht

2 JANE GOODALL

JANE GOODALL

Sie ist wohl die bekannteste Schimpansenforscherin der Welt. JANE GOODALL beobachtete viele Jahre lang Schimpansen in ihrem natürlichen Lebensraum. So entdeckte sie bislang unbekannte Verhaltensweisen. Dabei fand sie heraus, dass Schimpansen Werkzeuge herstellen, um an Termiten als Futter zu kommen. Sie wurde Zeugin enger Freundschaften zwischen Schimpansen und entdeckte, dass Schimpansen gemeinsam jagen und Fleisch essen.
Heute setzt JANE GOODALL sich sehr für den Schutz der Schimpansen ein.

3 FRANS DE WAAL

FRANS DE WAAL

Er erforscht seit den 1980er Jahren Schimpansen im Zoo. FRANS DE WAAL führt Versuche durch, bei denen Schimpansen zeigen, wie gut sie denken und sich in andere einfühlen können.
Die Ergebnisse von DE WAAL zeigen, dass Schimpansen sich gegenseitig trösten, helfen und miteinander kooperieren. Dies wird als eine Form von Moral gedeutet, die daher nicht nur Menschen, sondern auch Tiere entwickelt haben.

4 ROGER FOUTS

ROGER FOUTS

Er erforscht als Psychologe die Ursprünge der Sprache beim Menschen. Dazu brachte ROGER FOUTS Schimpansen zum Besipiel eine Gebärdensprache bei. Nach vier Jahren konnte die Schimpansin Washoe 120 Wörter in der Zeichensprache darstellen, die sie auch sinnvoll bei kleinen Unterhaltungen einsetzte. Ebenso wurde aufgrund seiner Studien erkannt, dass Schimpansen verstehen, dass bestimmte Tätigkeiten ganz bestimmte Folgen haben.

1 Vergleiche die Vorgehensweisen der drei Forscher miteinander.

2 ▌ Beschreibe die Erkenntnisse, die jeweils über die Evolution des menschlichen Verhaltens gewonnen wurden.

Auf einen Blick: Evolution

Die Evolution der Lebewesen

Die langsame, aber ständige Veränderung von Lebewesen über sehr viele Generationen hinweg wird Evolution genannt.

Im Verlauf der Erdgeschichte haben sich über viele Hundertmillionen Jahre aus einfachen Formen unzählige kompliziert gebaute Lebewesen entwickelt. Aufgrund sich ändernder Umweltbedingungen sind sehr viele Lebewesen wieder ausgestorben.

Mosaikformen

Mosaikformen sind Lebewesen, die körperliche Merkmale unterschiedlicher Pflanzengruppen oder Tiergruppen aufweisen. Mosaikformen wie *Archaeopteryx* oder das Schnabeltier sind Belege dafür, dass verschiedene Tiergruppen miteinander verwandt sind, sich aber auseinander entwickelt haben. Daher heißen sie auch Brückentiere.

Fossilien

Die Überreste verstorbener Lebewesen aus früheren Erdzeitaltern werden als Fossilien bezeichnet. Mithilfe von Fossilien lassen sich Verwandtschaften nachweisen und Entwicklungslinien rekonstruieren. Leitfossilien helfen bei der zeitlichen Einordnung neuer Fossilien-Funde.

Homologe und analoge Organe

Homologe Organe sehen oft unterschiedlich aus und haben meist unterschiedliche Funktionen. Dennoch sind sie im Grundbauplan gleich. Sie sind Belege für eine gemeinsame Abstammung. Analoge Organe haben die gleiche Funktion, unterscheiden sich aber in ihrem Aufbau. Es sind Angepasstheiten an ähnliche Umweltbedingungen. Sie sind keine Hinweise auf Verwandtschaft.

WICHTIGE BEGRIFFE

- Evolution
- Fossilien
- Leitfossilien

WICHTIGE BEGRIFFE

- Mosaikformen, Brückentiere
- homologe Organe
- analoge Organe

Evolutionstheorien

Der Wissenschaftler CHARLES DARWIN fand eine Erklärung zur Entstehung neuer Arten im Verlauf der Erdgeschichte. Er stellte fest, dass die Faktoren Variabilität, Selektion und Isolation für die Entwicklung neuer Arten verantwortlich sind. Darwin erkannte die Veränderungen, nicht aber ihre Ursache. Erst die moderne Genetik konnte die Veränderungen mit zufälligen Mutationen erklären und Darwins Theorie bestätigen.

Die Entstehung neuer Arten

Veränderungen der Erbinformationen sind die Ursache der Variabilität. Diese Veränderungen sind die Folgen zufälliger Mutationen und Rekombinationen der Gene. Erweisen sich die neu entstandenen Merkmale als Vorteil, nimmt die Vermehrung bei diesen Lebewesen zu. So können sich über lange Zeiträume neue Arten entwickeln.

Affen und Menschen sind verwandt

Die Menschen sind mit Menschenaffen, wie den Schimpansen, sehr nah verwandt. Neben vielen Ähnlichkeiten gibt es aber auch deutliche Unterschiede im Körperbau.

Vor etwa sechs Millionen Jahre trennten sich die Entwicklungslinien von Affen und Menschen.

Die Evolution des Menschen

Frühe Menschen wie die Gattung *Australopithecus* hatten noch viele Ähnlichkeiten mit Affen. Die Gattung *Homo* hatte schon größere Gehirne und konnte Werkzeuge herstellen. Insbesondere die kulturelle Evolution beim *Homo sapiens* unterscheidet den Menschen von allen anderen Lebewesen.

WICHTIGE BEGRIFFE

- Evolutionstheorie
- Variabilität, Selektion, Isolation
- Mutation, Rekombination

WICHTIGE BEGRIFFE

- Verwandtschaft von Mensch und Affe
- Gattung *Australopithecus*, Gattung *Homo*
- kulturelle Evolution

Auf einen Blick

Lerncheck: Evolution

Evolution der Lebewesen

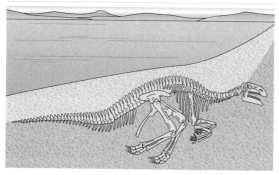

1 Nenne Bedingungen, die für die Entstehung von Fossilien notwendig sind.

2 Erkläre, wie mithilfe von Leitfossilien das Alter eines anderen fossilen Fundstücks bestimmt werden kann.

3 Beschreibe die körperlichen Veränderungen der Wirbeltiere, die das Land eroberten.

4 Nenne Beispiele für Lebewesen aus dem Jura.

5 Erkläre, wie das Aussterben einer Tiergruppe die Weiterentwicklung einer anderen Tiergruppe fördern kann.

DU KANNST JETZT ...

- ... erklären, was ein Fossil ist.
- ... beschreiben, wie ein Fossil entsteht.
- ... an einem Beispiel zeigen, wie das ungefähre Alter eines Fossils bestimmt werden kann.
- ... Beispiele für Lebewesen aus verschiedenen Erdzeitaltern nennen.

Entstehung neuer Arten

6 Erkläre am Beispiel der Extremitäten von Wirbeltieren, was homologe Organe sind.

7 Beurteile, ob die Stromlinienform bei Pinguin und Delfin homolog oder analog ist. Begründe deine Einschätzung.

8 a) Erkläre den Begriff "Brückentier" am Beispiel des Schnabeltiers.
b) Erkläre den Begriff "lebendes Fossil" am Beispiel des Schnabeltiers.

9 Erläutere, wie es zu Variabiltät von Merkmalen innerhalb einer Art kommt.

10 Erläutere an einem Beispiel, wie neue Arten entstehen. Nutze dabei die Begriffe Isolation und Selektion.

DU KANNST JETZT ...

- ... homologe und analoge Organe unterscheiden.
- ... erklären, was ein Brückentier ist.
- ...die Evolutionsfaktoren Mutation, Rekombination, Isolation und Selektion erklären.
- ... erklären, wie neue Arten entstehen.

Menschenaffen und Mensch

11 Vergleiche die körperlichen Merkmale von Schimpansen und Menschen.

12 Erläutere den wesentlichen Unterschied zwischen der Hand eines Schimpansen und der eines Menschen.

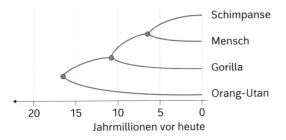

Schimpanse

Mensch

Gorilla

Orang-Utan

20 15 10 5 0
Jahrmillionen vor heute

13 Nenne mithilfe des Stammbaums die Zeitpunkte, an denen sich die Entwicklungslinien folgender Gruppen getrennt haben:
a) Gorillas von Menschen.
b) Schimpansen von Menschen.

DU KANNST JETZT …

- … Gemeinsamkeiten und Unterschiede im Körperbau bei Menschen und Menschenaffen nennen.
- … an Beispielen jeweilige Angepasstheiten von Affen und Menschen erklären.
- … einen einfachen Stammbaum auswerten.

Evolution des Menschen

14 Nenne Unterschiede zwischen den Menschentypen *Australopithecus* und *Homo*.

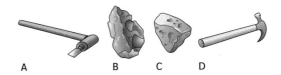

A   B C   D

15 **a)** Sortiere die abgebildeten Werkzeuge A–D in der richtigen zeitlichen Reihenfolge ihrer Enstehung.
b) Begründe deine Einschätzung.

16 Beschreibe die kulturelle Evolution am Beispiel von Sprache und Schrift.

DU KANNST JETZT …

- … Vorfahren des heutigen Menschen nennen.
- … Veränderungen auf dem Weg zum Menschen erläutern.
- … an Beispielen die Bedeutung der kulturellen Evolution des Menschen erklären.

Lerncheck

Stichwortverzeichnis

Bildquellenverzeichnis

|2 & 3d design Renate Diener, Wolfgang Gluszak, Düsseldorf: 157.12, 157.17, 193.3, 193.4, 217.8, 217.9. |7reasons Medien GmbH, Absdorf: 165.1. |action press - die bildstelle, Hamburg: die bildstelle/REX FEATURES LTD. 216.2. |akg-images GmbH, Berlin: 124.2; Hessisches Landesmuseum 157.15, 199.1, 217.3; Lessing, Erich 157.16, 217.11; Science Photo Library 157.13, 198.1, 217.2. |Alamy Stock Photo, Abingdon/ Oxfordshire: Mopic 45.1. |Alamy Stock Photo (RMB), Abingdon/Oxfordshire: AGAMI Photo Agency/Douma, Theo 157.3, 177.1; Bildagentur-online/Ohde 152.1; Blackbird, Sabena Jane 201.2; Brown, Paul 156.2, 175.1; BSIP SA 16.1; calvetti, leonello 68.1; Chabanov, Ievgen 93.3; deWitt, Kathy 57.2; Dorling Kindersley ltd/Zygote Media Group/DK 68.2; edpics 207.2; Fearn, Paul 182.2; Grossman, David 207.1; Haag, Marius 205.8; Haghani, Mohamad 168.1; Hamilton, Brian 156.3, 174.1; HASPhotos 39.3; Hecker, Frank 141.3; Holmes, John 187.2; Houghton, Doug 194.1; IanDagnall Computing 185.1; imageBROKER 95.2, 185.2; Imagebroker 210.1; imageBROKER/Lang, Hans 156.4, 175.2; imageBroker/SeaTops 157.7, 177.4; itani-stock/Stockimo 34.2; JJZ 141.2; Kapish, Pavel 51.3; Kaulitzki, Sebastian 76.1; Life on white 133.2; Lussardi, Antonella 126.2; Marissen, Wilfred 186.2; Mark, Ocskay 159.6; MARKA 99.2; MasPix 169.3; Mathews, Terry 140.2; McKay, Duncan 191.3; MIlanesio, Maurizio 139.1; moodboard 61.4; Nature Picture Library 186.3, 211.3; Oyvind Martinsen Muskox Collection 189.1; Panther Media GmbH 191.1; PB Images 138.3; PCN Photography 65.2; pinzon, danilo, jr 81.2; Pixel-shot 77.2; Popov, Andriy 22.3; public domain sourced/ access rights from Darling Archive 110.2; Science History Images 169.2; shapencolour 152.2; Shields, Martin 136.5; silis, olavs 77.3; The Natural History Museum 202.2; The Science Picture Company 198.2; Tweedie, Penny 190.1; Vit Kovalcik 110.1; Wankowicz, Bogdan 136.4; Westend61 GmbH 186.1; wordley, samuel 19.2; World History Archive 196.5; ZUMAPRESS.com/Koichi Kamoshida/Jana Press/ZUMAPRESS. com 165.3. |Amnesty International Deutschland e.V., Berlin: 209.1. |APA-PictureDesk GmbH, Wien: MPFT/ Eyedea 194.3; PhotoResearchers/Shields, Martin 128.1. |BC GmbH Verlags- und Medien-, Forschungs- und Beratungsgesellschaft, Ingelheim: 164.2. |Braune, Barbara, Peine: 77.1. |fotolia.com, New York: donyane-domam 188.2; eyetronic 72.2; Monkey Business 11.2; Pixelot 49.3. |Getty Images (RF), München: Boisvieux, Christophe 196.1; Debenport, Steve 133.1; Reschke, Ed 4.1, 94.1. |Herzig, Wolfgang, Essen: 10.1, 13.1, 15.1, 15.2, 15.3, 26.1, 34.1, 35.2, 36.2, 42.2, 46.2, 48.5, 51.1, 55.2, 56.1, 63.1, 63.2, 63.3, 63.4, 72.1, 89.7, 90.1, 118.2, 124.3, 125.1, 125.2, 127.1, 127.2, 128.2, 129.1, 131.2, 131.3, 134.1, 134.4, 135.1, 135.6, 157.11, 163.1, 166.1, 167.1, 170.1, 171.1, 183.1, 184.1, 197.1, 197.2, 204.2, 214.1, 215.1, 216.1. |Imago, Berlin: Bluegreen Pictures 216.5; Eibner 73.1; Shotshop 14.1. |Institut für Humangenetik und Genommedi-zin, Universitätsklinikum, RWTH Aachen, Aachen: 117.1, 117.2, 119.1, 158.5, 158.6. |Interfoto, München: Natural History Museum/Evans, Mary 194.2. |iStockphoto.com, Calgary: Beliy, Misha 132.3; betty1704 188.3; CoreyFord 178.2; Design Cells 144.2; Dr_Microbe 120.1; eternalcreative 84.5; EvgeniyShkolenko 144.1; FS-Stock 89.5; HRAUN 9.3; janulla 45.3, 79.1; JohnnyGreig 65.1; klebercordeiro 32.1; Kuvaev, Denis 119.2; Matauw 126.1; Monkey Business Images 116.1; monzenmachi 69.2; naisupakit 202.3; Prill, Achim 193.2; small_frog 53.4; Terroa 132.2; urbazon 89.1; v_apl 179.1; Vladimirov, Vladimir 35.1; VMJones 216.3; ZapikanStudio Titel. |juniors@wildlife Bildagentur GmbH, Hamburg: Avalon 161.1; Maier, R. 155.1. |Karnath, Brigitte, Wiesbaden: 157.10, 164.3, 217.1, 217.4, 217.5, 217.6. |Keis, Heike, Rödental: 186.4. |Krämer, Andreas, Dipperz: 27.1. |Lochstampfer, Uwe, Hambühren: 140.3, 140.4. |Lüddecke, Liselotte, Hannover: 195.2, 216.4. |mauritius images GmbH, Mittenwald: imageBROKER/FLPA/Sohns, Jurgen & Christine 211.1; Science Source/Biophoto Associates 96.2, 98.6; Science Source/Kim, Kwangshin 20.1; Stella 53.3. |Max-Delbrück-Centrum für Molekulare Medizin in der Helmholtz-Gemeinschaft, Berlin: Hakan Toka 134.2, 134.3. |Max-Planck-Gesellschaft zur Förderung der Wissenschaften e.V., München: Frank Vinken 201.1. |Minkus Images Fotodesignagentur, Isernhagen: 86.2, 103.1, 103.2, 106.3, 111.1, 111.2, 122.1, 135.2, 135.3, 135.4, 135.5, 207.3. |MSF, Berlin: 209.4. |Naumann, Andrea, Aachen: 138.1. |Obst, Eva, Sulzbach: 38.2. |OKAPIA KG - Michael Grzimek & Co., Frankfurt/M.: Biophoto Associates/Science Source 96.4, 98.2; BIOS/Gunther, Michel 213.1; de Oliveira, Paulo 179.2; FLPA/Sohns, J. & C. 210.2; Gaugler, Dr. Gary 61.2; imagebroker/Poller, Ralf 140.1; Kage, Manfred & Christina 7.3; Kerstitch 164.1; NAS/Abbey, M. 100.5; NAS/ Longcore, Bill 96.5, 98.1; NAS/Porter, K.R. 96.6, 98.3; Science Source/NAS/Abbey, M. 100.2, 100.3, 100.4, 100.6, 100.7. |PantherMedia GmbH (panthermedia.net), München: Zieher, Andreas 138.5. |Picture-Alliance GmbH, Frankfurt a.M.: dieKLEINERT.de/Privitzer, Wolfgang 200.2; dpa 73.2, 131.1; dpa/Buell, Carl 168.2; dpa/Kyodo 115.1; dpa/Lenz, Katja 198.3; dpa/Marks, Bodo 209.2; dpa/Stratenschulte, Julian 202.1; dpa/ vidiphoto.nl 211.2; dpa/Wissenschaftliche Rekonstruktionen: W.Schnaubelt/N.Kieser (Wildlife Art) für Hessisches Landesmuseum Darmstadt) 199.2; HU Berlin/Brockmann, Dirk 18.4; Minden Pictures/Arndt, Ingo 178.1; Okapia 187.3; Science Photo Library 45.2; Süddeutsche Zeitung Photo/Schellnegger, Alessan-dra 206.2; Wildlife/Oxford, P. 188.1; ZB/Pleul, Patrick 95.3. |Roß, Anke, Lienen: 148.1, 148.2. |Sauriermuse-um Frick, Frick, Schweiz: 165.2. |Schobel, Ingrid, Hannover: 12.2, 16.2, 17.1, 20.2, 20.3, 21.1, 22.4, 24.1, 25.1, 28.2, 29.1, 31.1, 32.2, 37.1, 40.1, 41.1, 42.1, 42.3, 43.1, 43.2, 47.1, 47.2, 48.1, 48.2, 48.3, 48.4, 50.2, 52.1, 52.2, 52.3, 52.4, 54.2, 55.1, 58.1, 59.1, 60.2, 60.3, 62.1, 62.2, 62.3, 63.5, 64.1, 66.2, 67.1, 68.3, 69.1, 71.1, 74.2, 75.1, 78.1, 78.2, 79.2, 80.1, 82.1, 83.1, 84.1, 84.2, 84.3, 84.4, 86.1, 88.1, 88.2, 88.3, 88.4, 91.1, 92.1, 92.2, 92.4, 92.5, 93.1, 93.4, 96.1, 97.1, 98.7, 100.1, 102.1, 102.2, 102.3, 102.4, 102.5, 102.6, 104.1,

104.2, 104.3, 105.1, 106.2, 108.1, 109.1, 112.1, 112.2, 113.1, 114.1, 116.2, 117.3, 120.2, 121.1, 122.2, 122.3, 122.4, 122.5, 122.6, 123.1, 123.2, 123.3, 126.3, 130.1, 132.4, 141.1, 142.1, 142.2, 144.3, 145.1, 146.1, 146.2, 149.1, 150.1, 150.2, 152.3, 153.1, 154.1, 154.2, 155.2, 156.1, 156.5, 156.6, 156.7, 157.1, 157.2, 157.4, 157.8, 157.9, 157.14, 158.1, 158.2, 158.3, 159.1, 159.2, 159.3, 159.4, 159.5, 172.1, 173.1, 174.2, 174.3, 175.3, 176.1, 180.1, 191.2, 192.1, 192.2, 196.4, 198.4, 200.1, 201.4, 203.1, 204.1, 204.3, 217.7, 217.10. |Schofield, Keith, Neuwied: Mit freundlicher Genehmigung von Jan Gritz 118.1. |Schuchardt, Wolf, Göttingen: 39.1, 51.2, 57.3, 57.4. |Science Photo Library, München: A Barrington Brown 107.1; Biophoto Associates 21.2, 96.7, 98.4; Boeing 199.3; DAYNES, E./PLAILLY, P. 196.2; Dept. of clinical cytogenetics, Addenbrookes Hospital/SPL 99.3; Entressangle, S./Daynes, E. 196.3; EYE OF SCIENCE 24.2; Gschmeissner, Steve 102.7; MINT IMAGES/LANTING, FRANS 187.1; Murti, Dr. Gopal 96.3, 98.5; Reader, John 195.1. |Shutterstock.com, New York: AlyoshinE 140.5; Bilanol 30.1; ChiccoDodiFC 50.1; Creative Caliph 56.2; Daisy Daisy 89.6; DisobeyArt 206.1; Dziurek 54.1; Engineer studio 162.1; fizkes 69.3; Kallman, Tory 172.2; Kotin 76.2; maradon 333 70.2; Masarik 5.1, 160.1; Mina, Stefanovic 70.1; Olga, Kurdyukova 60.1; Proxima Studio 93.2; Shelley, Luke 189.2; Shopping King Louie 53.1; StoryTime Studio 115.2; Syda Productions 81.1, 89.3; UfaBizPhoto 66.1; Vgstockstudio 33.1; Vinne 161.2; wavebreakmedia 212.1; Zoka74 106.1. |Shutterstock.com (RM), New York: Williams, Greg 213.3. |Simper, Manfred, Wennigsen: 139.3. |SNSB – Staatliche Naturwissenschaftliche Sammlungen Bayerns, München: mit freundlicher Genehmigung der SNSB 162.2. |stock.adobe.com, Dublin: 7activestudio 15.5; a3701027 14.7; Africa Studio 28.1; agephotography 22.2; aiaikawa 136.3; alphaspirit 74.1; anatchant 15.4; andriano_cz 151.1; Angelov 16.3; Anton 9.1; AntonioDiaz 89.2; Antonioguillem 14.3, 26.2, 80.2; Apisak 138.4; AungMyo 3.1, 6.1; Carola G. 193.1; Catmando 165.4; Cherries 18.1; click_and_photo 85.4; contrastwerkstatt 14.6; creativenature.nl 157.5, 177.2; DenisProduction.com 64.2; DragonImages 11.3; drubig-photo 11.1; Engel73 14.5; etfoto 61.1; Filimonov, Iakov 8.1; Francois, Thomas 61.3; Gärtner, Juan 151.3; Goffkein 85.2; Gorodenkoff 77.5; HenningManninga 161.3; Ildi 23.2; juefraphoto 132.1; JuergenL 138.2; Khrutmuang, Piman 85.1; Kneschke, Robert 10.2; Kottmann, Jürgen 36.1; lassedesignen 169.1; LIGHTFIELD STUDIOS 147.1; lightpoet 92.3; Lukassek 22.1; lukszczepanski 85.3; Lund, Jacob 46.1; Mak, Alexander 49.2; ManuPadilla 19.1; Mary Evans Library 30.2; Miceking 19.3; Microgen 38.1; Monstar Studio 8.2; mur162 89.4; nataba 39.2; nevenm 124.1; nobeastsofierce 95.1; o1559kip 18.3; PAstudio 11.4; photology1971 14.2; pingpao 14.4; Pixel-Shot 83.2; Popov, Andrey 38.3; rh2010 7.1; Robin 133.3; Sanders, Gina 151.2; Scanrail 157.18, 217.12; SciePro 77.4; sima 143.3; sinhyu 23.1, 99.1; Smileus 67.2; somemeans 202.4; Studio Romantic 9.2; Subbotina, Anna 18.2; Syda Productions 139.2; tarei 182.1; tiero 57.1; vchalup 12.1; volody10 53.2; WEISHIN 49.1; Westend61/Frias, Miguel 7.2; whitehoune 3.2, 44.1; wildestanimal 157.6, 177.3. |Südtiroler Archäologiemuseum - www.iceman.it, Bozen: 205.5; Eurac/Samadelli/Staschitz 205.6; Regionales Krankenhaus Bozen 205.3; Rekonstruktion von Kennis -® South Tyrol Museum of Archaeology, Augustin Ochsenreiter 205.1; Wisthaler, Harald 205.2, 205.4, 205.7. |Südwestrundfunk (SWR), Stuttgart: © SWR/www.planet-schule.de 201.3. |ullstein bild, Berlin: Becker & Bredel 208.1. |UNICEF Deutschland, Köln: © UNICEF 208.2, 209.3. |vario images, Bonn: Callista Images/Cultura RM 158.4. |Verband Lebensmittel ohne Gentechnik e.V. (VLOG), Berlin: 143.5. |Visum Foto GmbH, München: Panos Pictures 213.2. |Wellcome Collection, London: Kerr/Noble creator of the books and Gschwendtner, Gitta creator of the bookcase 107.2. |Wildermuth, Werner, Würzburg: 67.3, 136.1, 136.2, 137.1, 138.6, 143.1, 143.2, 143.4, 181.1, 184.2, 190.2.

Aufgaben verstehen und richtig bearbeiten

Dieses Buch enthält Bilder, Texte und Aufgaben. Mithilfe der Aufgaben kannst du zeigen, was du gelernt hast. Dazu musst du verstehen, was die Verben in den Aufgaben bedeuten.

Nennen bedeutet, dass du Namen, Daten oder Gegebenheiten ohne weitere Erklärungen aufzählst. Oft reicht eine Stichwortliste aus.

1 Nenne ein Beispiel für den Genotyp eines reinerbigen Merkmals bei Erbsen.

1. Reinerbiger Genotyp

Der Genotyp von grünen, reinerbigen Erbsen ist zum Besipiel gg.

Beschreiben bedeutet, dass du etwas in ganzen Sätzen mit eigenen Worten wiedergibst. Der Sachverhalt wird aber nicht erklärt oder bewertet.

2 Beschreibe den Bau eines Chromosoms.

2. Bau eines Chromosoms

Ein Chromosom besteht aus zwei Chromatiden. Die Chromatiden werden vom Centromer zusammengehalten.

Beim **Vergleichen** nennst du Gemeinsamkeiten, Ähnlichkeiten und Unterschiede. Was genau du vergleichen sollst, ist oft vorgegeben. Manchmal musst du aber auch selbst sinnvolle Vergleichspunkte finden.

3 Vergleiche die Karyogramme in Bild 1.

3. Zwei Karyogramme

In beiden Karyogrammen sind die Chromosomen nach der Größe angeordnet. Die homologen Paare sind jeweils nebeneinander dargestellt. Karyogramm A zeigt ein X- und ein Y-Chromosomen. Karyogramm B hingegen zeigt zwei X-Chromosomen.

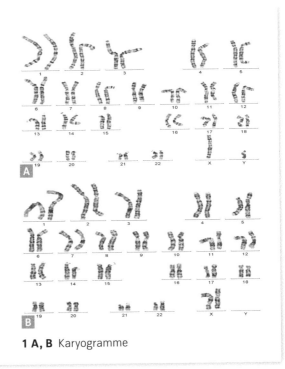

1 A, B Karyogramme